Arno Müller / Hinrich Schröder / Lars von Thienen

Lean IT-Management

Arno Müller / Hinrich Schröder
Lars von Thienen

Lean IT-Management

Was die IT aus Produktionssystemen lernen kann

GABLER

Bibliografische Information der Deutschen Nationalbibliothek
Die Deutsche Nationalbibliothek verzeichnet diese Publikation in der
Deutschen Nationalbibliografie; detaillierte bibliografische Daten sind im Internet über
<http://dnb.d-nb.de> abrufbar.

1. Auflage 2011

Alle Rechte vorbehalten
© Gabler Verlag | Springer Fachmedien Wiesbaden GmbH 2011

Lektorat: Peter Pagel

Gabler Verlag ist eine Marke von Springer Fachmedien.
Springer Fachmedien ist Teil der Fachverlagsgruppe Springer Science+Business Media.
www.gabler.de

Umschlaggestaltung: KünkelLopka Medienentwicklung, Heidelberg
Gedruckt auf säurefreiem und chlorfrei gebleichtem Papier
Printed in Germany

ISBN 978-3-8349-2910-5

Vorwort

In der Industrie führte die Implementierung von Lean Management und verwandten Methoden wie Six Sigma, Kaizen oder TPM zu einer signifikanten Steigerung der Wettbewerbsfähigkeit in Folge erhöhter Kundenzufriedenheit und erheblicher Kostensenkung.

Lassen sich die erprobten Prinzipien und Methoden des Lean Management auf die Prozesse in IT-Abteilungen übertragen? Welche Gemeinsamkeiten und Unterschiede bestehen zwischen der Produktion von Sachgütern und der Erbringung von IT-Leistungen? Sind kundenorientiertes Denken, multifunktionale Teams, visuelles Management oder kontinuierliche Verbesserungsprozesse nur einfache Schlagworte oder stecken schnell umsetzbare und nachhaltig wirksame Ansätze dahinter, die auch in IT-Organisationen umgesetzt werden können?

Die positiven Erfahrungen mit agilen Methoden des Projektmanagement zeigen eindrucksvoll, dass etablierte Ansätze der schlanken Produktion erfolgreich auf die IT übertragen werden können. Im „Arbeitskreis Lean IT-Management" haben wir mit über 30 Fach- und Führungskräften aus 13 Unternehmen unterschiedlicher Branchen daran gearbeitet, die Lean Management-Methoden zur Steigerung der Effektivität und Effizienz in allen Bereichen des IT-Management einzusetzen.

Das vorliegende Buch dokumentiert die Ergebnisse dieses Arbeitskreises und beinhaltet darüber hinaus zahlreiche Praxisbeispiele, die belegen, dass die entwickelten Konzepte und Ideen den Wertbeitrag der IT steigern und schnell umgesetzt werden können.

Wir bedanken uns an dieser Stelle ganz herzlich bei den Teilnehmern im Arbeitskreis für die konstruktiven Diskussionen, die zahlreichen Erfahrungsberichte und wertvollen Anregungen. Für die Praxisbeispiele im Buch bedanken wir uns (in alphabetischer Reihenfolge) bei Helge Beth (Stulz GmbH), Michael Fehse (Eppendorf AG), Ute Fergen (Hauni Maschinenbau AG), Sylke Fleischhut (August Storck KG), Klaus Höling (Sennheiser electronic GmbH & Co. KG), Mark Reinhardt (Kühne + Nagel AG & Co KG), Michael Ostendorf (August Storck KG), Reinhold Ströbele (Hauni Maschinenbau AG).

Ein großer Dank geht zudem an Heidrun Müller und Bettina Schröder für ihren großen Einsatz bei der redaktionellen Überarbeitung des Manuskriptes.

Wir hoffen, mit dem vorliegenden Buch viele Anregungen für die Praxis und die wissenschaftliche Diskussion zu liefern und freuen uns über Erfahrungsberichte und konstruktive Kritik unter der Mailadresse: info@lean-it-management.de. Über die Weiterentwicklung und die Implementierung informieren wir auf der Website www. lean-it-management.de.

Elmshorn im März 2011

Arno Müller   Hinrich Schröder   Lars von Thienen

Inhaltsverzeichnis

1 Lean Prinzipien und Prozesse im IT-Management - Das „House of Lean IT-Management"

1.1 IT-Management im Spannungsfeld zwischen Business Alignment und Kostendruck

IT-Manager stecken in einer Zwickmühle: Einerseits soll die Unternehmens-IT die Anforderung ihrer Kunden wie Fachbereiche, Prozessverantwortliche oder Unternehmensleitung bestmöglich erfüllen. „Business Alignment" der IT, d.h. die permanente Abstimmung zwischen Unternehmenszielen und IT, wird vehement gefordert und durch Governance-Frameworks wie COBIT oder ITIL propagiert. Andererseits sieht sich die IT einem ständigen Kostendruck ausgesetzt. Nicht zuletzt die leidige Diskussion darüber, ob die IT nur eine austauschbare „Commodity" sei oder tatsächlich einen Wert für Unternehmen generiert,[1] hat zu einer Fokussierung auf IT-Kosten als Steuerungsgröße und Beurteilungsmaßstab für das IT-Management geführt.

Als zentrale Instrumente der Kostensenkung in IT-Bereichen gelten die Standardisierung von Systemen und Prozessen sowie das Outsourcing. Diese Maßnahmen führen aber tendenziell dazu, dass individuelle Anforderungen in Frage gestellt werden und im Zweifel zu Gunsten einer möglichst hohen Effizienz der IT auf der Strecke bleiben. Die IT kann auf diese Weise zum Hemmschuh der Unternehmensentwicklung werden, wenn spezifische Anforderungen nicht erfüllt werden und die notwendige Flexibilität durch standardisierte Systeme und bürokratische Prozesse nicht mehr gegeben ist.

IT-Abteilungen stehen vor den zentralen Herausforderungen,

1. mit hervorragenden IT-Services einen messbaren Beitrag zu den Unternehmenszielen zu leisten,

2. geschäftskritische IT-Anwendungen verlässlich, unter Vermeidung von Risiken und Berücksichtigung unzähliger Compliance-Anforderungen bereitzustellen,

3. sich schnell und hochflexibel an neue Anforderungen des Business anzupassen und dennoch

4. die IT-Kosten nachhaltig zu reduzieren.

---

[1] Vgl. Carr, N.G. (IT 2003), S. 41ff.

In der Theorie und Praxis wurden zahlreiche Ansätze zur Optimierung der IT entwickelt, die jedoch meist nur einzelne Probleme adressierten. So wird das Thema IT-Governance in Form des COBIT-Frameworks maßgeblich durch den Fokus auf die Beherrschung von IT-Risiken getrieben. Zur Verbesserung der operativen Servicebereitstellung hat sich ITIL als Best Practice etabliert. Entwicklungsprojekte werden mit Projektmanagement-Frameworks wie CMMI oder Prince2 optimiert. Zur Kostenreduktion wird neben technologischen Lösungen wie Cloud Computing oder Virtualisierung stark auf Standardisierung und Outsourcing gesetzt. Aber entstehen durch diese Entwicklungen schlanke und verschwendungsfreie Abläufe in der IT? Oft sind die „Best-Practice"-Modelle viel zu komplex und bürokratisch, folgen keiner gemeinsamen Philosophie und führen letztlich zu widersprüchlichen Handlungsempfehlungen.

Notwendig ist stattdessen ein ganzheitlicher Optimierungsansatz, der nicht nur die Effizienz der Unternehmens-IT sondern auch deren Effektivität nachweislich verbessert. Dabei ist eine ganze Reihe von Problemen zu lösen:

- Die Prozesse in der IT werden aufgrund zunehmender Anforderungen immer komplexer. Sicherheits- und Verfügbarkeitsanforderungen, die Einhaltung immer neuer regulatorischer Vorschriften aber auch die Forderungen nach unternehmensweiten einheitlichen Lösungen tragen dazu maßgeblich bei.

- Die Organisationsstrukturen in IT-Abteilungen sind oft historisch gewachsen und nicht optimal auf durchgängige Prozesse ausgerichtet.

- Aufgrund des rasanten technologischen Fortschritts sind die Mitarbeiter in der IT gezwungen, sich immer stärker auf einzelne Themen zu spezialisieren. Zur Erfüllung von IT-Anforderungen werden demzufolge viele Experten benötigt, die oft in unterschiedlichen Abteilungen, bzw. - in Folge des Outsourcing - sogar in mehreren Unternehmen arbeiten.

- IT-Mitarbeiter, gerade im Bereich der Softwareentwicklung, sind hoch qualifizierte „Künstler", die sich nicht vorschreiben lassen, wie sie ihre Aufgaben erfüllen.

- Die Fachabteilungen werden immer stärker von der IT abhängig, bauen aber oftmals kein ausreichendes Know-how auf, was zu Kommunikationsproblemen und Konflikten mit der IT führen kann.

- IT-Infrastrukturen und Applikationen sind in vielen Fällen nicht systematisch geplant sondern im Laufe der Zeit gewachsen. In größeren Unternehmen kommt hinzu, dass durch Unternehmensakquisitionen unterschiedliche IT-Landschaften migriert und vereinheitlicht werden müssen.

- Der in den letzten Jahrzehnten vollzogene Wechsel zu unternehmensweiter Standardsoftware führte in vielen Unternehmen zu hochkomplexen Anwendungen mit immer umfassenderen Funktionalitäten, die zudem kurzen Entwicklungszyklen unterliegen. Nicht selten sind Anwendungssysteme überdimensioniert und gehen am eigentlichen Bedarf des Unternehmens vorbei. Hinzu kommen viele Redundanzen in den gespeicherten Daten, den Schnittstellen, der Funktionsabdeckung und den Technologieplattformen.

Zur Lösung dieser Probleme benötigt die IT im Unternehmen eine Struktur, die sich sehr schnell an die Anforderungen der Kunden und den Wandel der Technologie anpassen kann, also agil ist, und dennoch kosteneffizient arbeitet. In der industriellen Produktion hat sich in einer vergleichbaren Ausgangssituation das Methodenset des „Lean Management" bewährt, das im Folgenden auf IT-Prozesse übertragen wird. Dabei sollen Antworten auf die folgenden Fragen geliefert werden:

- Wie können bewährte Methoden des Lean Management in der IT eingesetzt werden?

- Wie wird die „Stimme des Kunden" in der IT besser wahrnehmbar?

- Wie werden die richtigen IT-Produkte (Services) für den Kunden ausgewählt und leicht verständlich beschrieben?

- Wie kann Verschwendung durch Fokussierung auf die wirklich wichtigen IT-Anwendungen vermieden werden?

- Wie können IT-Projekte nachhaltig zur Prozessoptimierung führen?

- Was kann der IT-Betrieb aus Erfahrungen in der Instandhaltung technischer Produktionsanlagen lernen?

- Wie kann der Kunde (Fachabteilung) besser mit der IT verzahnt werden?

- Wie können Controlling-Kennzahlen so aufbereitet werden, dass sie tatsächlich zur zielgerichteten Steuerung der IT-Prozesse genutzt werden?

Lean IT-Management

Lean IT-Management ist ein Management-System, das die Aufgabe der IT darin sieht, die Geschäftsprozesse im Unternehmen durch IT-Services zu unterstützen und so einen direkten Beitrag zum Unternehmenswert zu leisten. Mit den Fachabteilungen wird eine Partnerschaft zur gemeinsamen Wertsteigerung des Unternehmens gebildet. Die Anwendung von Methoden und Werkzeugen des Lean Management ist ein Merkmal, aber nicht das Ziel von Lean IT.

Der Begriff „Lean IT-Management" umschreibt somit keine technische Lösung oder eine bestimmte IT-Infrastruktur und steht keinesfalls für das Bestreben, die vom Unternehmen benötigten Services mit möglichst wenigen Mitarbeitern zu liefern. Gemeint ist stattdessen die Möglichkeit, mit einfachen und in der industriellen Fertigung langjährig erprobten Denkweisen und Instrumenten unter aktiver Beteiligung der IT-Mitarbeiter und Anwender zu effektiven und effizienten Prozessen zu gelangen.

1.2   Übertragbarkeit der Problemstellung der industriellen Produktion

Lean Management ist eine Strategie zur Sicherung der Wettbewerbsfähigkeit durch Identifikation und Elimination von Verschwendung in den Produkten und Prozessen bei konsequenter Orientierung am Kundennutzen.[2] Gerade in wirtschaftlich angespannten Zeiten ist das Management besonders gefordert, auf wertschöpfende Aktivitäten zu fokussieren und „schlanke" Prozesse zu etablieren.

Ursprünglich stammt „Lean Production" von der Firma Toyota, die das Produktionssystem in den fünfziger Jahren entwickelte. Nach dem Zweiten Weltkrieg war Toyota aufgrund der Restriktionen am Markt dazu gezwungen, kostengünstiger und effizienter zu produzieren als die Wettbewerber in den USA und Europa. Das Hauptziel des Toyota Produktionssystems war es, viele Modelle in kleinen Stückzahlen kostengünstig herzustellen.[3] Die japanische Industrie verfügte über viele gut ausgebildete Arbeitskräfte mit hoher Loyalität gegenüber dem Arbeitgeber. Toyota erkannte, dass das von Taylor und Ford konzipierte Managementsystem auf den Einsatz gering qualifizierter Mitarbeiter mit geringer Loyalität zum Unternehmen und auf Massenfertigung ausgerichtet war und somit nicht direkt auf die japanische Situation angewendet werden konnte. Entwickelt wurde daher ein neues System, das im Gegensatz zum tayloristischen Managementmodell zu einer Unternehmenskultur führte, bei der der Mitarbeiter mit seinen intellektuellen Fähigkeiten im Mittelpunkt stand und das Kostensenkungsziele mit den Anforderungen nach Flexibilität und Qualität in Einklang brachte. Dem Lean Ansatz ist es gelungen, die Flexibilität und Mitarbeiterbeteiligung der handwerklichen Produktion mit der Effizienz einer standardisierten Massenproduktion zu verbinden.

Nachdem in den 80er Jahren singuläre Methoden wie Kanban in Europa und den USA genutzt wurden, führte der wissenschaftliche Nachweis der erheblich höheren Performance der japanischen PKW-Industrie zu einer systematischen Adaption des Lean Management in den 90er Jahren, die bis heute nicht abgeschlossen ist.

Durch die Studien des Massachusetts Institute of Technology (MIT) wurden die Ursachen des signifikanten Produktivitätsvorsprungs der japanischen PKW-Hersteller gegenüber den amerikanischen und europäischen Firmen entschlüsselt.[4] Es stellte sich heraus, dass der Erfolg nicht auf einzelne Methoden zurückzuführen ist, sondern auf ein ganzheitliches Managementsystem, das sich durch Orientierung an den Geschäftsprozessen und eine kunden- und mitarbeiterorientierte Unternehmenskultur auszeichnet. Die MIT-Studie gab

---

[2] Vgl. zur Entwicklung des Lean Management Bell, S. C./Orzen, M .A. (Lean IT 2011), S. 13ff.; Liker, J. K. (Toyota 2004), S. 15ff.; Ohno, T. (Toyota 2009), S. 32ff.

[3] Vgl. Ohno, T. (Toyota 2009), S. 32ff.

[4] Vgl. Womack, J. P./Jones, D. T./Roos, D. (Revolution 1992)

diesem Managementsystem den Namen „Lean Production". Dieser Begriff wandelte sich im Zeitablauf zu „Lean Management", da das Konzept auch in produktionsfremden Bereichen wie der Entwicklung und Administration eingesetzt wird.

Mittlerweile ist Lean Management ein anerkannter Managementansatz, der es ermöglicht, mit geringen Kosten eine hohe Qualität und Flexibilität bei großer Komplexität des Produktspektrums zu realisieren.

Liker hat nach zehn Jahren Erfahrung mit Lean Management und speziell dem „Toyota Production System" die wesentlichen Prinzipien analysiert. Er fand 14 Merkmale, die er in vier Kategorien zusammenfasst:[5]

Strategische, langfristige Orientierung
1. Entscheidungen basieren auf einer langfristigen Orientierung, auch wenn kurzfristig das Ergebnis gemindert wird.

Der richtige Prozess führt zu den richtigen Ergebnissen
2. Ein stetiger Fluss macht bei Unterbrechungen Probleme sofort sichtbar.

3. Pull-Systeme vermeiden Überproduktion und Bestände und stellen Kundenorientierung sicher.

4. Gleichmäßige Nachfrage sorgt für ausgeglichene Auslastung.

5. Die Kultur der Produktion von Qualität vermeidet Fehler.

6. Standardisierte Arbeitsprozesse sind die Basis für kontinuierliche Verbesserung und Empowerment.

7. Visuelle Kontrolle - dezentral durch die Mitarbeiter statt zentralem Controlling.

8. Einsatz stabiler, getesteter Technologien – keine Experimente.

Wertsteigerung durch Weiterentwicklung der Mitarbeiter und Partner
9. Einsatz von Führungskräften, die die Arbeitsabläufe genau kennen.

10. Mitarbeiter und Teams sind qualifiziert und motiviert, die Philosophie zu leben.

11. Externe Partner werden in Netzwerke integriert und man arbeitet zusammen.

Kontinuierliche Verbesserung als Antrieb für die Optimierung
12. Manager gehen den Problemen vor Ort auf den Grund (Root Causes).

13. Entscheidungen werden im Konsens vorbereitet und schnell umgesetzt.

14. Es existiert eine Kultur der unermüdlichen Reflektion und kontinuierlichen Verbesserung.

---

[5] Vgl. Liker, J. K. (Toyota 2004), S. 35ff.

Diese kurze Nennung der Merkmale macht deutlich, dass der Lean Ansatz im Widerspruch zu technokratischen und bürokratischen Managementmethoden steht. Lean Thinking erfordert es, alte Paradigmen über Bord zu werfen und neuen zu folgen.[6]

Bei der Übertragung der Methoden auf die IT wird eingewendet, dass IT-Abteilungen nicht durch die starren Prozesse einer industriellen Massenproduktion gekennzeichnet sind. Gerade im Mittelstand sind meist kleine IT-Organisationen mit flexiblen Strukturen und wenigen Regeln anzutreffen. Ein geringer Grad an Regulierung führt in komplexen Arbeitsumgebungen mit sich häufig wiederholenden Tätigkeiten aber ebenfalls zu suboptimalen Abläufen, die bspw. durch Doppelarbeiten, fehlerhafte Ergebnisse oder Qualitätsmängel gekennzeichnet sind. In einem konkreten Fall wurden in einer IT-Abteilung mit nur 18 Mitarbeitern zwei Ticket-Systeme und drei verschiedene Verfahrensweisen zur Behebung von Störungen (Incidents) gefunden. Dies zeigt deutlich, dass auch in kleinen IT-Organisationen ein erhebliches Maß an Ressourcenverschwendung anzutreffen ist.

Best Practice Systeme zum IT-Management wie zum Beispiel COBIT und ITIL sollen die Nachteile dieser organisch oder - negativ formuliert - chaotisch strukturierten IT-Organisationen beseitigen und die Stabilität und Effizienz der Abläufe sicherstellen. Bei der Adaption dieser Systeme besteht die Gefahr, dass bürokratische Strukturen entstehen, die die Mitarbeiter demotivieren und dem Anwender nicht nutzen. Dies ist insbesondere zu erwarten, wenn auf Initiative der IT-Leitung externe Berater ohne Beteiligung der Mitarbeiter die Systeme einführen.[7]

Lean Management ist durch einen sehr hohen Grad an Regulierung und hohe Disziplin bei der Einhaltung von Standards gekennzeichnet. Im Gegensatz zu bürokratischen Strukturen werden die Regeln jedoch im Konsens mit den Mitarbeitern entwickelt und dienen nicht der Bevormundung oder Kontrolle, sondern der Unterstützung der Mitarbeiter.[8] Es gilt, IT-Leistungen zuverlässig und effizient zu erbringen und gleichzeitig eine hohe Flexibilität bei der Reaktion auf neue Geschäftsanforderungen zu bieten. Lean IT ist kein einseitiger Ansatz zur Kostenreduktion und zum Personalabbau. Vielmehr stehen zunächst der Anwender und der für diesen erbrachte Nutzen im Mittelpunkt.

1.3   Konzeption des Lean IT-Ansatzes

Ein zentrales Merkmal des Lean Management ist der Fokus auf „Mura" (Verschwendung). Im Toyota Produktionssystem gilt es, die Verschwendung in allen Prozessen auf allen Ebenen zu erkennen und nachhaltig zu beseitigen. Verschwendung wird im Lean Management nicht aus der Perspektive des Unternehmens sondern aus der des Kunden definiert: Jede Aktivität, die aus Sicht des Kunden keine Wertsteigerung darstellt, ist Verschwendung.

---

[6] Vgl. Womack, J. P./Jones, D. T.(Lean Thinking 2004)

[7] Vgl. Bell, S .C./Orzen, M. A. (Lean IT 2011), S. 51f.

[8] Vgl. Adler, P. S. (Bureaucracies 1999), S. 36ff.

Betrachtet man die einschlägigen Publikationen zum Lean Management[9], lässt sich feststellen, dass die typischen „Verschwendungsarten" aus der Industrie in ähnlicher Form auch in IT-Organisationen anzutreffen sind (vgl. Tabelle 1.1). Software-Releasewechsel ohne konkreten Kundennutzen, redundante Daten oder fehlerhafte Programme sind nur einige Problemfelder in der IT, die in Diskussionsrunden mit Anwendern immer wieder genannt werden. Aus diesem Grund scheint es angebracht, die in der Industrie dafür entwickelten Lösungsansätze auf IT-Organisationen zu übertragen und deren Anwendungsmöglichkeiten zu überprüfen.

Tabelle 1.1   Verschwendungsarten in der IT[10]

Verschwendungsarten	Beispiele in der IT
1. Überproduktion	Arbeiten ohne konkreten Kundenauftrag, Releasewechsel ohne Kundennutzen, zu viele Funktionen
2. Bestände	Gefüllte Inbox, zu frühes Erstellen von Arbeitspaketen, Puffer in Projektplänen
3. Liegezeiten/Wartezeiten	Langsame Netzwerke, ungeplanter Ausfall von Systemen, Wartezeit auf Projektergebnisse, Lange Testphasen
4. Überflüssige Arbeit	Wiederholte Eingabe von Daten, unnötige oder übertriebene Reports, Dokumentation ohne Nutzen, Suchzeiten
5. Fehlerbehebung/Korrektur	Fehlerhafte Programme, ungeplante Änderungsmaßnahmen, mangelndes Qualitätsbewusstsein
6. Bewegung	Weite Wege zu Geräten, zentralen Ablagen oder Anwendern, häufige Übergaben der Entwicklungsarbeiten
7. Transport	Viele Zwischenstationen im Ablauf (Genehmigung, Prüfung, Dokumentation…), zu viele beteiligte Rollen
8. Ungenutzte Fähigkeiten	Entscheidung und Kontrolle nur durch das Management, zu hohe Spezialisierung der Mitarbeiter

---

[9] Vgl. exemplarisch Liker, J. K. (Toyota 2004), S. 31ff.

[10] Vgl. Müller, A./Schröder, H./von Thienen. L. (Lean IT-Management 2010), S 75; vgl. auch Bell, S. C./Orzen, M. A. (Lean IT 2011), S. 57

Als methodischer Rahmen dient dafür das in Anlehnung an das Haus des Toyota Produktionssystems[11] entwickelte „House of Lean IT-Management". Aufbauend auf den drei fundamentalen Prinzipien *Kundenorientierung, visuelles Management* und *optimale Gestaltung von Arbeitsplätzen* lassen sich zwei tragende Säulen, *kundenorientierte Prozesse* sowie *Null Fehler Ansatz*, definieren, die die Kernelemente des Lean Management, *Mitarbeiter- und Teamorientierung* sowie *Eliminierung von Verschwendung,* umschließen (vgl. Abbildung 1.1).

Abbildung 1.1   Das "House of Lean IT-Management"[12]

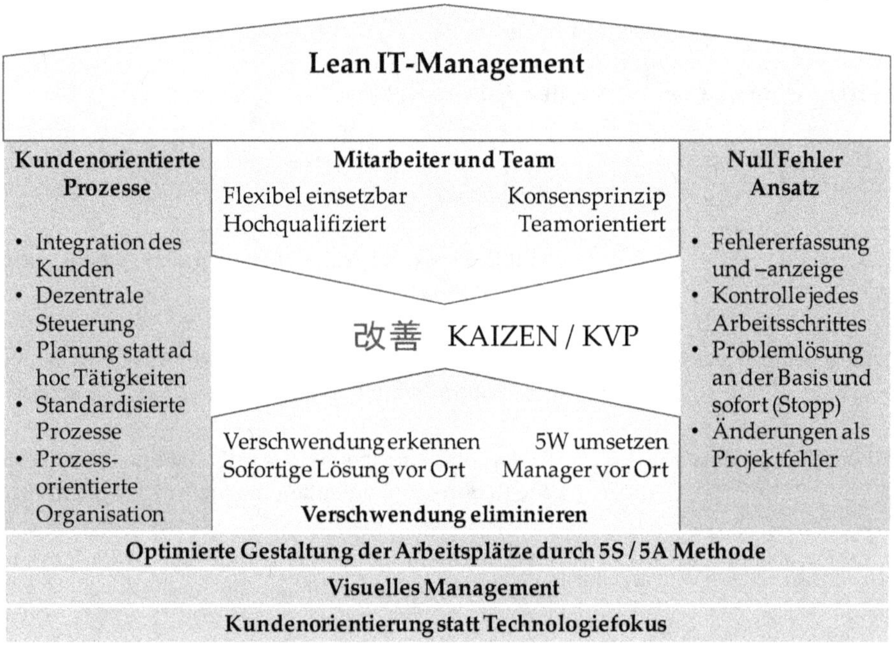

Lean IT-Management		
Kundenorientierte Prozesse	**Mitarbeiter und Team**	**Null Fehler Ansatz**
• Integration des Kunden • Dezentrale Steuerung • Planung statt ad hoc Tätigkeiten • Standardisierte Prozesse • Prozess-orientierte Organisation	Flexibel einsetzbar Konsensprinzip Hochqualifiziert Teamorientiert 改善 KAIZEN / KVP Verschwendung erkennen 5W umsetzen Sofortige Lösung vor Ort Manager vor Ort **Verschwendung eliminieren**	• Fehlererfassung und –anzeige • Kontrolle jedes Arbeitsschrittes • Problemlösung an der Basis und sofort (Stopp) • Änderungen als Projektfehler
Optimierte Gestaltung der Arbeitsplätze durch 5S / 5A Methode		
Visuelles Management		
Kundenorientierung statt Technologiefokus		

Das Fundament von Lean IT-Management

Kundenorientierung statt Technologiefokus
stellt eine fundamentale Leitlinie dar. Technologiegetriebene Softwareeinführungen sind genauso zu vermeiden wie eine unkritische Umsetzung von Kundenanforderungen ohne deren Nutzen zu hinterfragen. Das IT-Management sollte bestrebt sein, die Geschäftsprozesse seiner Kunden zu verstehen und gemeinsam mit den Kunden den Wertbeitrag der IT zu identifizieren. Die Philosophie im IT-Management muss die Merkmale einer auf den Kunden ausgerichteten Servicegesellschaft besitzen.

---

[11] Vgl. exemplarisch Liker, J.K. (Toyota 2004), S. 33

[12] Vgl. Müller, A./Schröder, H./von Thienen. L. (Lean IT-Management 2010), S. 76

Visualisierungstechniken

sind ein zweites fundamentales Lean Management-Prinzip. Trotz des Einsatzes von Ticketsystemen im Service Management, Business Intelligence-Systemen oder ausgefeilter Projektcontrolling-Software ist die Performance der IT in den seltensten Fällen wirklich transparent. In agilen Methoden der Softwareentwicklung wird bereits konsequent auf eine einfache Präsentation des Arbeitsfortschritts, zum Beispiel über Burn Down Charts oder Metaplanwände, gesetzt.[13] Warum nutzt man die aus der industriellen Fertigung bekannten Techniken zur Visualisierung von Zielen und Zielerreichung nicht auch im IT-Betrieb? Jeder IT-Mitarbeiter sollte die relevanten Kennzahlen wie Anteil der Projekte mit Verzug, Anteil der Incidents mit Verzug, Anzahl Störungen je Tag, Mean Time Between Failures oder Anzahl aktiver Changes kennen, um Verbesserungspotenziale aufzudecken und bei Bedarf geeignete Maßnahmen frühzeitig einleiten zu können.

Die optimale Gestaltung von Arbeitsplätzen,

zum Beispiel mit Hilfe der 5S/5A-Methode[14], beinhaltet als drittes fundamentales Prinzip eine Reihe von Empfehlungen, die dazu dienen, den persönlichen Arbeitsplatz des einzelnen Mitarbeiters so zu optimieren, dass Fehler und Verschwendungen vermieden werden können. Wirft man einen Blick in Büros von IT-Fachkräften, schaut sich typische Arbeitsplätze in Softwareentwicklungsprojekten an oder wagt den Gang in einen Serverraum, ist der Gedanke an Chaos meist nicht fern. Eine systematische Berücksichtigung der „5 S" – Sort, Set in Order, Shine, Standardize, Sustain – dürfte ohne Frage auch in IT-Bereichen produktivitätssteigernd wirken.

Die erste Säule von Lean IT-Management: kundenorientierte Prozesse

Die Integration der Kunden in die Prozesse

ist ein weiteres Merkmal von Lean Management. In IT-Organisationen ist dies häufig noch unterentwickelt. Die Anwender werden eher aus den Prozessen der IT ausgeschlossen. Neben dem bereits angesprochenen Anforderungsmanagement kann dies eine stärkere Einbindung von Anwendern in Aufgabenbereiche, die eigentlich der IT vorbehalten sind, bedeuten. Ein Beispiel dafür ist die Verlagerung des First Level Supports auf die Key User in den Fachabteilungen, die häufig einen besseren Zugang zu den spezifischen Problemen der Anwender haben und gut helfen können, „Berührungsängste" zur IT abzubauen.

Dezentrale Steuerungsmechanismen

sind in der industriellen Fertigung fest etabliert. Pull-orientierte Verfahren, bei denen der Bedarf des Kunden direkt in die Produktion geht, zeigen sich gegenüber den Push-orientierten Verfahren mit einer zentralen Steuerung hinsichtlich der typischen Performance-Kennzahlen deutlich überlegen. Überträgt man die aus der Industrie bekannten

---

[13] Vgl. exemplarisch Poppendieck, M./Poppendieck, T. (Lean 2003), S. 33; Anderson D. J. (Kanban 2011), S. 73ff.

[14] Vgl. exemplarisch Fabrizio, T. A./Tapping, D. (5S 2006)

Voraussetzungen für die Anwendbarkeit dezentraler Steuerung auf die IT[15], wird auf die Bündelung von Anforderungen zu komplexen Releases verzichtet, da dies negative Auswirkungen auf die Durchlaufzeit hat. Es werden möglichst kleine und vergleichbare Arbeitspakete gebildet. Ein gutes Beispiel dafür sind Tasks in agilen Softwareentwicklungsmethoden, die im Idealfall innerhalb eines Tages abgearbeitet werden können.

Gleichmäßige Auslastung durch gute Planung

Das sogenannte „Front Loading" soll dafür sorgen, dass nur die Aufgaben in die Produktion gegeben werden, die mit der bestehenden Kapazität auch abgearbeitet werden können. Ungeplante Aktivitäten werden in der schlanken Produktion als Verschwendung angesehen, da Improvisation zu unsicheren Ergebnissen, häufigen Fehlern und nicht optimalen Abläufen führt. Die frühe Kenntnis von Arbeitspaketen ermöglicht die Planung und Kapazitätsglättung (Levelling) bezogen auf die verfügbaren Ressourcen, zum Beispiel Entwicklerteams oder Systemverantwortliche im Applikationsmanagement.

Standardisierte Prozesse und Regeln

Die Fähigkeiten der Mitarbeiter in der IT sollen genutzt werden, um in dezentralen Teams mit direktem Kundenkontakt über Prioritäten und Aktivitäten zu entscheiden. Damit aber Entscheidungen an der Basis getroffen werden können, sind klar definierte Prozesse und Regeln erforderlich. Eine Orientierung an Standards à la ITIL oder Prince2 kann dabei hilfreich sein, entbindet aber den IT-Manager nicht von der Verantwortung, selbst für die richtigen Prozesse zu sorgen und das Prozessdenken in den Köpfen seiner Mitarbeiter zu verankern.

Prozessorientierte Organisation

Zur praktischen Umsetzung von Lean IT-Management ist eine Organisationsstruktur erforderlich, die sich flexibel auf die aktuellen Anforderungen der Kunden ausrichtet. Funktional ausgerichtete, spezialisierte Abteilungen, die sich isoliert optimieren, sind nicht in der Lage, funktionsübergreifende Prozesse schnell und kundenfokussiert umzusetzen. Die IT muss deshalb prozessorientiert strukturiert und die Arbeit in multifunktionalen Teams beherrscht werden. Das Setzen von Prioritäten und die Wahl der Lösungswege bei der Abarbeitung des definierten Arbeitsvorrats sollte allein den für die Realisierung verantwortlichen IT-Teams obliegen, die dafür bei Bedarf direkt in den Dialog mit den Kunden treten. Im Idealfall sind auch kurzfristig auftretende Ressourcenprobleme dezentral zu lösen: Flexible Arbeitszeiten und interne oder externe Personalreserven, auf die bei Bedarf zugegriffen werden kann, bilden dafür eine gute Voraussetzung.

Die zweite Säule von Lean IT-Management: Null Fehler Ansatz

Prozessorientierung ist auch der Schlüssel zu dem aus der Automobilindustrie bekannten Null Fehler Ansatz[16]. Als Fehler definiert Lean Management jede Abweichung von einem

---

[15] Vgl. Anderson, D. J. (Kanban 2011), S. 13ff.

[16] Vgl. exemplarisch Bell, S. C./Orzen, M. A. (Lean IT 2011), S. 27

festgelegten Standard. Deshalb muss für jeden IT-Prozess ein solcher Standard definiert werden, um darauf aufbauend Fehlermöglichkeiten und Qualitätsgrade zu ermitteln. Die Verantwortung für die Fehlererfassung, Dokumentation und Beseitigung sollte an die operativ verantwortlichen Mitarbeiter (Selbstkontrolle) delegiert werden. Jeder Mitarbeiter muss dem Ziel verpflichtet sein, nur Leistungen weiterzugeben, die den Anforderungen entsprechen oder der Prozess muss unterbrochen werden.

Um Fehler in der Softwareentwicklung zu vermeiden, muss die „Stimme des Kunden" frühzeitig integriert werden. Daher spielt die prozessorientierte Aufnahme und Erfassung von Kundenanforderungen vor der Realisierung eine zentrale Rolle. Die lediglich technische Diskussion zur Ausprägung von Systemfunktionen kann wesentliche Nutzenpotenziale im Prozess der Anwender übersehen.

Aber nicht nur Nutzenpotenziale bleiben „auf der Strecke". Je früher Fehler im Entwicklungsprozess entdeckt werden, desto geringer sind auch die späteren Anpassungskosten. Es gilt auch in der IT: Wenn Fehler nicht bei der Planung vermieden, sondern erst beim Integrationstest oder von den Anwendern im Prozess bemerkt werden, dann sind die Anpassungskosten deutlich höher als die Kosten der Fehlerverhütung in der Projektplanung. Fehler, die erst nach dem Go Live entdeckt werden, sind deshalb eine Verschwendung mit sehr hohen Kostenwirkungen und zeugen vom Versagen des IT-Management.

Es ist ein Irrglaube, der Null Fehler Ansatz sei in der IT-Projektarbeit nicht wirtschaftlich und Software sei schließlich nie „fehlerfrei". Im Gegenteil, der Null Fehler Ansatz führt langfristig zu sinkenden IT-Kosten. Durch einfach nutzbare Checklisten und ein klares internes Kunden-Lieferanten-Verhältnis zur Messung der Qualität der Teilprozesse bei jedem Wechsel der Verantwortung kann dieses Prinzip umgesetzt werden. Die Kunst liegt darin, die Qualität zu messen, ohne zu viel Zeit zu verschwenden und neue Organisationseinheiten aufzubauen.

Die Kernelemente von Lean IT-Management - Kontinuierliche Verbesserung und flexible Teams

Kontinuierliche Verbesserungsprozesse (KVP/Kaizen)[17],

mit deren Hilfe systematisch Probleme in der Produktion aufgedeckt, deren Ursachen analysiert und letztlich behoben werden, sind in IT-Bereichen häufig noch nicht angekommen. Dabei bieten sowohl die Prozesse im IT-Management als auch die Inanspruchnahme von IT-Leistungen in den Fachbereichen zahlreiche Anknüpfungspunkte für Verbesserungsmaßnahmen, die konsequent identifiziert und angegangen werden sollten. In der Tabelle 1.1 wurden Analogien der klassischen „Verschwendungsarten" in der IT aufgezeigt. Auf allen Ebenen - im Management, in Projektteams und beim einzelnen Mitarbeiter - muss ein grundlegendes Verständnis für die Wahrnehmung und Vermeidung solcher Verschwendungen geschaffen werden. Auch kleine, scheinbar zu vernachlässigende Prob-

---

[17] Vgl. Imai, M. (Kaizen 1993)

leme und Behinderungen der täglichen Arbeit müssen gesammelt, bewertet und abgestellt werden. Dafür bedarf es Mechanismen und organisatorischer Regeln, die nicht nur punktuell greifen, sondern laufend ausgeführt und angewendet werden, um auf diese Weise die Prozesse im IT-Bereich selbst und in der Nutzung der IT schrittweise zu verbessern.

Mitarbeiter und flexible Teams

stehen im Zentrum des Lean IT-Management. In den bisherigen Ausführungen wurde deutlich, dass die Umsetzung von Lean Prinzipien die aktive Einbindung der involvierten Mitarbeiter erfordert. „Lean Thinking", das Verständnis für die Sinnhaftigkeit von Standards und Regeln, die Bereitschaft eigene Fehler zu kommunizieren und die durchgehende Kundenorientierung sind keine Selbstverständlichkeit, sondern müssen in kleinen Schritten in der IT-Organisation etabliert werden. Das Idealbild sind multifunktionale Teams, die eigenverantwortlich und in enger Abstimmung mit den Kunden an Problemlösungen arbeiten. Selbstorganisation und Kommunikationsfähigkeiten der IT-Mitarbeiter müssen systematisch gefördert, die Komplexität der Aufgaben für die Teams durch klare Fokussierung auf einzelne Prozesse im IT-Management begrenzt werden.

Lean IT-Management bedeutet schließlich auch, die aktuelle Methoden- und Toolkomplexität auf ein Minimum zu reduzieren. Denn während die Methodenlehre immer mehr dazu tendiert, Sachverhalte zu verkomplizieren, müssen Ansätze wie IT-Service-, Prozess-, Anforderungs- und Projekt-Management zukünftig durch Einfachheit beherrschbar gemacht werden.

1.4   Prozesse im IT-Management

In welchen Prozessen sollten die vorgenannten „Lean Prinzipien" nun umgesetzt werden? Letztlich müssen alle Aktivitäten zur Erbringung von IT-Leistungen für den Kunden in die Betrachtung einbezogen werden. Dazu gehören strategische Aufgaben des „Business Alignment" genauso wie der operative Betrieb von IT-Systemen. Abbildung 1.2 verdeutlicht dies in Form eines „End to End"-Prozesses, der die Aufgaben im IT-Management in einzelnen Teilprozessen auf unterschiedlichen Ebenen beschreibt.[18]

Ausgangspunkt sind die Anforderungen des Kunden, die aufgenommen und in Form von anforderungsgerechten Services oder individuellen Projekten umgesetzt werden müssen. In Betriebsprozessen muss dafür gesorgt werden, dass die IT-Services in der vom Kunden geforderten Qualität erbracht werden, Service- und Supportanfragen sowie Anregungen des Kunden für eine schrittweise Verbesserung der Leistungserbringung aufgenommen und bearbeitet werden. Gesteuert wird dies über Planungsprozesse, die insbesondere für eine adäquate Ressourcenausstattung im IT-Bereich sorgen, sowie Controllingprozesse, die auf die Effizienz und Effektivität der Leistungserstellung einwirken.

---

[18] Zu einem produktionsorientierten Prozessmodell des Informationsmanagement vgl. auch Zarnekow, R./ Brenner, W./Pilgram, U. (Informationsmanagement 2005), S. 66ff.

In den folgenden Kapiteln werden die Teilprozesse schrittweise abgearbeitet und es wird aufgezeigt, inwieweit die in Kap 1.3 beschriebenen Prinzipien umgesetzt werden können. Ergänzt wird dies durch Beispiele aus der Unternehmenspraxis, die verdeutlichen, dass eine „schlanke" IT nicht nur eine Vision darstellt, sondern heute bereits Realität ist.

Abbildung 1.2   IT-Management als „End to End"-Prozess

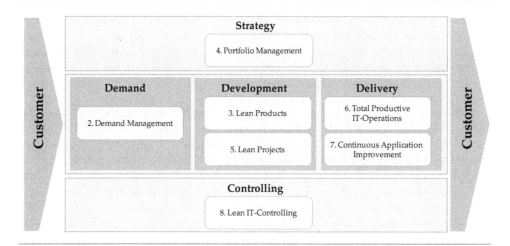

In Kapitel 2 werden zunächst die Möglichkeiten zur Etablierung schlanker Methoden bei der Gestaltung des Anforderungsmanagement dargelegt. Für die unterschiedlichen Zielguppen in der Kundenorganisation, bspw. Führungskräfte, Key User oder Endanwender, sind geeignete Prozesse zu definieren, die die jeweiligen Anforderungen gezielt aufnehmen, konkretisieren und bündeln. Auf diese Weise wird der Rahmen für die Leistungsprozesse der IT abgesteckt, die in den folgenden Abschnitten weiter konkretisiert werden.

Der Aufbau von Service-Katalogen und „Produkten" der IT ist Gegenstand von Kapitel 3. Hier lassen sich Lean Prinzipien nutzen, um die Produkte und Produktbündel zu definieren, die die Kundenanforderungen bestmöglich adressieren. Für die Priorisierung des aus dem Anforderungsmanagement abgeleiteten Projektbedarfs sind pragmatische Verfahren gefordert, die in Kapitel 4 aus den Lean Prinzipien entwickelt werden. Auf der Planungsebene dient dies auch dazu, die Ressourcen im IT-Bereich richtig zu dimensionieren und die benötigten Kapazitäten rechtzeitig bereitzustellen.

Agile Methoden der Softwareentwicklung setzen seit geraumer Zeit konsequent auf Ansätze des Lean Management. In Kapitel 5 werden diese Ideen aufgegriffen und zudem auf einen wichtigen Aspekt der Umsetzung von IT-Leistungen, das Change Management, übertragen. Es wird deutlich, dass Verfahren, die in der Gestaltung industrieller Produktionsabläufe zur nachweislichen Verbesserung von Prozessen geführt haben, auch bei der „Produktion" von IT-Leistungen greifen können.

Weitere relevante Aufgabengebiete sind die Aufrechterhaltung des IT-Betriebs, das Bearbeiten und Beheben von Störungen sowie das Lösen von Problemen in Anwendungssystemen und der Infrastruktur. Diese Aufgaben entsprechen im übertragenen Sinne der Anlageninstandhaltung in der Industrie. Auch in diesem Bereich ist die Frage zu beantworten, ob die dort etablierten „Best Practices" zu Verbesserungen in den IT-Prozessen beitragen können. Aus dem „Total Productive Maintenance"-Ansatz wird dazu in Kapitel 6 das „Total Productive IT-Operations"-Modell entwickelt.

Wie oben bereits dargelegt, ist das Streben nach kontinuierlicher Verbesserung ein elementarer Bestandteil des Lean Thinking. In Kapitel 7 wird dieses Prinzip aufgegriffen und am Beispiel der Nutzung von Anwendungssystemen aufgezeigt, wie schrittweise Verbesserungen umgesetzt werden können. In einem Fallbeispiel wird gezeigt, wie die Prozesse in der IT mit Kaizen verbessert werden konnten.

Die Steuerung des IT-Bereichs mit Controlling-Werkzeugen ist ebenfalls hinsichtlich der Einbindung von Methoden des Lean Management zu untersuchen. In Kapitel 8 werden dazu Möglichkeiten präsentiert, die in Controlling-Prozessen häufig anzutreffende Komplexität zu reduzieren. Dies betrifft insbesondere die Definition, Erhebung und Aufbereitung von Kennzahlen, die in der Praxis durch eine starke Fokussierung auf Tools wie Analyse- und Reportingsysteme gekennzeichnet ist. „Lean" heißt in diesem Zusammenhang aber auch die Konzentration auf das Wesentliche, der Verzicht auf komplexe IT-Anwendungen und die Verwendung einfacher und pragmatischer Visualisierungswerkzeuge. Ein weiteres Thema des IT-Controlling, die Kalkulation und Abrechnung der definierten und erbrachten Leistungen für den Kunden, kann ebenfalls mit einfachen und transparenten Prozessen „schlank" abgebildet werden.

Zu jedem der genannten Prozesse werden am Ende jedes Kapitels Leitfragen präsentiert, mit denen die Umsetzungsgrade von Lean Prinzipien in der eigenen IT-Organisation ermittelt werden können. Kapitel 9 integriert diese Fragenkataloge abschließend zu einem ganzheitlichen Reifegradmodell, das für IT-Manager als hilfreiches Instrument zur Feststellung des individuellen Lean Reifegrades dienen kann.

2 Anforderungsmanagement in der IT - „Die Stimme des Kunden"

Die zentrale Idee von Lean Management ist es, alle Aktivitäten mit Hinblick auf den Kundennutzen (Value) zu beurteilen. Da jede Handlung, die nichts zum Kundennutzen beiträgt, als Verschwendung interpretiert wird, ist es unabdingbar, dass man die Kundenwünsche genau kennt. Für Lean IT bedeutet dies, dass die gesamte IT-Organisation von der „Stimme des Kunden"[19] gesteuert wird.

Die ersten Fragen im IT-Management sollten deshalb sein[20]:

- Wer sind unsere Kunden?

- Was sind die Anforderungen unserer Kunden?

Der unternehmerische Nutzen der IT kann nur auf Kundenseite, in den Fachbereichen und Geschäftsprozessen, entstehen. Die Ausrichtung der IT-Systeme auf die Anforderungen der Nutzer muss daher den zentralen Baustein des Lean IT-Management darstellen. Durch eine kundenorientierte Ableitung, Diskussion und Priorisierung des Bedarfs an IT-Leistungen kann ein erheblicher Anteil klassischer „Verschwendung" in der IT vermieden werden:

- Vorschnell gestartete Entwicklungsprojekte ohne klare Ausrichtung führen regelmäßig zu höheren Projektkosten, Nacharbeiten und nicht zufriedenstellenden Anwendungssystemen.

- Systeminstallationen ohne Ausrichtung an strategischen Planungen der Infrastruktur fördern redundante Datenhaltung und steigern die Anzahl der im Betrieb zu pflegenden Systemschnittstellen.

- Unerkannte Synergien zwischen unterschiedlichen Anforderungen führen zu Doppelarbeiten und Mehraufwand im IT-Bereich.

Diese Verschwendungsarten sind häufig vorzufinden und lassen sich durch ein gesteuertes Anforderungsmanagement vermeiden. Entscheidend für dessen Umsetzung ist ein bedarfsgerechtes, zielgruppenorientiertes Vorgehen.

---

[19] Im Quality Function Deployment beginnt die Produktentwicklung mit einer systematischen Analyse der „Stimme des Kunden" vgl. hierzu Akao, Y. (QFD 1990), S. 1ff.

[20] Vgl. zum Folgenden Poppendieck, M./Poppendieck T. (Leading 2010), S. 6ff.

2.1 Identifikation der Kunden

Als „Kunden" der IT sind diejenigen zu bezeichnen, die die Leistungen der IT-Organisation empfangen und diese zur Unterstützung und Verbesserung ihrer Prozesse einsetzen. Grundsätzlich lassen sich die folgenden Gruppen unterscheiden:[21]

- Auftraggeber:
  ist verantwortlich für die mit dem IT-System geplante Wertschöpfung und trägt die Kosten des Systems.

- Anwender:
  nutzt die IT in der täglichen Arbeit und sichert so die Erreichung der angestrebten Optimierungsziele.

- Key User, Support-Mitarbeiter und Application Manager:
  unterstützen die Anwender, beheben Störungen und entwickeln die Systeme weiter.

Die Anforderungen an die Neu- und Weiterentwicklung von IT-Systemen können in zwei Kategorien aufgeteilt werden:[22]

1. Wertsteigernder Bedarf
   Die Erfüllung dieses Bedarfs führt zu messbaren Verbesserungen der Erfolgsgrößen des Unternehmens und steigert die Wettbewerbsposition – hier entsteht der Wertbeitrag der IT im Unternehmen. Dieser Bedarf wird meist gemeinsam mit den Auftraggebern identifiziert.

2. Fehlereliminierender Bedarf
   Von den Anwendern, Key Usern und dem Support werden häufig Anforderungen genannt, die auf die Beseitigung von Fehlern abzielen. Ein solcher Bedarf resultiert aus einer unzureichenden Softwareentwicklung oder -einführung und sollte als Verschwendungsart betrachtet werden. Wenn die IT primär mit der Erfüllung dieses meist dringenden Bedarfs befasst ist, sinkt der Wertbeitrag und die Kundengruppe „Auftraggeber" wird vernachlässigt.

Bei integrierten IT-Systemen ist es nicht einfach, die Kunden zu benennen. Wer ist denn der Kunde eines Enterprise Resource Planning Systems, das in fast allen Prozessen und Abteilungen genutzt wird? Gerade bei diesen komplexen Systemen besteht die Gefahr, dass die IT-Abteilung den Anwender völlig aus den Augen verliert und das System selbst als „Kunden" wahrnimmt. Dies ist ein Zeichen für eine stark technologiegetriebene Sicht auf die Aufgaben der IT. Die mit der Integration der Systeme verbundene Komplexität erschwert es zwar, individuelle Kundenwünsche zu erfüllen, darf aber die Fokussierung darauf nicht verdrängen.

---

[21] Vgl. Poppendieck, M./Poppendieck T. (Leading 2010) S. 8ff.

[22] Vgl. Poppendieck, M./Poppendieck T. (Leading 2010) S. 10ff.

Die IT muss die Kunden nach Geschäftsprozessen, Fachbereichen oder Abteilungen segmentieren und deren zentrale Erwartungen an die IT-Anwendungen erkennen. Eine einfache Analyse liefert einen ersten Überblick über die Kunden und den Kenntnisstand über deren Anforderungen (vgl. Tabelle 2.1).

Tabelle 2.1   Beispiel einer ersten "Voice of the Customer"- Erhebung[23]

Kundengruppe (Auftraggeber)	Intern/ Extern	Kenntnis der Anforderungen?	Zentrale Erwartung an die IT Unterstützung?
Controlling	Intern	Sehr gut	Exakte Daten, schnell verfügbar, grafisch auswertbar, Reports individuell und ad hoc definierbar
Produktentwicklung	Intern	Schlecht	Noch unklar, durchgängige Stammdaten und Transparenz bei technischen Änderungen, Service und Produktion anbinden
Großkunden	Extern	Mittel	EDI im Bestellprozess und Zahlungsverkehr, Statusmeldungen aus der Logistik, schnelle Information über Preise und Aktionen
...	...	...	...

Für eine strukturierte Aufnahme der Anforderungen an die IT ist aber nicht nur eine fachliche Segmentierung erforderlich, sondern es muss auch berücksichtigt werden, dass sich die Nachfrage nach IT-Leistungen aus den strategischen sowie operativen Zielen der Unternehmensbereiche ableitet und somit unterschiedliche Hierarchieebenen auf Kundenseite involviert sind.

Während die langfristigen strategischen Ziele vor allem durch die Führungskräfte geprägt und ausgestaltet werden, ergeben sich die operativen Anforderungen eher aus dem Tagesgeschäft der Mitarbeiter. Für das Anforderungsmanagement bedeutet dies zwei völlig unterschiedliche Zielgruppen mit ebenso unterschiedlichen Zielsetzungen in Bezug auf die IT. Während Führungskräfte vor allem am Nutzen einzelner IT-Anwendungen und an der zukünftigen Veränderung bzw. Optimierung der IT-Unterstützung in ihrem Verantwor-

---

[23] Vgl. Bell, S. C./Orzen, M. A. (Lean IT 2011), S. 58

tungsbereich interessiert sind, liegt das Interesse der operativ tätigen Mitarbeiter auf der Ausgestaltung der IT-Anwendungen im Detail. Erst wenn die Anforderungen beider Ebenen systematisch erfasst werden, entsteht die Möglichkeit einer sinnvollen Bündelung und Fokussierung der späteren Umsetzung im IT-Bereich. Im Folgenden wird ein Ansatz vorgestellt, der beide Zielgruppen systematisch adressiert.

2.2   Zielgruppenorientierte Steuerung der IT-Nachfrage

Das Anforderungsmanagement muss sich mit seinen Prozessen und Werkzeugen bedarfsorientiert auf die im vorangegangenen Abschnitt beschriebenen Zielgruppen ausrichten. Durch einen kombinierten Top-Down- und Bottom-Up-Prozess, der in Abbildung 2.1 veranschaulicht wird, lässt sich diese Zielsetzung erreichen.

Abbildung 2.1   Zielgruppenorientiertes Anforderungsmanagement

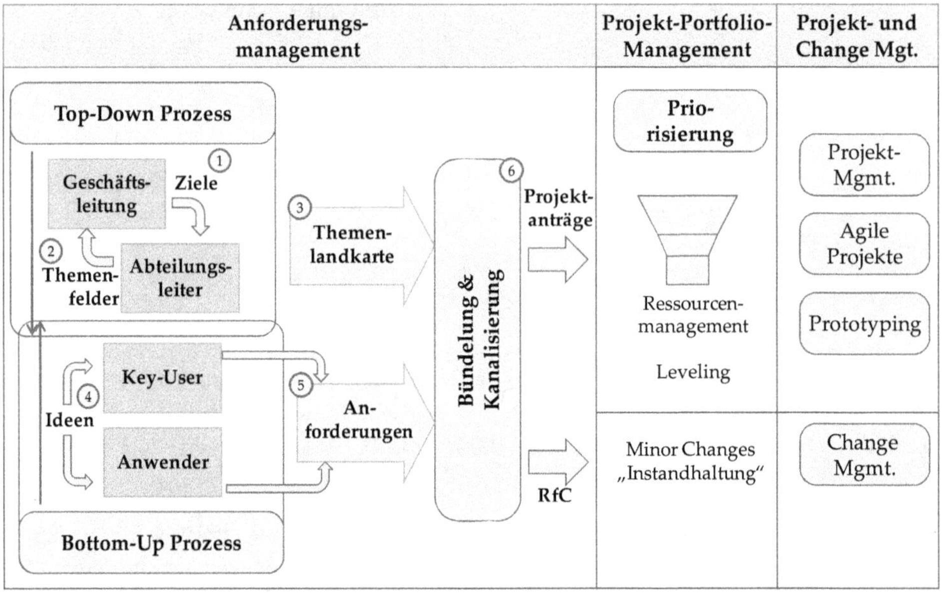

Der Top-Down-Prozess im Anforderungsmanagement

Führungskräfte kennen ihre Ziele und Handlungsfelder, und sehen oft keine Notwendigkeit, diesen Bedarf mit der IT zu diskutieren. Der IT und den operativen Mitarbeitern wird dadurch der Weg zur Selbststeuerung, einem wichtigen Baustein des Lean Management, versperrt. Ein proaktives Anforderungsmanagement hilft, dieses Problem zu umgehen.

In einem Top-Down-Prozess müssen die IT-Verantwortlichen und die Führungskräfte der Fachbereiche die relevanten IT-Themenfelder aktiv aus den strategischen Zielen ableiten. (Schritte 1 und 2 in der Abbildung). Ergebnis ist eine Übersicht der konkreten Themen für die kommenden Jahre. Hierunter fallen Veränderungsprojekte, Reorganisationsvorhaben etc., die im Wesentlichen den oben genannten wertsteigernden Bedarf beschreiben.

Die geplanten fachlichen Themen werden ohne Bezug auf bestimmte IT-Systeme strukturiert erfasst und transparent dargestellt. Dies ist für die spätere Selbststeuerung im Anforderungsmanagement erforderlich. Denn nur wenn die mittel- bis langfristigen Vorhaben der Fachbereiche bekannt sind, können die Mitarbeiter die Bedeutung und Priorität einzelner Anfragen aus dem operativen Geschäft eigenständig und eigenverantwortlich einschätzen. Die Themen, die die Bereiche in den nächsten Jahren antreiben, sollten über einen Zeitraum von 6–12 Monaten stabil sein und werden daher einmal jährlich ermittelt bzw. aktualisiert. Der größtmögliche Nutzen entsteht, wenn dieser Zeitpunkt kurz vor der jährlichen Budgetplanung liegt. Auf diese Weise kann die anstehende Investitionsplanung an den fachlichen Zielrichtungen geprüft werden. Ergebnis des Top-Down-Prozesses ist die Themenlandkarte (Punkt 3 in der Abb.) zur Ausrichtung aller Aktivitäten der IT. Auf die Inhalte und Darstellungsmöglichkeiten wird in Kapitel 2.3 genauer eingegangen.

Der Bottom-Up-Prozess im Anforderungsmanagement

Der Bottom-Up-Prozess fokussiert die Zielgruppe der Anwender, Key User und Support-Mitarbeiter von IT-Systemen im operativen Tagesgeschäft. Dazu sollen die zahlreichen Ideen (Punkt 4 in der Abb.) aus fachlicher Sicht aufgenommen und als Anforderungen zur Anpassung der IT-Anwendungen an die IT weitergeleitet werden. Ein wesentlicher Unterschied zum Top-Down-Prozess besteht im deutlich engeren Zeittakt, da die Anforderungen quasi täglich entstehen können. Deshalb sind andere Methoden und Prozesse zur Aufnahme und Steuerung erforderlich. In dem Bottom-Up-Prozess wird meist ein hoher Anteil an fehlerbeseitigenden Bedarfen erkannt, der dringend zu erfüllen ist und deshalb die wertschöpfenden Projekte in der IT behindert.

Zwei Gruppen werden in diesem Kontext aktiv betreut: Zum einen sind dies die Key User und Support Mitarbeiter als fachliche und technische Experten einzelner Anwendungssysteme und zum anderen die Anwender. Für beide Gruppen sind einfache Hilfsmittel zur Verfügung zu stellen, um aus unstrukturierten Ideen qualifizierte Anforderungen für die IT abzuleiten. Bei der Beschreibung einer Anforderung muss vermieden werden, bereits den technischen Lösungsansatz vorwegzunehmen. Als Hilfsmittel hierfür kann die Leitfrage gelten: „Wird bereits eine Lösung beschrieben?" Wenn diese Frage mit „Ja" beantwortet wird, handelt es sich nicht um eine Beschreibung der Anforderung als solche. Diese muss in so einem Fall mit dem Key User oder Endanwender zunächst explizit herausgearbeitet werden, da sie die Basis der geforderten Lösung darstellt.

Im Rahmen des Anforderungsmanagement im Bottom-Up-Verfahren müssen somit aus unstrukturierten Ideen oder vorformulierten Lösungswünschen qualifizierte Anforderungen (Punkt 5) erarbeitet werden. Der dazu notwendige Prozess sowie begleitende Werkzeuge werden in Kapitel 2.4 dargestellt.

Bündelung und Kanalisierung von Anforderungen

In diesem Schritt laufen die Ergebnisse der Top-Down- und der Bottom-Up-Prozesse zusammen. Die laufend eingehenden Anforderungen werden vor dem Hintergrund der Themenlandkarte hinsichtlich ihrer Priorität bewertet. Unter Einbeziehung der technischen Optionen leitet sich ab, in welchem Folgeprozess der IT die jeweilige Anforderung für die Umsetzung behandelt wird (Punkt 6). Komplexe Anforderungen, die bspw. gänzlich neue Anwendungen betreffen und voraussichtlich viele Ressourcen in der IT binden werden, sind als Projektanträge an das Projekt-Portfolio-Management weiterzuleiten, während kleinere Projekte von einem Gremium innerhalb der IT ohne den formalen Priorisierungsprozess eingeplant werden. Identifizierte Fehler der laufenden Anwendungen oder der Infrastruktur können über einfaches Change Management in der IT abgewickelt werden.

2.3   Top-Down-Anforderungsmanagement: Die Themenlandkarte

Die Themenlandkarte ist ein Instrument, um den Dialog zwischen der IT und den Führungskräften über die zukünftigen Handlungsfelder zu strukturieren. Die Visualisierung der Handlungsfelder erlaubt eine klare Fokussierung auf die relevanten Anforderungen aus den Geschäftsfeldern. Da meist spezifische Prozesse mit klaren Optimierungszielen betroffen sind, bietet sich eine zweidimensionale Struktur an.

Die erste Dimension umfasst die relevanten Hauptprozesse im Unternehmen, wobei vorliegende Prozesslandkarten und Prozessmodelle als Orientierungshilfen dienen. Aktivitäten der IT sollten auf Prozesse ausgerichtet sein und sich nicht auf die funktionalen Einheiten des Unternehmens beschränken. Nur wenn keine Prozesslandkarte vorliegt bzw. diese nicht mit vertretbarem Aufwand erstellt werden kann, sollte auf funktionale Strukturen wie Geschäftsbereiche oder Abteilungen zurückgegriffen werden.

Die zweite Dimension betrifft den Typ der Optimierung bzw. Veränderung der Geschäftsprozesse. Dazu bietet es sich an, die unterschiedlichen Typen einer Veränderung – vom kompletten Redesign eines Prozesses bis hin zur kleinen Optimierung eines bestehenden Prozesses innerhalb einer Abteilung – in allgemeingültige Kategorien einzuteilen. Beispielsweise ist es bei Anforderungen in Verbindung mit einer technischen Umsetzung eines elektronischen Ersatzteilshops ein Unterschied, ob sich der Ersatzteilvertrieb grundsätzlich auf neue Vertriebswege, Preismodelle und Zwischenhändler ausrichtet oder lediglich neue Produkt- oder Kundengruppen dem Online-Katalog hinzugefügt werden.

Ergebnis ist eine Matrixdarstellung, die es ermöglicht, jedes fachliche Handlungsfeld einem oder mehreren konkreten Prozessen zuzuordnen und gleichzeitig auf die Art der angestrebten Veränderung hinzuweisen. Abbildung 2.2 verdeutlicht die Schritte, die dabei zu durchlaufen sind.

Abbildung 2.2   Top-Down-Vorgehen zur Ermittlung der Themenlandkarte

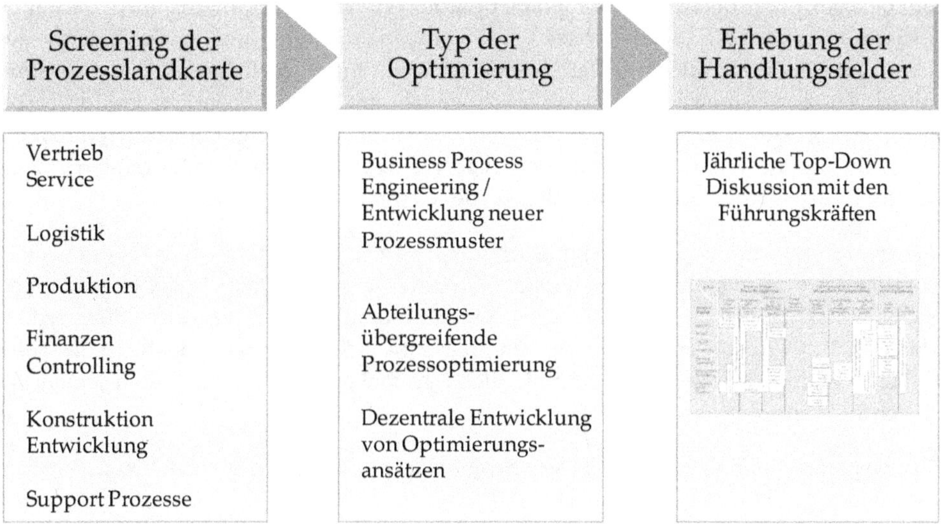

Screening der Prozesslandkarte	Typ der Optimierung	Erhebung der Handlungsfelder
Vertrieb Service Logistik Produktion Finanzen Controlling Konstruktion Entwicklung Support Prozesse	Business Process Engineering / Entwicklung neuer Prozessmuster Abteilungs-übergreifende Prozessoptimierung Dezentrale Entwicklung von Optimierungs-ansätzen	Jährliche Top-Down Diskussion mit den Führungskräften

Während sich die Prozessstruktur im ersten Schritt meist aus den vorliegenden Prozess-modellen ableiten lässt, gilt es im zweiten Schritt - zur Einteilung in unterschiedliche Op-timierungstypen - eine unternehmensindividuelle Struktur zu finden. In der Praxis hat sich dafür die folgende Aufteilung bewährt (vgl. Abbildung 2.3).

1. Typ der Optimierung: Business Process Engineering

Dieser Kategorie sind Veränderungsinitiativen der Fachbereiche zuzuordnen, in denen grundsätzlich neue Prozessabläufe angestrebt werden. Es handelt sich somit nicht um eine Optimierung von Bestehendem, sondern um die Einführung und Adaption von etwas Neuem. Zu den häufigen Auslösern für derartige Initiativen zählen Veränderungen im Geschäftsmodell, Outtasking-Vorhaben oder die Integration von Geschäftsprozessen der Partner. Da die Umsetzung und Einführung von neuen Prozessen im Vordergrund stehen, müssen damit verbundene IT-Anforderungen immer geschäfts- und prozessbezogen be-wertet werden. Allein schon die Information, dass eine IT-Anforderung einem so kategori-sierten Handlungsfeld zuzuordnen ist, spielt eine entscheidende Rolle für die spätere Steuerung der IT und für den zielgerichteten Dialog mit dem Business. Für die weitere Typisierung innerhalb dieses Segments bietet sich die folgende Einteilung an:

1. Aufbau neuer Prozesse / Themen

2. Integration neuer Standorte / Firmen

3. Verzahnung mit Prozessen von Lieferanten / Kunden

4. Fremdvergabe einzelner Leistungen (Outtasking / Outsourcing)

2. Typ der Optimierung: Abteilungsübergreifende Prozessoptimierung

In diesem Segment geht es nicht um die Etablierung vollständig neuer Prozesse, sondern um eine abteilungsübergreifende Optimierung von Abläufen im Unternehmen. Charakteristisches Merkmal dieser Initiativen ist die Beteiligung mehrerer funktionaler Bereiche des Unternehmens zur kundenorientierten (Neu-)Ausrichtung eines Prozesses. Dieser Typ von Initiativen lässt sich insbesondere bei Unternehmen mit einem hohen Reifegrad hinsichtlich der Prozessorientierung feststellen, da die Ausrichtung auf den Endkunden (im Sinne eines End-to-End-Prozesses) stärker im Vordergrund steht als die abteilungsinterne Optimierung einzelner Funktionen ohne Bezug zum Gesamtablauf.

IT-Anforderungen aus diesem Segment betreffen i.d.R. die Integration von bestehenden (und in der Vergangenheit oft entkoppelten) Anwendungssystemen. Dabei konzentrieren sich die Maßnahmen der IT meist auf die Schnittstellenreduktion, die Vermeidung redundanter Daten und die integrierte Anwendungsentwicklung. Es wird deutlich, dass dies gänzlich andere Schwerpunkte sind als die IT-Aufgaben, die sich aus den Themen des ersten Typs ergeben.

Zur weiteren Differenzierung in diesem Segment lassen sich die folgenden Bereiche heranziehen:

5. Prozess- und Systemharmonisierung

6. Optimierung der Intercompany-Abwicklung

7. Steigerung der Informationsqualität

3. Typ der Optimierung: Dezentrale Entwicklung von Optimierungsansätzen

Während im ersten Segment die Einführung neuer und im zweiten Segment die funktionsübergreifende Optimierung bestehender Prozesse im Fokus stehen, geht es im dritten Segment um funktional klar abgrenzbare Handlungsfelder mit einzelnen Initiativen. Diese haben keine oder nur geringe Auswirkungen auf andere Bereiche und Prozesse. Charakteristisch sind somit punktuelle Veränderungen im operativen Tagesgeschäft, die lokale Effizienzsteigerungen zur Folge haben.

Vor diesem Hintergrund erhält die Einordnung von Anforderungen durch die IT im Unterschied zu den ersten beiden Segmenten eine neue Ausprägung, da hier meist laufende Systeme angepasst werden müssen. Die Komplexität fachlicher Wechselwirkungen ist begrenzt. Umfangreiche Vorstudien und Evaluationsprozesse sind an dieser Stelle zu aufwändig.

Zum Aufbau der Themenlandkarte bietet sich hier folgende weitere Unterteilung an:

8. Optimierung durch Automatisierung der Tätigkeiten

9. Eliminieren von nicht-wertschöpfenden Schritten/Daten

Abbildung 2.3   Einordnung von Handlungsfeldern in der Themenlandkarte für die IT

Typ der Optimierung	Charakteristisches Merkmal des Handlungsfeldes		Auswirkung auf die IT
Business Process Engineering Systematische Entwicklung neuer Prozessmuster	1.	Aufbau neuer Prozesse / Themen	▪ Neue Anwendungen
	2.	Integration neuer Standorte / Firmen	▪ Unternehmens-übergreifende Integration
	3.	Verzahnung mit Prozessen von Lieferanten / Kunden	
	4.	Fremdvergabe einzelner Leistungen (Outtasking)	
Prozessklinik Abteilungs-übergreifende Prozessoptimierung	5.	Prozess- & Systemharmonisierung	▪ Anwendungsintegration & Konsolidierung
	6.	Optimierung der Intercompany Abwicklung	▪ neue Funktionalitäten
	7.	Steigerung der Informationsqualität	▪ prozessübergreifende Systemoptimierung
Prozesszirkel Dezentrale Entwicklung von Optimierungs-ansätzen und sofortige Umsetzung	8.	Optimierung durch Automatisierung der Tätigkeiten	▪ Automatisierung ▪ isolierte Anpassung von Masken, Tabellen
	9.	Eliminieren von nicht wertschöpfen-den Schritten/Daten	▪ Abschalten von Altsystemen

Die Themenlandkarte im Überblick

Die Themenlandkarte wird einmal im Jahr mit der Führungsebene des Unternehmens erarbeitet. Zwei- bis vierstündige Interviews mit den Führungskräften reichen hierzu bereits aus. Wenn die IT die grundsätzlichen Bestrebungen der Fachbereiche kennt, kann eine erste Landkarte vorbereitet und dann mit den Führungskräften besprochen werden. Die Erfahrung zeigt, dass dieser fachliche Dialog zur Benennung von zukünftigen Handlungsfeldern und deren Einteilung in Prozesse und Typen allein schon einen großen Mehrwert für die IT leistet. So können die Einflüsse an die IT-Strategie zum Aufbau von bestimmten Kernkompetenzen für Anwendungsentwickler und der Fokus auf bestimmte Systemtechnologien abgeleitet werden.

Die Themenlandkarte sollte die Handlungsfelder des Unternehmens auf einer Seite zusammenfassen. Abbildung 2.4 zeigt ein entsprechendes Beispiel – im Sinne einer exemplarischen Umsetzung in der Praxis. Zur Visualisierung bietet sich die Aufbereitung auf einer Metaplanwand an, die an zentraler Stelle in der IT-Abteilung positioniert wird, so dass jeder Mitarbeiter einen direkten Bezug seiner Tätigkeit im Tagesgeschäft zu den Handlungsfeldern erkennen kann.

Abbildung 2.4   Themenlandkarte als Ergebnis der Top-Down-Planung (Beispiel)

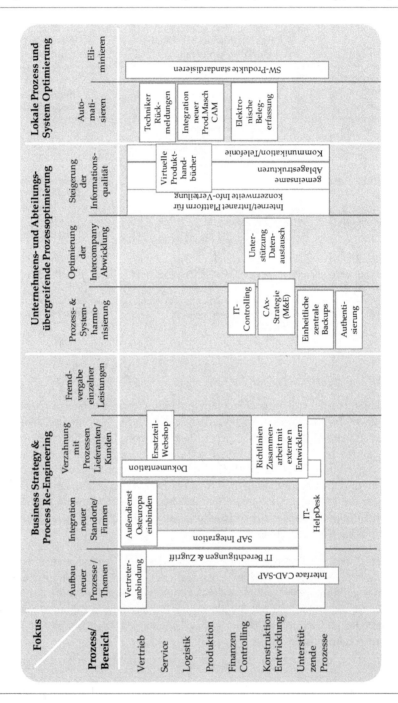

Das Instrument ist ein wesentlicher Input für den nachfolgend dargestellten Bottom-Up-Prozess und hat sich zur Selbststeuerung der Aktivitäten innerhalb der IT und zur Ableitung von Prioritäten im Tagesgeschäft bewährt. Durch die bewusst einfach gehaltene Methodik und Darstellungsform wird zugleich einer „Überbürokratisierung" entgegengewirkt, die eine formale Bewertung jeder einzelnen fachlichen Anforderung mit mehrstufigem Eskalationsprozess und Formularwesen erfordern würde.

2.4   Bottom-Up-Anforderungsmanagement: Vom Bedarf zur qualifizierten Anforderung

Während die Themenlandkarte einen stabilen Charakter aufweist, können im Tagesgeschäft täglich neue Ideen, Anregungen und Wünsche entstehen. Ziel eines Bottom-Up-Prozesses muss es sein, entstehende Ideen und Anforderungen von den Mitarbeitern frühzeitig zu erfassen. Häufig ist festzustellen, dass man sich auf die Spezialisierung und Optimierung der Anschlussprozesse konzentriert, wie z.B. Projektportfolio- und Projektmanagement, und dabei die eigentliche Identifikation der Bedarfe aus den Fachbereichen kaum beachtet. Das Lean Demand Management führt mit einfachen Methoden zu klar beschriebenen Anforderungen und vermeidet „Verschwendung" in den nachgelagerten Prozessen („Front Loading" der IT, vgl. dazu Kapitel 4).

Ist dieser Prozess nicht definiert, entwickelt das Anforderungsmanagement in den Fachbereichen schnell ein Eigenleben und aus Ideen heraus werden bereits eigenständig vermeintliche technische Lösungen erarbeitet. Häufig landen dann diese Rufe nach konkret benannten Anwendungssystemen als neue Anforderungen in der IT. Hierdurch entgeht dem Unternehmen die Chance, seine Experten – die Mitarbeiter der IT – nach optimalen Lösungen suchen zu lassen. Kompetenzen werden nicht genutzt, und das Risiko heterogener, nicht aufeinander abgestimmter Systemlandschaften steigt. Dies ist mit der Situation vergleichbar, dass jeder Produktmanager eines Industrieunternehmens der Fertigung vorgibt, welche Schleifgeräte von welchem Hersteller im Produktionsprozess einzusetzen sind. Während in Produktionsabläufen derartige Forderungen kaum denkbar sind, ist dies in der Kommunikation zwischen Fachabteilungen und der IT weit häufiger anzutreffen.

Abbildung 2.5 zeigt eine Adaption bewährter Phasenmodelle der Produktentwicklung[24] auf das Anforderungsmanagement in der IT. Anforderungen werden aus dem Tagesgeschäft heraus zunächst grob als Ideen formuliert und in einem weiteren iterativen Prozess immer präziser beschrieben. Eine Anforderung sollte dabei durchgehend die folgenden Elemente beinhalten, die je Phase weiter detailliert werden:

1. Fachliche Beschreibung der Ziele und des erwarteten Nutzens

2. Priorität und Bedeutung einer Umsetzung aus Sicht des Fachbereichs

---

[24] Vgl. z.B. Cooper, R. G. (Product Leadership 1998), S. 105

3. Grobe Einschätzung aus Sicht der IT für die technische Umsetzung

4. Planungsdaten zur Umsetzung hinsichtlich Zeit, Kosten und Ressourcen

Die IT muss aktiv auf die Kunden zugehen, um auf Basis der fachlichen Anforderungen die richtigen technischen Lösungen zu entwickeln. Dabei stehen zunächst die allgemeinen Anforderungen der Fachbereiche ohne Bezug zu konkreten IT-Tools und Produkten im Vordergrund. Nur so können später prozessübergreifende Potenziale, die ein einzelner Fachbereich nicht im Fokus haben kann, erkannt werden. Sobald ein fachlicher Bedarf erkannt und hinsichtlich seiner Bedeutung bewertet ist, werden die Möglichkeiten zur Umsetzung durch systemtechnische Maßnahmen umrissen. Hierbei werden aus den Restriktionen der IT-Landschaft und den Optionen möglicher Realisierungsansätze konkrete Schritte für das weitere Vorgehen aufgezeigt, ohne vorschnelle Festlegungen zur IT-Umsetzung zu machen. Technologische Entscheidungen werden so spät wie möglich im Prozess getroffen (Set based Approach).[25]

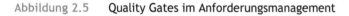

Abbildung 2.5   **Quality Gates im Anforderungsmanagement**

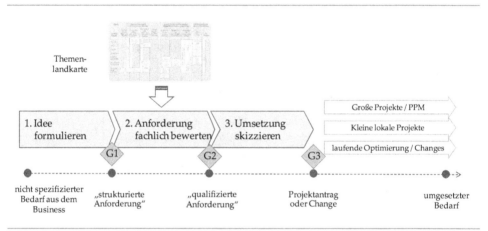

Das selektive und mehrstufige Vorgehen zeigt auf, dass in jedem Schritt des Prozesses eine weitere Konkretisierung der Anforderung stattfindet. Wesentlich ist hierbei, dass das Kundenproblem und der zu erwartende Nutzen im Fokus bleiben. Die zunächst nur fachlich beschriebenen Anforderungen werden schrittweise für die weitere Steuerung der IT verfeinert, um abschließend festzulegen, in welchem Anschlussprozess die weitere Bearbeitung erfolgen soll. Dabei ist zu klären, ob es sich um einen kurzfristig umsetzbaren Change, ein neues Projekt mit lokalen Auswirkungen oder um ein strategisches Vorhaben des Unternehmens handelt (vgl. hierzu die Kategorisierung in Kapitel 4). Die einzelnen Schritte und damit verbundenen „Quality Gates" werden im Folgenden näher erläutert.

---

[25] Vgl. Poppendieck, M./Poppendieck T. (Lean 2003), S. 42ff.

Prozess & Gate 1: Idee qualifiziert formulieren

Der erste Schritt besteht in der fachlichen Beschreibung der Idee bzw. Problemstellung aus Sicht der Kunden. Die kontrollierte Sammlung von Ideen aus dem Fachbereich wird durch die Prozessverantwortlichen oder die Key User vorgenommen. In diesem Schritt geht es um die fachliche, qualitative Beschreibung der gewünschten Veränderung. Die Aufnahme sollte durch ein einfaches Formular – eventuell elektronisch gestützt – erfolgen.

Für die fachliche Beschreibung ist in diesem Stadium eine „Business Story" mit den erwarteten Auswirkungen ausreichend. Die Bewertung der Priorität erfolgt im ersten Schritt intuitiv und nicht auf Basis detaillierter Priorisierungsmethoden. Die Beurteilung der IT-technischen Umsetzung ist nicht Gegenstand dieses Prozessschritts, dennoch ist es eventuell sinnvoll zu erfahren, welche Vorstellungen der Anfordernde mit Blick auf die Anwendungssysteme hat. Dieses Bild gibt den Mitarbeitern der IT erste Hinweise darauf, wie die fachliche Anforderung zu verstehen ist. Für die Planung zur Umsetzung und Abschätzung des späteren Lösungsraums sind Angaben zum gewünschten Zieltermin und eine erste Vorstellung bzgl. des Kostenrahmens sehr hilfreich. Detaillierte Projektplanungen und Kostenaufstellungen sind in diesem Stadium nicht zu liefern. Das erste Gate stellt den Übergabepunkt der Idee an einen fachlichen Bewertungsprozess dar. Hierbei wird lediglich überprüft, ob die erforderlichen Informationen vorliegen, und sichergestellt, dass alle Anforderungen in einer strukturierten Form eingehen.

Prozess & Gate 2: Anforderung bewerten

In diesem Schritt findet eine erste Validierung der formulierten Idee zwischen Business und IT statt. Ziel ist es, die für eine Umsetzung kritischen Elemente zu identifizieren und deren Konsequenzen zu beschreiben. Unkritische Elemente der Anforderung bleiben noch unbeachtet.

Aus der Business Story wird ein konkreter Business Case abgeleitet, aus dem hervorgeht, welche Prozesse betroffen sind und durch welche Veränderung welcher Nutzen entstehen wird. Zur Unterstützung des Fachbereichs bei dieser Aufgabe sind grafische Modellierungsmethoden wie die Wirkungskettenanalyse (vgl. Kapitel 4) hilfreich.

Die Priorisierung der Anforderung ist nun im unternehmerischen Gesamtkontext möglich, d.h. an dieser Stelle muss eine vorliegende Themenlandkarte aus dem Top-Down-Prozess berücksichtigt werden. Kann eine Anforderung aufgrund ihrer Beschreibung im Business Case konkreten strategischen Themenfeldern zugeordnet werden, erhält sie eine grundsätzlich höhere Bedeutung als Anforderungen ohne entsprechenden Bezug. Die Beteiligten werden in die Lage versetzt, Priorität und Bedeutung einer Anforderung im Rahmen der Selbststeuerung eigenständig einzuschätzen. Da nicht ständig neue Diskussionen über die Bewertungskriterien angestoßen werden müssen, steigt die Umsetzungsgeschwindigkeit und die gesamte Durchlaufzeit von neuen Anforderungen sinkt enorm.

Zur Bewertung aus Sicht der IT erfolgt eine Abwägung der technischen Optionen und der möglichen Konsequenzen für involvierte Anwendungssysteme. Es geht hier keinesfalls um die technische Feinspezifikation, sondern um die Ermittlung und Eingrenzung des technischen Lösungsraumes für die Umsetzung. Hierzu zählen beispielsweise Fragen zur technischen Sicherheit, zum Grad der Veränderung bestehender Systeme und zu Auswirkungen auf den weiteren Betrieb. Es ist einzuschätzen, ob der Wunschtermin realistisch ist und welcher Starttermin dafür erforderlich ist.

Abschließend wird eine Entscheidung über den relevanten Folgeprozess getroffen. Sofern die Anforderung im Rahmen eines Projektes umgesetzt werden soll, liegt als Ergebnis nun eine erste Projektskizze vor, die in Schritt 3 zu konkretisieren ist. Bei Vorhaben mit geringer Komplexität erfolgt eine direkte Übergabe in das Change Management.

Gate & Prozess 3: Umsetzung skizzieren

Bei komplexen Anforderungen sind nach Gate 2 noch weitere Schritte durchzuführen. Erst an dieser Stelle erfolgt eine Vertiefung der noch offenen Fragen zur technischen Umsetzung. Hierzu zählen u. a. Vorstudien, Herstellerevaluierungen, Anforderungen hinsichtlich Prototypen und Vorbereitungen der Infrastruktur. Diese Fragen werden im zweiten Prozessschritt ausgeklammert, damit die Bewertung nicht viel Zeit in Anspruch nimmt und der Kunde schnell ein Feedback zu seiner Anforderung erhält.

Der Business Case mündet in dieser Phase in eine konkrete Wirtschaftlichkeitsbetrachtung. Der fachliche Nutzen muss monetär bewertet und den Kosten gegenübergestellt werden. Hierzu eignen sich vereinfachte Verfahren der Kapitalwertmethode als Vorbereitung der Priorisierung im Rahmen des Projekt Portfolio-Management. Die Planungsqualität ist jetzt ausreichend, um einen Projektsteckbrief als Grundlage für eine finale Entscheidung zu erstellen. Im Gate 3 wird somit abschließend geprüft, ob alle Informationen für den Beginn des Folgeprozesses – hier in der Regel die Priorisierungsentscheidung – vorliegen. Im Rahmen der Portfoliosteuerung (vgl. Kapitel 4) ist im Kontext aller anderen Vorhaben zu entscheiden, ob diese Anforderung gemäß dem Budgetvorschlag finanziert werden kann und eine hinreichend hohe Umsetzungspriorität aufweist.

Für die strukturierte Bottom-Up-Erfassung der Anforderungen sind einheitliche Formulare erforderlich, die aufgrund des Mengenvolumens sinnvollerweise IT-gestützt erfasst werden. Die folgende Checkliste, die in einen fachlichen und einen technischen Part unterteilt wird, hilft bei der Formulargestaltung (vgl. Tabelle 2.2).

Tabelle 2.2   Checkliste für ein Formular zur Bottom-Up-Anforderungsdefinition

Fachliche Inhalte	
Eigentümer der Anforderung	Name / Datum / Org.einheit / Prozessbereich
Fachliche Erläuterung von Ziel und Nutzen	Freitext
Betroffene Anwender	Anzahl zu erwartender Nutzer
Nutzenbewertung	strategische Bedeutung / wirtschaftliche Bedeutung / Risiko bei Nichtumsetzung
Möglicher (technischer) Lösungsansatz	Freitext
Einschätzung des relevanten Delivery-Prozesses	Help Desk / Project-Delivery / Infrastructure
Systemtechnische Bewertung einer Anforderung („IT Evaluation")	
Ansprechpartner in der IT	Name / Datum / E-Mail / Telefon
Umsetzung im Rahmen der bestehenden Anwendungen/angebotenen IT-Produkte möglich?	ja / nein wenn nein, kurzer Kommentar
Umsetzung innerhalb des definierten Enterprise Architecture Frameworks möglich?	ja / nein wenn nein, kurzer Kommentar
Bewertung der Auswirkung auf IT-Betriebskosten	neutral / steigende / sinkende Betriebskosten wenn steigend, kurzer Kommentar
Erfolgt eine Reduktion der Komplexität der IT-Landschaft?	ja / nein wenn nein, kurzer Kommentar
Ist die IT-Sicherheit in relevanten Aspekten betroffen?	wenn kritische Elemente betroffen, kurzer Kommentar
Einbindung wichtiger Partner (Rechenzentrum, Dienstleister etc.) erforderlich?	wenn ja, Angabe des Grundes und Nennung der Partner
Betroffene Anwendungen / Funktionsbereiche	Freitext / Nennung
Der Folgeprozess gemäß Business Evaluationkann bestätigt werden?	ja / nein wenn nein, empfohlener Folgeprozess
Vorschlag für die nächsten Schritte	Freitext
Grobe Einschätzung des IT-Einmalaufwandes zur Umsetzung	klein (0 - 20 TEuro) / mittel (20 - 50 TEuro) / groß (> 50 TEuro)
Abschätzung der anschließenden Betriebskostenveränderung	nicht möglich / Angabe in Euro pro Jahr
Nächste Schritte einzuleiten bis spätestens	Datum

Durch die vorgestellte Strukturierung des Anforderungsmanagement werden zahlreiche Lean Prinzipien unmittelbar umgesetzt. *Kundenorientierung* wird durchgehend praktiziert, da Anforderungen als Problem des Kunden und nicht als technologische Lösung beschrieben werden. *Visuelles Management* äußert sich in Form der zentralen Themenlandkarte, die mit allen aktiven Anforderungen und langfristigen Themen für jeden Beteiligten einsehbar ist. *Empowerment von Mitarbeitern und Teams* wird gefördert, indem innerhalb der vorgegebenen strategischen Themen eine fortlaufende Abstimmung zwischen Kunden und IT-Mitarbeitern, welche die Umsetzung der Anforderung verantworten, gefordert ist. *Verschwendung wird eliminiert*, da gemeinsam mit dem Kunden die wirklich bedeutenden Anforderungen ermittelt werden, der Prozess keine unnötigen Kontroll- und Genehmigungsinstanzen aufweist und schnell abgeschlossen wird. Letztlich kann auch der *Null Fehler Ansatz* genannt werden, da ungeplante Ad-hoc-Anforderungen, die am Prozess vorbei in die IT eingesteuert werden, als „Fehler" angesehen und abgewiesen werden. Das folgende Fallbeispiel verdeutlicht abschließend ein mögliches Umsetzungsszenario.

2.5   Schlankes Anforderungsmanagement in der IT bei der August Storck KG

Hintergrund und Zielsetzung

Im Rahmen der Neuausrichtung der IT bei der August Storck KG[26] wurde u. a. das Ziel verfolgt, die strategischen Planungsprozesse der IT über anstehende Projekte und Budgets stärker mit den Anforderungen und Entscheidungsprozessen der Fachbereiche zu verzahnen. Vor diesem Hintergrund sollte die Geschäftsführung verstärkt in die fachliche Bewertung von neuen Anforderungen und Projekten eingebunden werden.

Zur Umsetzung dieses Vorhabens galt es, ein schlankes Vorgehen zur Erhebung und Bewertung von Anforderungen zu etablieren, das mit einfachen Werkzeugen und Moderationstechniken eine hohe Akzeptanz auf der Führungsebene findet. Komplexe Methoden und formalisierte Prozesse sollten vermieden werden. Ziel war somit einerseits die Einbindung der Geschäftsleitung in die jährliche Entscheidung zur Priorisierung von Projekten und andererseits die Qualitätssteigerung von Anforderungen, um die knappen Ressourcen innerhalb der IT auf die wirklich wichtigen Projekte auszurichten.

Vorgehen und Inhalte

Prozess

Es wurde ein mehrstufiger Prozess zur Einbindung der Führungskräfte in das Anforderungsmanagement erarbeitet. Dieser Prozess wurde auf die Inhalte und Termine der fachlichen Gremien und zeitlichen Meilensteine im Rahmen der jährlichen Planungssitzungen

---

[26] Informationen zum Unternehmen vgl. www.storck.com/de/

abgestimmt. So basiert der Prozess auf aufeinander abgestimmten Elementen (vgl. Abbildung 2.6), deren Inhalte in drei Sitzungen pro Jahr (Frühjahr, Herbst, Winter) mit der Geschäftsleitung bearbeitet werden.

Die Sitzungen und Elemente wurden so angeglichen, dass eine Kombination aus Top-Down-Vorgehen (Ziele, Strategie) und Bottom-Up-Anforderungen (Benennung der Themen) sichergestellt werden konnte. So wurden die strategischen Themenfelder und Ziele zu Jahresbeginn mit dem Kundenbeirat abgestimmt und Veränderungen festgelegt. Zwischen Frühjahr und Herbst wurden die Anforderungen aus den Fachbereichen in bilateralen Gesprächen mit den fachlichen Führungskräften aufgenommen und in die neue methodische Struktur überführt. In der jährlich abschließenden Sitzung wurden diese Bottom-Up erhobenen Anforderungen mit den strategischen Zielvorgaben und Themenfeldern in der dritten Sitzung des IT-Kundenbeirats abgeglichen und die Projektprioritäten gemeinsam verabschiedet.

Abbildung 2.6   Prozess zum projektbezogenen Anforderungsmanagement in der IT

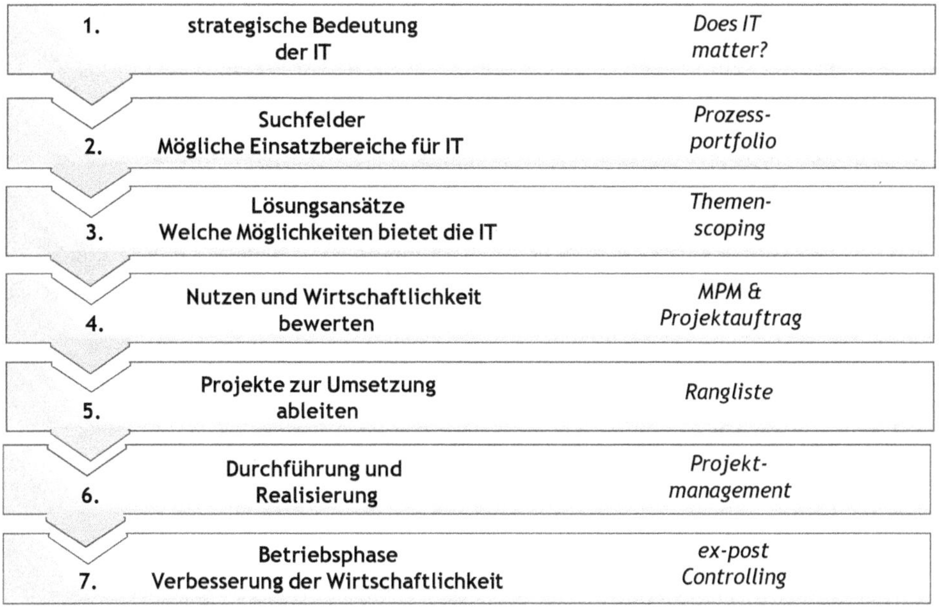

1.	strategische Bedeutung der IT	Does IT matter?
2.	Suchfelder Mögliche Einsatzbereiche für IT	Prozess-portfolio
3.	Lösungsansätze Welche Möglichkeiten bietet die IT	Themen-scoping
4.	Nutzen und Wirtschaftlichkeit bewerten	MPM & Projektauftrag
5.	Projekte zur Umsetzung ableiten	Rangliste
6.	Durchführung und Realisierung	Projekt-management
7.	Betriebsphase Verbesserung der Wirtschaftlichkeit	ex-post Controlling

Organisation

Um nicht alle Führungskräfte und Mitglieder der Geschäftsleitung in Anspruch zu nehmen, wurde ein sogenannter „Kundenbeirat der IT" eingeführt. In diesem sitzen ausgewählte Mitglieder der Geschäftsleitung, die im Rahmen des Anforderungsmanagementzyklus mitwirken.

Methode

In einem Gremium, bestehend aus der erweiterten IT-Leitung, wurde eine Methode zum Multi-Projekt-Management entwickelt. Basis dieses MPM ist ein einfacher Kriterienkatalog zur Bewertung von Projekten aus fachlicher Sicht. Alle neuen Projektanforderungen sollen gemäß diesem Bewertungskatalog ausgerichtet werden. In diesem Zusammenhang wurde ein neuer Projektsteckbrief als Zusammenfassung der wichtigen Projektinformationen erarbeitet und die ex-ante- als auch ex-post-Wirtschaftlichkeitsbewertung für IT-Projekte eingeführt.

Die Methode stellt die Verbindung der prozessualen Elemente sicher und integriert die Aspekte der Top-Down-Vorgaben (Prozessprioritäten und Handlungsfelder) und der Bottom-Up-Erhebung der Projektwünsche und deren Prioritäten.

Für die Realisierung der Methode wurde zur Unterstützung ein schlankes Excel-Werkzeug erarbeitet. Komplexe Systeme zum MPM standen nicht im Fokus. Ergänzend konnten durch aktive Moderationstechniken die Teilnahme und Einbindung der Führungskräfte sichergestellt werden.

Ergebnis

Die Kombination aus Prozess, Organisation und Methode hat zu einer deutlichen Steigerung der Verzahnung zwischen geschäftlicher Ausrichtung und IT-bezogener Planung geführt. Die „Wahrnehmung" der IT konnte innerhalb der Geschäftsleitung deutlich gesteigert werden. Zentrale und wichtige Vorhaben werden ausschließlich über diesen Prozess und dieses Gremium geführt. Auf diese Weise sind Nachvollziehbarkeit und Planungsqualität für alle Mitarbeiter deutlich gestiegen. Der Prozess ist inzwischen stabilisiert und ein zentrales Element der jährlichen Abstimmung von neuen Anforderungen und geschäftlichen Zielen mit der IT.

2.6 Empfehlungen für das Anforderungsmanagement

Zusammenfassend können die folgenden Forderungen zur Optimierung des Anforderungsmanagement abgeleitet werden. Die Prüfung der Erfüllungsgrade zeigt auf, wie weit der Lean Reifegrad in diesem Bereich entwickelt ist.

Abbildung 2.7   Leitfragen zum Anforderungsmanagement

Leitfragen je Prozess		Lean Prinzip	Bewertung				
Anforderungsmanagement			trifft nicht zu				trifft voll zu
			1	2	3	4	5
1	Die Kunden sind klar definiert und deren Erwartungen sind bekannt	Kundenorientiertes Denken					
2	Das Management aktualisiert jährlich die Themenlandkarte und deren Prioritäten als visuelles Instrument	Visuelles Management					
3	Es gibt einen geregelten Prozess zur Top-Down-Ableitung der Anforderungen der Abteilungsleiter	Kundenorientierte Prozesse					
4	Anforderungen werden aus der fachlicher Perspektive ohne Vorgaben zur IT-technischen Umsetzung beschrieben	Kundenorientiertes Denken					
5	Die Themenfelder der Veränderungen in den Fachbereichen sind frühzeitig bekannt	Kundenorientierte Prozesse					
6	Anforderungen werden vollständig, klar verständlich und in standardisierter Form beschrieben	Null Fehler Ansatz					
7	Neue Anforderungen werden durch die Mitarbeiter den Handlungsfeldern zugeordnet und so gebündelt	Mitarbeiter und Team					
8	Die Bedeutung einer Anforderung wird vom Fachbereich vorgegeben und relativ zu anderen Anforderungen bewertet	Verschwendung eliminieren					
9	Die Phasen von der Entstehung einer Anforderung bis zur Entscheidung über die Art der Erfüllung sind beschrieben und mit Gate-Entscheidungen gekoppelt	Kundenorientierte Prozesse					
10	In frühen Phasen werden nur die kritischen Elemente zur Umsetzung detailliert geplant	Kundenorientierte Prozesse					
11	Anforderungen werden in einfachen Formularen erfasst und übergeben	Visuelles Management					
12	In einem Bottom-Up-Prozess werden Anforderungen mit den Key-Usern in organisierten Regelkreisen zyklisch erhoben und bewertet	Mitarbeiter und Team					

3 Lean Products - kundenorientierte Beschreibung der IT-Services

Die Definition von IT-Services und IT-Produkten ist für die Corporate-IT noch immer keine Selbstverständlichkeit. Wenn IT-Leiter ihre Leistungen nennen, werden der Betrieb der Server, die Installation von Switches und Routern oder die Anzahl durchgeführter Updates und die Größe des Datenspeichers genannt. Dies zeigt, dass die Leistungen aus der Innensicht der IT-Abteilung und technologieorientiert definiert werden.

Für die Kunden der IT sind intern definierte Leistungen wie CPU-Minuten oder GB belegter Speicherplatz nicht sichtbar und nicht relevant. Eine IT, die nur solche Services bereitstellt, ist aus Business Sicht überflüssig und immer zu teuer. Dies hat auch nichts mit dem Kerngeschäft zu tun und sollte ausgelagert werden. Eine schlechte oder fehlende Beschreibung der Produkte, die die IT dem Business täglich zuverlässig liefert, ist die Basis vieler falsch getroffener Outsourcing Entscheidungen und der mangelnden Abstimmung zwischen IT und Business. Die Folge ist Verschwendung in Form unnötiger Leistungen, schlechter Unterstützung der Fachbereiche und zu hoher IT-Kosten.

IT-Systeme sind eine wichtige Ressource zur effizienten Durchführung von Geschäftsprozessen. Aus Sicht des Kunden ist ein Produkt ein Mittel zur Erfüllung von Anforderungen (Bedürfnissen). Deshalb muss die Beschreibung der IT-Produkte aus Sicht der Kunden erfolgen. Die Basis der Produktdefinition bildet somit die Anforderungsanalyse (vgl. Kapitel 2). Bei völlig neuen Anforderungen an neue IT-Systeme, ist es notwendig, ein Projekt zur Entwicklung der neuen Systeme zu definieren. Die Projektplanung und agile Projektabwicklung werden in den Kapiteln 4 und 5 behandelt. Im Folgenden wird die Beschreibung kompletter IT-Services als Kombination von IT-Leistungen dargestellt. Hierbei wird davon ausgegangen, dass die einzelnen Anwendungen und die Infrastruktur bereits entwickelt wurden.

3.1 IT-Produkte - die für den Kunden wahrnehmbare Leistung der IT

Der Begriff „IT-Service Management" dokumentiert eine neue Sichtweise in der IT, die sich zunehmend in IT-Organisationen durchsetzt[27]. Eine zentrale Idee des IT-Service Management ist es, die IT stärker auf die Kunden und deren Bedürfnisse auszurichten. Die Definition eines „IT-Service" nach ITIL zeigt, dass hier der Blickwinkel nicht auf der Technik liegt:

---

[27] Vgl. Bon, J. v. (Frameworks 2007), S. 195ff.

Definition IT-Service[28]

Ein IT-Service wird für einen oder mehrere Kunden bereitgestellt. Er basiert auf dem Einsatz von Informationstechnologie und unterstützt die Business-Prozesse des Kunden. Ein IT-Service besteht aus einer Kombination von Personen, Prozessen und Technologien und sollte in einem Service Level Agreement (SLA) beschrieben werden.

Allgemein definiert ITIL einen Service als Möglichkeit, Mehrwert für den Kunden zu erbringen, indem das Erreichen der von dem Kunden angestrebten Ergebnisse erleichtert wird. [29] Ein IT-Service ist somit das von der IT erbrachte Leistungsbündel, das die Anforderungen der Kunden erfüllt. Dies deckt sich mit der Definition eines „Produktes" im industriellen Bereich. [30] Bei Produkten geht aber die Verantwortung mit dem Kauf an den Kunden über und der Lieferant erbringt auf Verlangen weitere „Serviceleistungen". Eine Dienstleistung ist ein überwiegend immaterielles Gut, an dessen Erstellung der Kunde aktiv mitwirken muss und dessen Produktion und Konsumtion zeitgleich erfolgen.[31] Dies trifft auf die Leistungen der IT zu.

Das Grundverständnis des IT Service Management entspricht den Forderungen nach Kundenorientierung und Vermeidung von Verschwendung im Lean IT Ansatz. Auch bei ITIL ist der „Wert für den Kunden" Kern des Konzeptes. Die Praxis zeigt jedoch, dass die Umsetzung dieser Idee von ITIL oft am eigentlichen Ziel vorbeigeht. Wenn in den Unternehmen die Integration der Kunden in die Definition der Services nicht ausreichend beachtet wird, führt dies zu kaum verständlichen SLAs für die Bereitstellung von Technologien. Die SLAs werden weniger als klärende Beschreibung sondern als Verträge interpretiert, wodurch die IT statt auf Serviceorientierung auf Vertragserfüllung ausgerichtet wird. Mitunter entsteht eine unüberschaubare große Anzahl an IT-Services (z.B. über 300 bei einem mittelständischen Unternehmen). Im Folgenden werden die nützlichen Empfehlungen von ITIL zum „Service Design" nicht wiedergegeben. Die Ausführungen dienen der Ergänzung und als Hinweis zur schlanken Umsetzung des „Service Design" aus Sicht des Lean IT-Management.

Für den Kunden entsteht ein IT-Service als Kombination aus Sachgütern (Hardware und Infrastruktur), Rechten (Applikationen etc.) und Dienstleistungen (Beratung, Schulung, Support etc.) (vgl. Abbildung 3.1). Die IT-Prozesse und Leistungen sind aus Sicht des Kunden wie ein Eisberg – nur ein kleiner Teil ist sichtbar. Dieser für den Kunden sichtbare Teil ist für ihn relevant. Im Service Engineering[32] wird empfohlen, die Prozesse als

---

[28] Vgl. Bon, J. v. (Service Strategy 2008), S. 146

[29] Vgl. OGC Hrsg. (Service Strategy 2007)

[30] Vgl. z.B. OGC Hrsg. (Service Design 2007), eine abweichende Meinung findet sich in: Herzwurm G./Pietsch W. (IT-Produkte 2009) S. 28 bzw. S. 207

[31] Vgl. Meffert, H./Bruhn, M. (Dienstleistungsmarketing 2008), S. 14f.

[32] Service Engineering beschreibt das methodische Vorgehen bei der Entwicklung von Dienstleistungen vgl. hierzu z.B. Bullinger, H. J./Scheer, A. W. (Service Engineering 2003)

Blueprints darzustellen, in denen die „Line of Visibility" und die „Line of Interaction" eingetragen werden.[33] Prozesse jenseits der ersten Linie sind für den Kunden sichtbar (z.B. Zimmerservice im Hotel). An Prozessen jenseits der zweiten ist er aktiv beteiligt (z.B. Empfang). Der Kunde nimmt diese Prozesse wahr und sie sind deshalb für die empfundene Qualität entscheidend. Zur Vereinfachung wird bei der Definition von IT-Services nur mit der ersten Linie gearbeitet.

Der Kunde nutzt in seinem Geschäftsprozess die für ihn sichtbaren Leistungen der IT, die nur in der Kombination wertsteigernd sind. Es ist nicht sinnvoll, drei Service Level Agreements zu vereinbaren und abzurechnen. Der Kunde dürfte meist an einem „All inclusive" Paket interessiert sein, da ihm die Kompetenz fehlt, die einzelnen Teilleistungen so zu kombinieren, dass sein Prozess optimal unterstützt wird.

Abbildung 3.1   IT-Services und die Line of Visibility

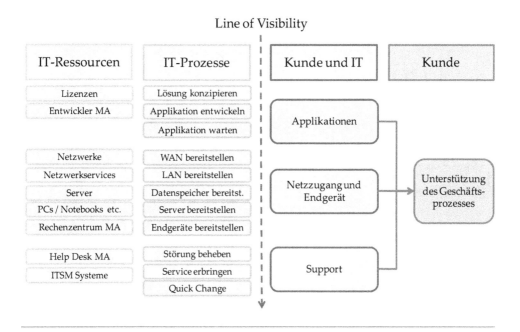

Es stellt sich die Frage, welchen Weg zur Gestaltung der SLAs man wählen sollte. Ist es sinnvoll, einzelne leicht beschreibbare und messbare Leistungen anzubieten, die bei Kunden isoliert keinen Nutzen stiften oder eher ein vollständiges Produkt aus mehreren Komponenten (vgl. Abbildung 3.2)?

---

[33] Vgl. Shostack, G. L. (Designing 1984) S. 135; Lasshoff, B. (Dienstleistungen 2007) S. 77ff.; Fitzsimmons, J.A. (Service 2004) S. 75ff.

IT-Service und Analogie zur Urlaubsreise

Die Analogie zu einer Urlaubsreise verdeutlicht den Unterschied: Ein Kunde kann eine „All inclusive" Reise als „Rundum sorglos Paket" buchen. In einem einzigen Servicevertrag sind alle Aspekte der Reise geregelt. Der Kunde hat absolut vorhersehbare Kosten und Leistungen. Der Anbieter hat ein Kostenrisiko, da er die variablen Kostenänderungen (Menge der verzehrten Speisen und Getränke) tragen muss, aber auch er hat Planungssicherheit. Als Alternative muss der Kunde, wenn er eine Individualreise bucht, sehr viele Einzelverträge schließen und ist selbst dafür verantwortlich, dass die gebuchten Einzelleistungen in Summe seine Anforderungen erfüllen.

Abbildung 3.2   Gestaltungsalternativen der Services - All inclusive oder individuell?

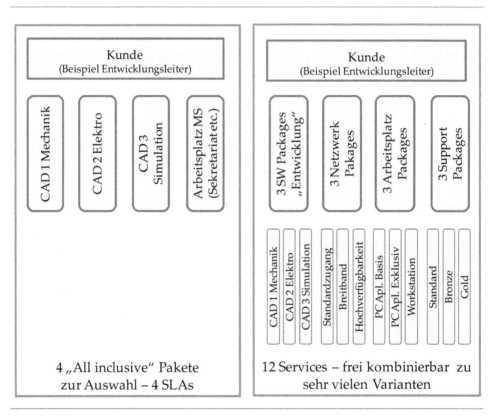

All inclusive IT-Service – die Komplettlösung für den Kunden

Bei dieser Lösung werden für jeden Geschäftsprozess und jede Abteilung wenige Produkte definiert, die alle Teilleistungen (Infrastruktur, Anwendung und Support) enthalten. Auf diesem Wege erhält man eine minimale Anzahl an Services und klare Strukturen in der Kommunikation - IT und Kunde haben ein gleiches Verständnis vom Produkt. Die Abrechnung ist sehr einfach, da lediglich die Anzahl der User je IT-Service zu ermitteln ist.

Nachteilig ist hierbei, dass der Kunde wenig Möglichkeit zur individuellen Gestaltung des Service hat und der Anreiz zur Mengenreduktion fehlt, denn in Form einer „Flatrate" hat er unbegrenzte Nutzungsrechte für Speicherplatz, Help Desk, Support, etc.

Frei kombinierbare Teilleistungen als Individualservices

Werden in den Teilleistungen (Anwendung, Infrastruktur, Support) jeweils einzelne Services definiert, hat das den Nachteil, dass ein einzelner Service keinen unmittelbaren Nutzen beim Kunden stiftet und deshalb nicht bewertet werden kann. Durch die individuelle Kombination entsteht ein sehr komplexes Produktsortiment und die Kalkulation und Abrechnung der Services wird sehr aufwändig. Die Vorteile liegen in größerer Individualität und einem größeren Sparanreiz auf Seiten des Kunden.

Aus Sicht von Lean IT ist die Definition weniger „All inclusive" Pakete der zu empfehlende Ansatz. Hier wird das IT-Produkt als vollständiges Produkt verstanden und der Nutzen steht im Mittelpunkt. Anreize zur Kostenreduktion werden bei Lean IT nicht durch undurchsichtige Kostenrechnungsverfahren und Umlageprozesse, sondern durch Elimination von Verschwendung bewirkt.

Wenn man die „Line of Interaction" ergänzt, wird deutlich, dass die für die Qualitätswahrnehmung wichtigsten Leistungen im Support erbracht werden. Bei der Beseitigung von Störungen, Durchführung von Schulungen etc. ist der Kunde aktiv beteiligt. Gerade auf diese Leistungen sollte sich eine kundenorientierte IT konzentrieren, statt sie als ungeliebte Aufgabe an externe Dienstleister zu delegieren.

3.2   Vorgehen zur Definition der IT-Services - Service Design

Ein IT-Service ist das Ergebnis eines Design Prozesses, der mit der Aufnahme der Anforderungen des Kunden (Fachabteilung / Geschäftsprozess) startet und mit der Bereitstellung des Service in der im SLA vereinbarten Qualität endet. Jeder Service wird in einem Service Level Agreement (SLA) beschrieben. Das Gesamtangebot aller Services wird in einem Servicekatalog zusammengefasst.

Ein IT-Service setzt sich aus mehreren Basisleistungen der IT zusammen. Die IT-Leistungen werden aus Sicht der IT gebildet und gliedern sich in Applikationen, Datenhaltung, Infrastruktur (Netzwerke und Endgeräte) und Supportleistungen. Der IT-Service beschreibt den Beitrag der IT zur Durchführung der Geschäftsprozesse. Die Definition des Service erfolgt aus Sicht des Kunden und des unterstützten Prozesses (vgl. Abbildung 3.3).

Abbildung 3.3   IT-Service als Verbindung von IT und Business

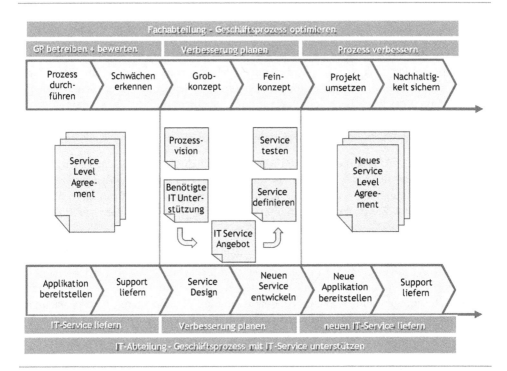

Die Kunst des Service Design liegt darin, einerseits an die aus dem Soll-Prozess abgeleiteten Anforderungen der Kunden optimal angepasste Services anzubieten und andererseits einen überschaubaren Katalog standardisierter IT-Leistungen zu definieren, um die Komplexität und die Kosten in der IT gering zu halten. Dies kann nur gelingen, wenn im Service Design die Phasen der Aufnahme der Kundenanforderungen (vgl. Kapitel 2) und die Entwicklung der technischen Lösung zur Bereitstellung des Services auf Basis standardisierter Basisleistungen getrennt betrachtet werden. Als methodischer Leitfaden kann hierzu eine in der Qualitätsplanung bewährte Methode herangezogen werden, die im Lean IT-Management in etwas vereinfachter Weise genutzt wird. Das „Quality Function Deployment" (QFD) zeichnet sich dadurch aus, dass die „Voice of the Customer" und die „Voice of the Engineer" zunächst getrennt erfasst werden, dann aber über eine Verknüpfungsmatrix zu einem ausgewogenen Design des IT-Service verbunden werden.[34]

Der Prozess des Service Design mit QFD gliedert sich in folgende Phasen (vgl. Abbildung 3.4):

---

[34] Vgl. Kesten, R./Müller, A./Schröder, H. (IT-Controlling 2007) S. 62ff.; Herzwurm G./Pietsch W. (IT-Produkte 2009) S. 158ff. und S. 223

Phase I: Aus der Prozessvision die geforderte IT-Unterstützung ableiten

In einem vorbereitenden Workshop der IT mit der Fachabteilung werden das zentrale Prozessziel, die Outputs des Prozesses, die Teilprozesse, die am Prozess beteiligten Rollen intern und extern, das aktuelle Problem und eine IT-Vision formuliert. Auf dieser Basis wird je Rolle und Teilprozess die benötigte IT-Unterstützung aus Sicht des Fachbereichs beschrieben. Als Ergebnis entsteht eine Liste der geforderten IT-Unterstützung für jede am Prozess beteiligte Rolle. Falls die Anforderungen mit den in Kapitel 2 beschriebenen Instrumenten ermittelt wurden, entfällt der erste Workshop. In einem zweiten Workshop werden diese Forderungen gewichtet (1 = „unwichtig" bis 10 = "sehr wichtig"). Somit ist die „Voice of the Customer" dokumentiert.

Abbildung 3.4   Service Design mit Quality Function Deployment

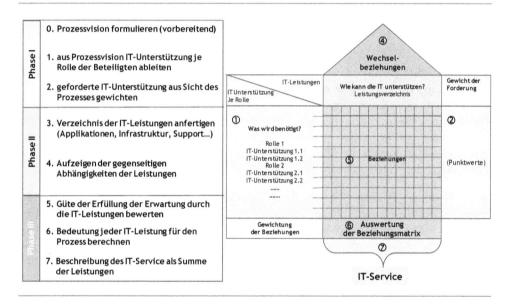

Phase II: IT-Leistungsverzeichnis erstellen

Nach dem ersten Workshop zur Prozessvision erstellt die IT ein Verzeichnis mit allen für die Prozessunterstützung ggf. sinnvollen IT-Leistungen. Hierbei werden die einzelnen IT-Leistungen aus Sicht der IT beschrieben (Voice of the Engineer). Diese werden getrennt nach Applikationen, Infrastruktur und Support aufgelistet. Die zu berücksichtigenden Abhängigkeiten zwischen den Leistungen werden im Dach des QFD-Hauses eingetragen. Hierdurch wird sichergestellt, dass die im IT-Service vereinbarte Infrastruktur zu den gewählten Applikationen passt.

Phase III: Ableitung der IT Services durch Ermittlung der relevanten IT-Leistungen

In einem Workshop beurteilen die IT und der Fachbereich gemeinsam, wie gut die angebotenen IT-Leistungen die einzelnen Forderungen im Prozess erfüllen können. Als einfache

Bewertungsskala hat sich im QFD die Bewertung mit 0 = keine, 1 = schlechte, 5 = akzeptable und 9 = sehr gute Unterstützung bewährt. Durch Auswertung der Matrix können zwei wesentliche Erkenntnisse gewonnen werden:

1. Zeilenweise Auswertung – fehlende IT-Leistungen
   In jeder Zeile der Beziehungsmatrix sollte mindestens eine IT-Leistung mit einer akzeptablen Unterstützung vorhanden sein. Fehlt die IT Unterstützung, muss ein Projekt zur Entwicklung der neuen IT-Leistung gestartet werden (vgl. Kapitel 4) oder die Fachabteilung muss auf diese IT-Unterstützung verzichten.

2. Spaltenweise Auswertung – relevante IT-Leistungen für den IT-Service
   Durch die spaltenweise Addition der Produkte aus Gewichtung der IT-Forderung mal Güte der IT-Unterstützung wird ein Punktwert ermittelt, der die Relevanz der IT-Leistung für den Service wiedergibt. Je höher der so berechnete Wert, desto größer ist die Bedeutung der jeweiligen Leistung für den Service. Alle Leistungen mit einer Bewertung von Null oder geringen Zahlenwerten, müssen kein Bestandteil des IT-Service sein. Die übrigen Leistungen werden Bestandteil des Service.

Diese Methode klingt sehr komplex und scheint der Forderung nach einfachen Instrumenten im Lean IT-Management zu widersprechen. Die Anwendung in der Praxis zeigt jedoch, dass es mit diesem Vorgehen möglich ist, die Inhalte der Service Level Agreements für eine Fachabteilung in zwei bis drei halbtägigen Workshops mit ca. zwei weiteren Tagen zur Vor- und Nachbereitung vollständig zu erheben. Durch die intensive Kommunikation, zu der das Vorgehen zwingt, wird sichergestellt, dass IT und Fachabteilung ein gleiches Verständnis von dem definierten Service haben.

Im Sinne des „A3-Thinking"[35] sollte das SLA auf einem Blatt (vgl. Abbildung 3.5) umfassend beschrieben werden. Ein mehrseitiger Vertragstext in der Sprache der Juristen verfasst, wie er insbesondere bei SLAs mit externen Dienstleistern anzutreffen ist, nützt niemandem und ist in der innerbetrieblichen Zusammenarbeit nichts als Verschwendung. Die Kunden und die operativ für die Erbringung des Service zuständigen Mitarbeiter der IT müssen die SLAs verstehen. Deshalb sollten sie diese auch selbst auf Basis von Formularen ausarbeiten. Führungskräfte sind nur für die finanziellen Aspekte und die speziellen Vereinbarungen der Gewährleistung zuständig, die in einem separaten Dokument zu regeln sind. Das SLA als A3 kann den Vertrag mit externen Dienstleistern nicht ersetzen, aber der Vertrag ersetzt das A3 nicht.

---

[35] Vgl. dazu Liker, J. K. (Toyota 2004), S. 157 und S. 244ff.

Abbildung 3.5 Service Level Agreement als A3

Verantwortliche für den IT-Service:					Kunde des IT-Service:			

Bezeichnung des IT-Service:

Nutzen des IT-Service:

Geschäftsprozess:				Kritischer Service?		
Teilprozesse	Organisationseinheiten	Zentrale Outputs	Erwartung an den IT-Service	Schaden je Ausfallminute		
				Anzahl Anwender		
				Anzahl Endkunden		
				Vertrauliche Daten		

Enthaltene IT-Leistungen				Supportmerkmale			Kennzahlen - Zielvorgabe		
Applikationen	Infrastruktur	Endgeräte	Datenhaltung	Servicezeiten			Verfügbarkeit		
				Reaktionszeit			Maximale Ausfallzeit		
				Help Desk	Telefon	Self Service	MTTR		
				Typ	Vor Ort	Remote	MTBF		

Laufzeit des SLAs:	Letzte Änderung: Nummer:_____
Starttermin:_____ Endtermin:_____	Termin:_____ Version:_____

Die Gesamtheit aller definierten Services stellt den IT-Servicekatalog dar. Als Ziel des Lean IT-Management gilt es, möglichst wenige, klar verständliche Services im Katalog anzubieten. So konnte zum Beispiel in einem Maschinenbaukonzern mit neun Gesellschaften und verschiedenen Geschäftsmodellen der Gesellschaften mit einem sehr schlanken Produktkatalog gearbeitet werden. Der Katalog umfasst lediglich 19 Standardprodukte für den Konzern und 8 Individuallösungen, die historisch gewachsen waren oder auf Grund sehr spezifischer Prozessanforderungen benötigt wurden.

Generell sollte der Leitsatz gelten: „Zwei Dutzend sind genug!" Der Katalog wird übersichtlicher, wenn er in die drei Rubriken

1. „Prozessbezogene Services",

2. „Prozessunabhängige Services" und

3. „Zubuchbare Sonderoptionen"

unterteilt wird (vgl. Tabelle 3.1).

Tabelle 3.1   Beispiel für einen schlanken IT-Servicekatalog

Prozessbezogene IT-Produkte	Prozessunabhängige IT-Produkte	Zubuchbare Sonderoptionen

■ Marketing
  – Desk Top Publishing
  – Videobearbeitung
■ Entwicklungsprozess
  – Mechanik - CAD
  – Elektro - CAD
  – PLM
■ Projektmanangement
  – Projektleiter
  – Projektmitarbeiter
■ ERP-Package für Vertrieb, Produktion, Einkauf, Buchhaltung
■ Produktion
  – Planungstool
  – Steuerung und BDE
■ Personal – HR-System
■ Controlling / BI-System
	■ Standard PC Arbeitsplatz
	■ Home-Office Arbeitsplatz
	■ Dokumentenmanagement
	■ Content Management
	■ Prozessmodellierung
		■ Arbeitsplatzdrucker
		■ Mobility Package
		■ Web-Portalanbindung
		■ Hochverfügbarkeitspaket
		■ Hochsicherheitspaket
		■ Individualangebote

3.3   Leistungs - Scan zur Identifikation der Handlungsfelder im IT Service Management

Zentrale Zielsetzung im IT Management ist es, die Fachabteilungen bei der Durchführung und Optimierung der Geschäftsprozesse bestmöglich zu unterstützen. Wird diese Zielsetzung ernst genommen, muss sich die IT-Abteilung als Treiber der Prozessoptimierung und nicht als reiner Technologieanbieter oder Lieferant der vom Fachbereich bestellten Applikationen sehen. Folgende drei Optionen bieten sich für die Rolle der IT im Unternehmen:

1. IT als Bereitsteller der Technologie
   Bei dieser Rollendefinition suchen sich die Fachabteilungen Ihre IT für Ihre spezifischen Funktionen weitgehend selbst aus und betreiben diese auf der zentralen Infrastruktur. Die IT kümmert sich primär um eine einheitliche Infrastruktur für alle Anwendungen.

2. IT als Lieferant der Applikationen
   Hier definiert der Fachbereich seine spezifischen Anforderungen, die die IT umsetzen soll. Die IT wählt meist standardisierte Anwendungen aus und stellt diese für die Fachbereiche bereit und sorgt für Datenintegration. Die IT kümmert sich nicht um die Nutzung der Anwendung und die Prozesse im Fachbereich.

3. IT als Treiber der Prozessoptimierung
   Der Fachbereich konzentriert sich auf die Durchführung des Tagesgeschäftes. Die IT misst die Performance der Prozesse, führt Prozess- und IT-Audits durch und arbeitet aktiv an der Optimierung der Prozesse. Die IT wird zum Treiber der Optimierung abteilungsübergreifender Prozesse.

Wenn die IT die Rolle als Treiber der Prozessgestaltung wahrnimmt, sind deutlich mehr Leistungen erforderlich als zur Bereitstellung einer funktionsfähigen Infrastruktur. Der IT-Service muss als Teil des Betriebes und der Optimierung von Prozessen gesehen werden. Die IT sollte alle aus Sicht des Kunden denkbaren Dienstleistungen auflisten und daraus die aktuelle und geplante Leistungstiefe und -breite ableiten (vgl. Abbildung 3.6).

Abbildung 3.6   Analyse der IT-Leistungen

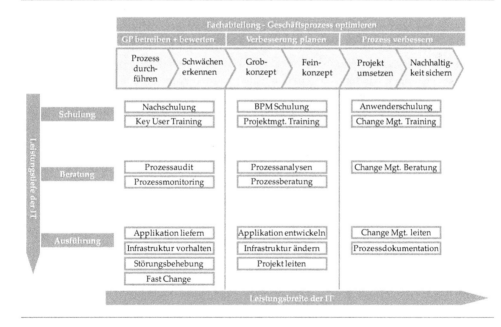

Die Leistungsbreite zeigt auf, in welchen Phasen des Prozesslebenszyklus Leistungen zur Unterstützung der Fachabteilungen angeboten werden. Die Leistungstiefe unterscheidet, ob lediglich die Bereitstellung von Fachwissen (Schulungen), die Beratung bei der Durchführung oder die vollständige Umsetzung für den Fachbereich angeboten wird.

Um aus den vielen Leistungen diejenigen auszuwählen, die für einen möglichst hohen Kundennutzen sorgen, müssen diese priorisiert werden. Als Instrument eignet sich hierfür der Leistungs-Scan auf Basis des Modells von Kano.[36] In diesem Modell werden drei Leistungstypen voneinander abgegrenzt, um anschließend geeignete Maßnahmen abzuleiten.

1. Basis-Leistungen
   Diese Leistungen müssen unbedingt erfüllt werden, da ansonsten eine Störung der Prozessdurchführung und Unzufriedenheit entsteht (Beispiel: Bereitstellung des Mailsystems). Eine adäquate Erfüllung dieser Leistungen führt zu einer neutralen Reaktion des Kunden, da er dieses als selbstverständlich ansieht. Das Fehlen solcher Leistungen wird vom Kunden bestraft, z.B. durch Unzufriedenheit oder einen Anbieterwechsel. Basis-Leistungen werden vom Kunden vorausgesetzt und oftmals nicht explizit genannt.

2. Kern-Leistungen
   Hierbei handelt es sich um vom Kunden verlangte, messbare Anforderungen wie zum Beispiel die Dauer der Störungsbehebung. Wird eine solche zentrale Leistung gut erfüllt, entsteht damit auch mehr Zufriedenheit und eine bessere Kundenbindung.

3. Begeisterungs-Leistungen
   Diese Leistungen werden vom Kunden nicht erwartet. Wenn sie erbracht werden, löst dies eine überproportionale Zufriedenheit aus und kann zu großem Nutzen führen (Beispiel: Prozessberatung). Die Nicht-Erbringung führt zu keiner Störung oder Unzufriedenheit, da die Leistung nicht erwartet wurde.

Dabei ist stets zu beachten, dass die Zuordnung von Leistungen zu den genannten Kano-Klassen einer Dynamik unterliegt: im Laufe der Zeit werden aus Begeisterungs-Leistungen zunächst Kern-Leistungen, die die Kunden noch explizit nachfragen, später werden diese dann zu Basis-Leistungen, die die Kunden erwarten. So war vor einigen Jahren ein „Mobility Package", mit dem Mitarbeiter von jedem Ort der Welt auf die Anwendungen im Unternehmen zugreifen können, noch Anlass echter Begeisterung bei den Anwendern; heute ist es eine spezifizierte Leistung und in wenigen Jahren wird dies eine Basiserwartung jedes Anwender sein.

Im Leistungs-Scan (vgl. Abbildung 3.7) werden alle IT-Leistungen den Kano Typen zugeordnet und die Qualität der Leistungserbringung wird in den drei Dimensionen „nicht erfüllt", „erfüllt" und „übererfüllt" beurteilt.

---

[36] Vgl. Kano, N. (Quality 1984); Herzwurm G./Pietsch W. (IT-Produkte 2009) S. 153

Abbildung 3.7   Leistungs-Scan in der IT - Beispiel

	nicht erfüllt	erfüllt	übererfüllt
Basis	**Sofort Handeln Prio 1** Vor Ort Service Help Desk	**Mittelfristig Prio 4** Transparenter Ablauf Systeme bereitstellen	**Sofort Handeln Prio 3** Servicezeiten Verfügbarkeit Unterstützung der FA
Kern	**Sofort Handeln Prio 2** Fast Changes Erste Reaktion Arbeitsplatzwechsel	**Mittelfristig Prio 6** Anwenderschulung Störungsbehebung	**Aktuell OK Prio 8** Projektleitung Prozessdokumentation
Begeisterung	**Mittelfristig Prio 5** Prozessberatung Prozessaudits Key User Training Change Mgt. Leitung	**Aktuell OK Prio 7** Nachschulungen Nachbetreuung Projektmanagement	

Aus dem Ergebnis des Leistungs-Scan kann für jede der bewerteten IT-Leistungen abgeleitet werden, welche Maßnahmen ergriffen werden sollten. Folgende Handlungsprioritäten lassen sich ableiten:

Sofortiger Handlungsbedarf

Priorität 1: Nicht erfüllte Basis-Leistung
Die Nicht-Erfüllung einer Basis-Leistung muss dazu führen, sofort und zielgerichtet zu handeln, da die Prozesse der Kunden sonst gefährdet werden. Als Beispiel kann hier der häufige Ausfall des Mail-Systems genannt werden.

Priorität 2: Nicht erfüllte Kern-Leistung
Wenn zentrale Leistungen für den Kunden nicht erbracht werden, sind meist über SLAs zugesagte Service Levels verletzt. Diese Leistungsstörung muss kurzfristig behoben werden. Hierzu zählt z.B. die Überschreitung der zugesagten Reaktionszeiten nach dem Eingang von Störungsmeldungen.

Priorität 3: Übererfüllte Basis-Leistung
Wenn Basis-Leistungen übererfüllt werden, liegt Verschwendung vor, die zu beheben ist. Die Übererfüllung von Anforderungen, die der Kunde nicht honoriert, muss abgestellt werden, um so die Kosten zu senken. Am Beispiel eines Mail Systems könnte bspw. geprüft werden, ob dies auch am Wochenende oder nachts mit hoher Verfügbarkeit bereitgestellt werden muss.

Mittelfristiger Handlungsbedarf

Priorität 4: Erfüllte Basis-Leistungen
Bei derzeit erfüllten Basis-Leistungen muss das erreichte Niveau gesichert werden. Diese Leistungen dürfen nicht aus dem Blickfeld geraten.

Priorität 5: Nicht erfüllte Begeisterungs-Leistung
Erst wenn die IT ihre „Hausaufgaben" gemacht hat und die Basis- und Kern-Leistungen sicher bereitstellt, sollte die Planung von Begeisterungs-Leistungen, bspw. das Angebot einer Prozessberatung durch die IT, begonnen werden.

Priorität 6: erfüllte Kern-Anforderungen
Die Qualität der Leistungserbringung in diesem Feld wird regelmäßig geprüft, um das erreichte Niveau zu halten.

Kein aktueller Handlungsbedarf

Priorität 7: erfüllte Begeisterungs-Leistung
Wenn es gelingt solche Leistungen zu erbringen, sollte dies aktiv kommuniziert werden. Die Kunden fragen solche Services nicht aktiv nach, da ihnen der Bedarf nicht bewusst ist, und müssen daher explizit darauf hingewiesen werden.

Priorität 8: übererfüllte Kern- und Begeisterungs-Leistung
Leistungen in diesem Segment müssen nicht aktiv gemanagt werden. Wenn sich das Angebot auf diesem Niveau bewegt, kann die IT den „Erfolg genießen".

Die Einordnung der IT-Leistung in die Matrix des Leistungs-Scan ist ein sehr einfaches Instrument, um die aktuellen Handlungsfelder im Service Management zu erkennen. Die Anwendung in der Praxis setzt ein vollständiges Leistungsverzeichnis voraus, auf dessen Grundlage in einem Workshop unter Beteiligung der Experten des IT-Service Management und ausgewählter Kunden die Einordnung vorgenommen werden kann. Der Dialog innerhalb der Abteilung und mit den Kunden bringt hierbei sehr wertvolle, meist völlig neue Informationen und ermöglicht ein kritisches Selbstbild der IT.

3.4   Standardisierung der Produkte - Lean EAM

Im klassischen IT-Management werden die Ziele Flexibilität / Kundennähe und Standardisierung / geringe Komplexität als unvereinbar angesehen. Das Management muss sich entscheiden – entweder eine komplexe IT-Landschaft, die sich optimal auf die Kundenwünsche ausrichtet oder eine einfache, standardisierte IT, an deren Leistungspotenzial sich die Kunden anpassen müssen. Diese Situation bestand auch in der PKW-Industrie. Bis zum Durchbruch von „Lean Production" war man auch in dieser Branche der Meinung, dass Standardisierung zu einem eingeschränkten Angebot für den Kunden führt. Toyota konnte dieses Dilemma lösen. Das Unternehmen bot deutlich mehr Modelle als der Volkswagen Konzern an und hatte dennoch eine wesentlich geringere Anzahl verschiedener Bauteile. Dies wurde durch eine konsequente Plattformstrategie und Modularisierung ermöglicht,[37] die bis heute fast alle PKW-Hersteller übernommen haben. Die Plattform ermöglicht die flexible Anpassung an Marktgegebenheiten unter Beibehaltung einer geringen Komplexität und somit hohen Produktivität.

Dies ist auch im IT-Management möglich. Die Autoren Weill und Ross beschreiben Unternehmen als „IT-Savvys", die beim Aufbau einer standardisierten aber dennoch flexiblen IT-Plattform weit fortgeschritten sind.[38]. Folgende Entwicklungsstufen werden dabei abgegrenzt:

1. Lokale Silos
   In der ersten Entwicklungsstufe werden lokale Lösungen entwickelt, die optimal die spezifischen Anforderungen erfüllen. Die Folge ist hohe Flexibilität bei hoher Komplexität.

2. Standardisierung
   Zu Lasten der Flexibilität setzen die Unternehmen in der zweiten Stufe auf Standardisierung, um die IT-Landschaft beherrschbar und bezahlbar zu machen.

3. Optimierung
   Die Unternehmen führen unternehmensweite Prozesse und Datenstrukturen ein, die zu dem Geschäftsmodell passen. Zu Lasten der lokalen Flexibilität wird der Nutzen im Gesamtunternehmen gesteigert.

4. Modularisierung
   Auf dieser Stufe werden die IT und die Prozesse als wiederverwendbare Module angesehen, die flexibel an neue Anforderungen angepasst werden können. Hierdurch wird die unternehmensweite und auch die lokale Optimierung und agile Anpassung bei geringer Komplexität ermöglicht.

Die Überwindung des Dilemmas der IT-Architektur, entweder flexibel oder standardisiert zu arbeiten, ist nur möglich, wenn man eine integrierte Betrachtung von IT-, Prozess- und Organisationsarchitektur vornimmt. Wenn diese drei Bereiche jeweils isoliert eigene Architekturen entwickeln, ist keine Modularisierung möglich. Die integrierte Sicht wird als „Enterprise Architecture" definiert.[39] Sie beschreibt das komplexe System der IT-Ressourcen eines Unternehmens und definiert Standards für seine Erstellung und Anpassung. Enterprise Architecture Management (EAM) ermöglicht die Gesamtsicht auf das Unternehmen und bildet die Brücke zwischen Business und IT.[40]

---

[37] Vgl. Ley, W./Hofer, A. P. (Produktplattformen 1999); Schuh, G. (Produktkomplexität 2005), S. 135ff.

[38] Vgl. zum Folgenden Weill, P./Ross J. W. (IT Savvy 2009), S. 67ff.

[39] Vgl. Weill, P./Ross J. W./Robertson D. (Architecture 2006), S. 9

[40] Vgl. z. B. Hanschke, I. (IT-Landschaft 2009), S. 57ff.

Ein einfaches Framework für die Beschreibung und Analyse der Unternehmensarchitektur liefert die Antwort auf die Frage „Wer macht was womit?" und umfasst die Bereiche:[41]

1. Organisation (Wer?)
    In Form eines Organigramms liegt dieser Teil der EA in den meisten Unternehmen vor.

2. Prozesse (Macht was?)
    Für EAM ist eine für die Unternehmung definierte Prozesslandkarte erforderlich, die auch die zentralen Outputs umfasst und im Rahmen des Prozessmanagement zu erstellen ist.

3. IT-Architektur (Womit?)
    Die IT muss für die Enterprise Architecture ein Modell der IT-Landschaft definieren. In strukturierter Form müssen die Anwendungen und die Komponenten der Infrastruktur erfasst werden. Im Lizenz- und Asset Management der IT liegen die Informationen zwar vor, sind aber einer Auswertung kaum zugänglich, da die Struktur und Verbindungen oft fehlen.

Empirische Studien belegen, dass die Unternehmensarchitektur den Wertbeitrag der IT wesentlich beeinflusst.[42] Als Merkmale einer guten Architektur werden genannt:

- Geringe Komplexität, gemessen durch eine geringe Anzahl unterschiedlicher Anwendungen je Bereich,

- Hoher Standardisierungsgrad, gemessen durch einen hohen Anteil des Einsatzes gleicher IT-Systeme in gleichen Prozessen und einer hohen Einsatzhäufigkeit einer Anwendung im Prozess,

- Hoher Integrationsgrad, gemessen durch einen hohen Wiederverwendungsgrad einer IT-Anwendung in unterschiedlichen Prozessen eines Bereichs,

- Geringe Redundanz, gemessen durch eine geringe Anzahl unterschiedlicher Systeme je Prozess und

- Hohe funktionale Abdeckung, gemessen durch wenige Prozesse ohne IT Unterstützung.

Im Rahmen des Lean IT-Management werden leicht anwendbare Methoden zur Beschreibung aber insbesondere der Bewertung der aktuellen Architektur benötigt. Im Sinne eines Top-Down-Vorgehens wird im Folgenden ein Ansatz vorgestellt, der diese Analyse auf der obersten Ebene (Bereiche, Hauptprozesse und IT-Systeme) ermöglicht.

---

[41] Hanschke, I. (IT-Landschaft 2009), S. 67 schlägt die Bereiche fachliche Struktur, IS-Architektur, Technische und Infrastruktur Architektur vor

[42] Vgl. Weill, P./Ross J. W. (IT Savvy 2009), S. 14ff.; Durst, M. (IT-Architekturen 2007), S. 1ff. und die dort angegebene Literatur

Zunächst werden die Organisationsstruktur, die Hauptprozesse und die IT-Anwendungen erfasst (vgl. Abbildung 3.8). Im ersten Schritt wird noch kein Beziehungswissen verarbeitet. Die drei Säulen der Datenbasis stehen isoliert nebeneinander.

Abbildung 3.8   Lean EAM - Datenbasis (Ausschnitt)

WER...		...macht WAS...		...WOMIT ???	
Gesellschaften/Bereiche	Prozess	Prozesstyp	Informations-system	Zugeordnete IS-Domäne
Konzern AG	Produktentwicklung/PLM	Leistung	SAP MM	SAP
ABC GmbH	Kundengewinnung	Leistung	SAP SD	SAP
	Auftragsabwicklung	Leistung	SAP FI/CO	SAP
DEF GmbH	After Sales Service	Support	SAP PS	SAP
GHI GmbH	Personalmanagement	Support	SAP SolMan	SAP
			CAS CRM	CAS
JKL GmbH	IT-Management	Support	MS xls 2007	Microsoft Office
MNO GmbH	Finanzen	Support	MS Word 2007	Microsoft Office

In der EAM-Matrix (vgl. Abbildung 3.9) sind die Prozesse der Gesellschaften bzw. Fachbereiche ersichtlich und in die Matrixfelder werden die Informationssysteme, die in den Prozessen eingesetzt werden, vermerkt. Durch die Verknüpfung der Datenbasis wird ein Blick auf die aktuelle Unternehmensarchitektur möglich.

Abbildung 3.9   Lean EAM-Matrix - Enterprise Architecture (Ausschnitt)

Bereiche: / Prozesse:	Leistung Produkt-entwicklung/PL	Leistung Kunden-gewinnung	Leistung Auftrags-abwicklung	Support After Sales Service	Support Personal-management	Support IT-Management
Konzern AG	SAP SD SAP PS Typo3	CAS CRM Shopsystem	EW Service Typo3 Shopsystem	EW PP Lotus Notes 6.3 MS Access 2003	SAP HR MS Access 2003	CA Service Desk SAP SolMan MS Project
ABC GmbH	CAS CRM Shopsystem		MS Access 2003 Lotus Notes 6.3	EW PP	SAP HR	CA Service Desk
DEF GmbH	SAP SD Shopsystem	SAP SD Shopsystem	SAP SD	MS Access 2003	SAP HR	SAP SolMan MS Access 2003
GHI GmbH	SAP SD MS Project Typo3		EW Service	MS Access 2003	Lohndirekt	HP ITSM MS Project
JKL GmbH	MS Project	SAP SD		MS xls 2007	Lohndirekt	CA Service Desk MS Project
MNO GmbH	CAS CRM	Salesforce		EW PP	MS Access 2003	Lotus Notes 6.3

Aus der EAM-Matrix lassen sich wichtige Kennzahlen zur Beurteilung der Unternehmens-architektur[43] ableiten.

In Abbildung 3.10 sind exemplarisch Kennzahlen je Bereich bzw. Gesellschaft eines Unternehmens dargestellt. Zunächst fällt auf, dass die funktionalen Lücken zwischen null und zwei liegen; der Mittelwert beträgt eins. Dies bedeutet, dass nicht alle Geschäftsprozesse mit IT unterstützt werden. Die Komplexität ist ebenfalls unterschiedlich. Während eine der Gesellschaften 14 verschiedene Systeme im Einsatz hat, kommt eine andere mit sechs verschiedenen Systemen aus. Der Wiederverwendungsgrad der Anwendungen variiert zwischen 1,1 und 1,8. Ein Wert von 1 bedeutet, dass eine Anwendung nur in einem einzigen Prozess eingesetzt wird, was auf einen geringen Integrationsgrad hindeutet.

Die Auswertung der Kennzahlen auf der Ebene der IS-Domains (zu einer IS-Domain wurden ähnliche Anwendungen gruppiert, vgl. Abbildung 3.8) zeigt, dass eine der analysierten Gesellschaften eine hohe Standardisierung aufweist und nur drei Domains für die Prozessunterstützung benötigt, eine andere dagegen acht verschiedene Domains im Einsatz hat. Die Kennzahl „Anzahl Anwendungen je Domain" deutet auf einen hohen Integrationsgrad hin, da mehrere Anwendungen der gleichen Domain genutzt werden. Im Beispiel liegen die Werte zwischen 1,2 und 3,7. Kleine Werte deuten auf eine bessere Nutzung der digitalen Plattform hin.

Abbildung 3.10   EAM Kennzahlen je Bereich / Gesellschaft

Bereiche:	funktionale Lücken je Bereich	Informationssysteme			IS DOMAIN	
		Anzahl Systeme	Anzahl unterschiedl. Systeme	Wieder-verwen-dungsgrad	Anzahl versch. Domains	Systeme / Domains
Konzern AG	0	18	14	1,3	8	2,3
ABC GmbH	1	9	8	1,1	7	1,3
DEF GmbH	0	11	6	1,8	3	3,7
GHI GmbH	1	10	8	1,3	7	1,4
JKL GmbH	2	8	7	1,1	5	1,6
MNO GmbH	2	7	6	1,2	6	1,2
Mittelwerte	1	10,5	8,2	1,3	6,0	1,9

Eine sehr gute Übersicht über die Merkmale der aktuellen Unternehmensarchitektur liefert die Auswertung der Nutzung der verschiedenen IS-Domains in den Geschäftsprozessen (vgl. Abbildung 3.11). Die dort dargestellten Prozentzahlen weisen aus, wie hoch der Anteil der analysierten Fachbereiche bzw. Gesellschaften ist, die die jeweilige IS-Domain

---

[43] Vgl. zu den Kennzahlen die Ausführungen bei Durst, M. (IT-Architekturen 2007), S. 129ff.

in den aufgeführten Prozessen einsetzen. Betrachtet man den Supportprozess Finanzen fällt auf, dass in diesem Prozess über alle Gesellschaften hinweg nur zwei Informationssysteme eingesetzt werden und jeweils alle Bereiche diese nutzen. Der Einsatzgrad beträgt bei beiden Systemen 100%. Im Vergleich hierzu sind die Kennzahlen im Prozess IT-Management kritisch zu hinterfragen. Über alle Gesellschaften hinweg werden sechs verschiedene Domains benötigt und die Einsatzgrade sind relativ gering (zwischen 17% und 50%) Dies bedeutet, dass keine der Anwendungen von mehr als der Hälfte der Bereiche, die diesen Prozess durchführen, genutzt wird, was auf lokale Silolösungen hindeutet. Analysiert man die IS-Domains stellt man fest, dass SAP in sechs der gezeigten sieben Prozesse und dort meist häufig eingesetzt wird. Die Domain HP wird dagegen nur in einem Prozess und auch dort nur von einem Bereich eingesetzt. In diesem Fall sollte kritisch hinterfragt werden, ob der betreffende Bereich, diese abweichende IT-Unterstützung wirklich benötigt oder ob eine Umstellung auf den Unternehmensstandard möglich ist.

Abbildung 3.11   Einsatz der Informationssysteme in den Prozessen - Ausschnitt

IS Domain	SAP	CAS	HP	Clarity	Microsoft Office	Microsoft	Lotus Notes	OpenSource	Eigenentwicklungen	Software as a Service
Prozesse:										
Produktentwicklung/PLM	67%	33%				33%		67%		
Kundengewinnung	33%	17%						33%		17%
Auftragsabwicklung	17%				17%		17%	33%	33%	
After Sales Service					67%		17%		50%	
Personalmanagement	50%				33%					33%
IT-Management	33%		17%	50%	17%	50%	17%			
Finanzen	100%				100%					
Mittelwert / Einsatzgrad	50%	25%	17%	50%	47%	42%	17%	44%	42%	25%

Die Unternehmensarchitektur und die Optimierung der Kennzahlen ist kein Selbstzweck des Lean IT-Management. Im Vordergrund muss immer der Kunde mit seinen Anforderungen stehen. Aber zur Erfüllung der individuellen Anforderungen sollte eine Plattform genutzt werden, die sich durch geringe Komplexität, hohen Standardisierungsgrad, hohe Integration, wenige Redundanzen und eine hohe funktionale Abdeckung auszeichnet.

Konsequente Standardisierung und Modularisierung der Baugruppen bei gleichzeitigem breitem Leistungsangebot für viele unterschiedliche Kundengruppen ist eines der Erfolgsmerkmale schlanker Unternehmen. Übertragen auf die IT bedeutet dies, die digitale Plattform so zu gestalten, dass ein möglichst breites Produktangebot auf Basis möglichst einheitlicher IT-Leistungen erbracht werden kann. Zur Analyse der aktuellen Unternehmensarchitektur kann diese sehr einfach anwendbare Methodik des „Lean EAM" genutzt werden.

3.5   Empfehlungen für das IT-Produktmanagement

Zusammenfassend können folgende Forderungen zur Optimierung des Service Design abgeleitet werden. Die Prüfung des Erfüllungsgrades dieser Forderungen zeigt auf, wie weit der Lean Reifegrad in diesem Bereich entwickelt ist.

Abbildung 3.12   **Leitfragen zu Lean Products**

Leitfragen je Prozess		Lean Prinzip	Bewertung				
Lean Products			trifft nicht zu				trifft voll zu
			1	2	3	4	5
1	Die IT-Services wurden gemeinsam mit den Kunden und aus deren Blickwinkel heraus definiert	Kundenorientiertes Denken					
2	IT-Services stellen ein leicht verständliches Paket mehrerer IT-Leistungen dar (All inclusive Angebot)	Kundenorientiertes Denken					
3	IT-Services werden so definiert, dass sie die Geschäftsprozesse des Unternehmens unterstützen	Verschwendung eliminieren					
4	Der Prozess im Service Design stellt sicher, dass die Kundenerwartung in Service Level Agreements abgebildet wird	Kundenorientierte Prozesse					
5	Im Service Design wird systematisch zwischen der Kundensicht und der Perspektive der IT getrennt - in das SLA fließen beide Sichten ein	Kundenorientierte Prozesse					
6	Die SLAs sind kurz und allgemein verständlich formuliert - Führungskräfte und operative Mitarbeiter kennen die SLAs	Mitarbeiter und Team					
7	Es ist gelungen, einen Service Katalog mit ca. 24 Produkten zu definieren	Null Fehler Ansatz					
8	Die aktuellen und zukünftigen IT-Leistungen sind vollständig erfasst, kategorisiert und mit den IT-Services verknüpft	Kundenorientiertes Denken					
9	Die Handlungspriorität für die IT-Leistungen wurde bestimmt (z.B. mit dem Leistungs-Scan)	Kundenorientierte Prozesse					
10	Die Unternehmensarchitektur ist mit den Komponenten Prozesse, Organisation und Anwendungen sowie deren Verknüpfungen beschrieben und somit steuerbar	Verschwendung eliminieren					
11	Die Unternehmensarchitektur ist in leicht verständlicher Form dokumentiert	Visuelles Management					
12	Mit Kennzahlen kann die Unternehmensarchitektur bewertet werden	Visuelles Management					
13	Die Architektur ermöglicht trotz konsequenter Standardisierung die schnelle Anpassung an Anforderungen (Modularisierung der digitalen Plattform)	Kundenorientierte Prozesse					
14	Die aktuelle Situation und die geplante Entwicklung der Breite und Tiefe des Leistungsangebotes der IT sind beschrieben	Kundenorientiertes Denken					

4 Front Loading und Levelling der IT durch Portfolio-Management

Ein in vielen Unternehmen noch nicht hinreichend gelöstes Problem liegt in der mangelnden Verzahnung der Aktivitäten der IT mit den strategischen und taktischen Maßnahmenplänen der Fachabteilungen (Business Alignment). In diesem Prozess liegt aber der Schlüssel zur Gewährleistung eines nachhaltigen Wertbeitrages der IT. Wenn die IT-Abteilung nicht aktiv in die Unternehmensplanung eingebunden wird und nicht rechtzeitig von Optimierungsplänen in den Geschäftsbereichen erfährt, ist ein abgestimmtes Zusammenspiel nur schwer realisierbar.

Vorschläge zur Gestaltung eines aktiven Anforderungsmanagement wurden bereits in Kapitel 2 vorgestellt. Die ermittelten Anforderungen sollten zu Projektideen gebündelt und in Projektsteckbriefen skizziert werden. In der Praxis werden die so geplanten Vorhaben dann oft isoliert bewertet, auf Machbarkeit geprüft und freigegeben, was dazu führt, dass IT-Ressourcen tendenziell überlastet werden und die Auswahl der machbaren Projekte intuitiv durch die IT-Leiter erfolgt. Dabei besteht die Gefahr, dass der Blick auf das "Ganze" verlorengeht.

Benötigt werden stattdessen klar geregelte Prozesse und Verantwortlichkeiten, um aus den Projektskizzen unter Beachtung der Restriktionen seitens des Budgets und der Kapazität der IT-Abteilung die „besten" Projekte auszuwählen. Der Wertbeitrag der IT soll im Vordergrund stehen, indem nur wertsteigernde und realisierbare Projekte begonnen werden. Diese Selektion ist ein zentraler Bestandteil des Multiprojektmanagement, das im Kern die folgenden Aufgaben umfasst:[44]

- Planung des Projektportfolios und Unterstützung der Auswahl der „richtigen" Projekte

- Unterstützung der Entscheidungsprozesse zur langfristigen Planung der IT Mittel (Budget, Top-Down Vorgaben, Bottom-Up Konsolidierung der Bedarfe)

- Ressourcenzuordnung und Kapazitätsabstimmung für Kompetenzprofile

- Aufzeigen von Vernetzungen (Abhängigkeiten, Synergien und Konflikte) zwischen den Projekten sowie Identifikation kritischer Projekte

- Überwachung und Steuerung der Projektlandschaft durch ein Reportingsystem

- Auswertung und Aufbereitung von Projekterfahrungen (Wissensmanagement)

- Definition und Implementierung von Projektstandards sowie Qualifikation der Projektbeteiligten

---

[44] Vgl. Kesten, R./Müller, A./Schröder, H. (IT-Controlling 2007), S. 83ff.; Lomnitz, G. (Multiprojektmanagement 2008), S. 60ff.

Existieren keine transparenten und abgestimmten Priorisierungskriterien und kein nach-vollziehbares Portfolio-Management, führt dies unweigerlich zu Unzufriedenheit auf Kundenseite. Gleichzeitig wird die Ressourcenplanung innerhalb der IT zu einem Glücks-spiel, da fortlaufend neue Projekte in den Bereich hineingetragen werden und bereits ver-plante Ressourcen beanspruchen. Daneben fallen bei einer genaueren Betrachtung des Multiprojektmanagement in IT-Organisationen weitere „Fallstricke" auf:

- **Unüberschaubarer Kriterienkatalog**: Wenn zu viele Kriterien für die Priorisierung von IT-Vorhaben existieren, diese nicht standardisiert sind oder Interpretationsspielräume zulassen, führt dies fast zwangsläufig zu Konflikten zwischen den um Ressourcen konkurrierenden Projekten.

- **Dominanz von „Muss"-Projekten**: Häufig ist zu beobachten, dass kurzfristig Projekte in die IT hineingetragen werden, die aufgrund ihres strategischen Charakters, der Um-setzung von Anforderungen externer Kunden oder anderer Stakeholder als „Muss"-Projekte klassifiziert werden, und einen signifikanten Anteil der verfügbaren Ressour-cen dauerhaft beanspruchen. Die Folge ist, dass zahlreiche weitere Projektanfragen, die diesen „Muss"-Stempel nicht tragen, aufgeschoben werden müssen oder am Ende nie zu einer Umsetzung kommen.

- **Besondere Behandlung von IT-Investitionen**: Warum werden geplante IT-Investitionen anders behandelt als andere Investitionsvorhaben im Unternehmen? Eine Sonderrolle der IT ist bei näherer Betrachtung kaum zu rechtfertigen, da IT-Budgets mit Budgets für andere Maßnahmen konkurrieren. Folglich sollten gleiche Maßstäbe für die Projektpriorisierung und –auswahl angesetzt werden.

- **Unpassender Priorisierungsprozess**: Bei einer zu starken Formalisierung des Priorisierungsprozesses mit komplexen Methoden der Wirtschaftlichkeitsrechnung in frühen Projektphasen wird dieser als bürokratische Projektverhinderung und nicht als Instrument zur Steigerung des Wertbeitrages der IT wahrgenommen. Fehlende Unter-stützung der Antragsteller und mangelnde Flexibilität bei Priorisierungsentscheidungen führen dazu, dass der Dialog zwischen Business und IT eher gestört als gefördert wird. Auf der anderen Seite ist ein Prozess mit vielen Mög-lichkeiten, die Priorisierungsentscheidung zu beeinflussen oder den definierten Ablauf zu umgehen, auch nicht zielführend.

- **Priorisierungsgremium als Bottleneck**: Häufig wird die Auswahl und Priorisierung von IT-Projekten über interdisziplinär besetzte Gremien wahrgenommen. In Abhän-gigkeit von der Tagungsfrequenz und der Anzahl der zu priorisierenden Projekte kann ein solches Vorgehen durchaus zu Verzögerungen im Prozess führen.

In den folgenden Abschnitten werden Möglichkeiten aufgezeigt, Ideen aus dem „Lean Product Development" auf die Projektauswahl und Priorisierung im IT-Bereich zu über-tragen. Ziel muss es zum einen sein, einen standardisierten und für alle verbindlichen Priorisierungsprozess zu definieren, zum anderen ist die Ressourcenplanung und kontinu-ierliche Auslastung im IT-Bereich zu berücksichtigen.

4.1 Frontloading und Levelling im Rahmen des Lean Product Development

Lean Development ist ein spezieller Bereich des Lean Management, in dem Toyota wie in der Produktion eine signifikant bessere Erreichung der Entwicklungsziele nachweisen kann (vgl. Tabelle 4.1). Die Entwicklungszeiten und -kosten sind bei der Nutzung von Lean Development um 20 – 30% geringer, und dennoch ist die Zufriedenheit der Kunden mit den Produkten (gemessen als Siege bei den JD Power-Qualitätserhebungen) deutlich höher. Somit zeigt sich auch in der Entwicklung von PKW, dass der Lean Grundsatz „Do more with less" realisierbar ist.

Tabelle 4.1   Bessere Performance durch Lean Product Development[45]

Kennzahl	Europa	Japan	US	Toyota	Vorteile Lean PDS
JD Power 2005 beste Qualität in den ersten 90 Tagen	0	0	2	10	Bessere Produkte
Entwicklungszeit	27 Mon.	20 Mon.	26 Mon.	15 Mon.	Schneller am Markt
F&E Anteil am Umsatz	5,5%	5,1%	4,8%	3,6%	Geringere Kosten

Vergleichende Untersuchungen führen die bessere Performance durch Lean Development auf die folgenden Merkmale zurück:[46]

■ Merkmale des Entwicklungsprozesses

- – Definition des Kundennutzens (kein Overengineering)
- – Front-Loading der Produktentwicklung
- – Levelling der Auslastung (keine Überlastung der Entwicklung)
- – Konsequente Standardisierung

---

[45] Vgl. Morgan, J. M./Liker J. K. (Development 2006), S. 10ff.

[46] Vgl. Morgan, J. M./Liker J. K. (Development 2006) S. 15ff – an dieser Stelle werden 13 Prinzipien als Basis des Erfolges des Toyota PDS vorgestellt

▓ Merkmale der Organisation und Mitarbeiter

  – Verankerung einer starken Projektleitung (Chief Engineer System)
  – Funktionierende Projektkoordination unter Einsatz funktionaler Experten
  – Integration externer Partner in die Teams
  – Streben nach Perfektion und permanenter Verbesserung

▓ Merkmale des Technologie- und Tool-Einsatzes

  – Anwendung von visuellem Management bei der Projektsteuerung
  – Wissensmanagement und Standardisierung

Durch systematisches Anforderungsmanagement (vgl. Kapitel 2) wird die konsequente Kundenorientierung im Entwicklungsprozess erreicht. Hierdurch wird die größte Art der Verschwendung in Form von Overengineering oder fehlendem Kundennutzen einer Entwicklung vermieden. Die Anforderungen des Kunden werden in dessen Sprache und aus dessen Blickwinkel formuliert und während des gesamten Projektes im Auge behalten.

Ein zweites Merkmal ist das realistische Front Loading der Entwicklung. Dies umfasst einerseits eine erste Eingrenzung des Lösungsraumes zur Erfüllung der Kundenforderungen ohne eine zu frühe Auswahlentscheidung zu treffen („Set based"-approach)[47] und andererseits eine umfassende Machbarkeitsprüfung.

In der Regel werden die von den Kunden definierten Anforderungen die Kapazitäten der IT deutlich überlasten: In diesem Fall hat das IT-Management drei Möglichkeiten[48]:

1. Überlastung ignorieren:
   Durch dieses häufig anzutreffende Vorgehen werden die Ressourcen stark überlastet. Permanente Umplanungen, Stress und Frustration sowie mangelnde Termintreue und erhöhte Fehlerraten sind die Folge von Überbeanspruchung.

2. Kapazität erhöhen:
   Dies ist eine teure Lösung und gerade bei einem hohen Bedarf an IT-Spezialisten auch nicht immer umsetzbar. Durch die Nutzung externer Kapazitäten entsteht eine neue Abhängigkeit.

3. Bewusste Auswahl nur der Projekte, die machbar sind: Hierbei wird durch einen definierten Prozess sichergestellt, dass nur die „besten" Projekte, die mit den vorhandenen Kapazitäten machbar sind, gestartet werden. Damit wird der Wertbeitrag der Projekte maximiert und eine Überbeanspruchung vermieden.

---

[47] Vgl. Morgan, J. M./Liker J. K. (Development 2006) S. 19, zur Übertragung auf die Softwareentwicklung vgl. Poppendieck, M./Poppendieck, T. (Lean 2003), S. 42ff.

[48] Vgl. Bell S. C./Orzen, M. A.; (Lean IT 2011), S. 111f.

Im Lean Management wird die dritte Option gewählt. Front Loading basiert auf einer groben Planung des gesamten Projekt Portfolios und stellt sicher, dass nur klar definierte, wirtschaftliche und machbare Projekte die Ressourcen belasten.

Levelling zielt darauf ab die Kapazitäten hoch, aber nie zu hoch und gleichmäßig auszulasten. Eine hohe Auslastung von mehreren Abteilungen, die im Ablauf sequenziell arbeiten, ist nur möglich, wenn ein gleichmäßiger Prozessfluss vorliegt. Große Arbeitspakete blockieren einzelne Abteilungen lange und können zu einem „Abriss" der Tätigkeiten in nachfolgenden Bereichen führen. Um eine gleichmäßige Auslastung in der Entwicklung zu erreichen, werden Projekte in möglichst viele kleine Arbeitspakete mit messbarem Projektergebnis untergliedert. In kurzen Intervallen ist der Fortschritt leicht messbar, und die Termineinhaltung der Arbeitspakete ist für die voll verantwortlichen Mitarbeiter verpflichtend. Sollten zusätzliche Arbeitszeiten benötigt werden, kann eine flexibel abrufbare Reservekapazität dieses Problem auffangen. Um flexibel zu sein, werden Mitarbeiter mit einem geringen Spezialisierungsgrad eingesetzt, die sich gegenseitig vertreten oder unterstützen können.

Die Standardisierung der Produkte folgt in der PKW-Industrie einem Paradoxon, denn die konsequente Standardisierung ist die Basis für die Flexibilität zur Erfüllung individueller Kundenwünsche. Toyota hat bereits früh die Bauteile und Plattformen standardisiert und konnte so aus Sicht des Kunden eine Vielzahl „unterschiedlicher" Produkte kostengünstig anbieten. In der IT wird Standardisierung oft falsch verstanden als „Gleichmacherei der Anforderungen". Die Kunst liegt darin, Vielfalt für den Anwender mit einer Standardisierung in der IT zu verbinden (vgl. Abschnitt 3.4). Ansätze wie serviceorientierte Architekturen oder die Individualisierungsmöglichkeiten von Standard-Anwendungssystemen unterstützen diese Zielsetzung.

Die Organisation und Mitarbeiterorientierung ist eine weitere Besonderheit des Lean Development. Die Rolle des Programmanagers ist mit echter Entscheidungsbefugnis und Budgethoheit ausgestattet und gibt in der Matrix den funktionalen Einheiten klare Ziele. Er definiert „was" erreicht werden soll. Die funktionalen Manager akzeptieren den Programmanager als Kunden und stellen die Anforderungen nicht in Frage, sondern kümmern sich um das „wie". Diese klare Aufgabenverteilung sichert den Erfolg in der Matrixorganisation auch unter Beteiligung externer Partner. Durch große Projekträume, die als regelmäßiger Treffpunkt dienen, werden die direkte Kommunikation im Team und die multifunktionale Zusammenarbeit gefördert.

4.2   Klassifizierung der wertschöpfenden IT-Projekte

Voraussetzung für einen strukturierten Priorisierungsprozess ist die Aufnahme der laufenden Projekte sowie die kontinuierliche Erfassung neuer Projektanfragen in Form einer „Projektinventur" (vgl. Abbildung 4.1).

Abbildung 4.1   Planung des Projektportfolios

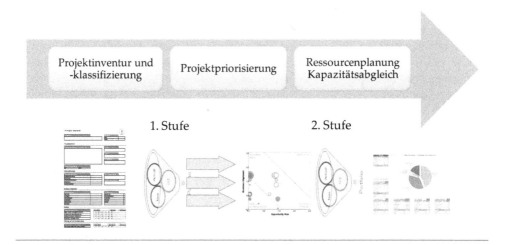

Zuvor muss klar definiert werden, welche Vorhaben überhaupt als „Projekt" bezeichnet werden können. Für die konkrete Unternehmenssituation muss die Projektdefinition durch klare Indikatoren für die Komplexität des Vorhabens, Budget, Neuheitsgrad oder Einmaligkeitscharakter festgelegt werden. Die häufig anzutreffende „Projektinflation" rührt daher, dass bereits kleinere Aufgaben als Projekte behandelt werden, mehrstufige Genehmigungsprozesse durchlaufen und am Ende zentrale Entscheidungsprozesse behindern. Hier ist eine klare Grenze zu ziehen zwischen Priorisierungsentscheidungen, die einen standardisierten Prozess erfordern und Aufgaben, über deren zeitliche Einplanung und Erledigung der einzelne verantwortliche Mitarbeiter vor Ort entscheiden kann (vgl. Kapitel 5). Zu vermeiden ist dabei allerdings, dass Projekte bewusst in kleinere Vorhaben aufgeteilt werden um formale Genehmigungsprozesse zu umgehen.

Die Klassifizierung der Projekte erfolgt nach klar vorgegebenen Regeln. Die Notwendigkeit dafür ergibt sich, da:

- ▨ nicht über jedes Vorhaben in einem Entscheidungsgremium beraten werden kann,

- ▨ nicht alle Projektanträge den gleichen Genehmigungsprozess durchlaufen,

- ▨ abweichende Priorisierungsregeln je Kategorie genutzt werden,

- ▨ die Rollenverteilung für Antragstellung, Priorisierung, Ressourcenzuordnung in jeder Kategorie unterschiedlich ist.

Die Klassifizierung erfolgt zum Beispiel nach dem geschätzten Aufwand, der strategischen Relevanz, der Anzahl betroffener Systeme, möglicher Risiken, der Komplexität des Vorhabens oder dem Status des jeweiligen Auftraggebers bzw. Antragsstellers. Bewährt hat sich die folgende Dreiteilung, aus der sich unterschiedliche Wege der dann folgenden Priorisierungsaktivitäten ableiten lassen:

- **Vorhaben der Kategorie I (Unternehmensprojekte)** sind komplexe, unternehmensweite Projekte, die mehrere Kunden der IT (Fachabteilungen) betreffen. Üblicherweise handelt es sich um eine überschaubare Anzahl von Projekten, die jedoch hinsichtlich Ressourcenbindung, Laufzeit und Auswirkung auf die Unternehmensentwicklung eine große Tragweite haben. Wirtschaftlichkeitsabschätzungen für solche Vorhaben sind sehr aufwändig und scheitern meist an der großen Komplexität.

- **Vorhaben der Kategorie II (Projekte / Major Change)** sind lokale Projekte, die i.d.R. nur einen Kunden der IT (Fachabteilung) betreffen. Häufig ergibt sich hier unternehmensweit eine große Anzahl inhaltlich nicht vergleichbarer Vorhaben, deren genauer Ressourcenbedarf zunächst unklar ist. Der potenzielle Nutzen des jeweiligen Projektes kann mit vertretbarem Aufwand bestimmt werden, ist aber i.d.R. nur vom jeweiligen Initiator einzuschätzen.

- **Vorhaben der Kategorie III (Change / Minor Change)** sind kleine Veränderungen bestehender Systeme oder Neuentwicklungen, die in der Umsetzung nur einen geringen Ressourceneinsatz erfordern und in den meisten Fällen von einem kleinen Team umgesetzt werden können. Auch hier ist eine große Anzahl inhaltlich nicht vergleichbarer Vorhaben zu erwarten, deren Aufwand aufgrund der geringen Ressourcenbindung vergleichsweise einfach eingeschätzt werden kann. Für die Themen der Kategorie III ist zu prüfen, inwieweit diese bereits im Prozess des Anforderungsmanagement herausgefiltert und als Tickets über den Help Desk oder als durchlaufende Aktivitäten im Rahmen der Instandhaltung der IT-Systeme abgewickelt werden können.

Um diese Kategorien in der Praxis mit konkreten Themen im Unternehmen zu verbinden, eignet sich die Verwendung der in Kapitel 2 vorgestellten Themenlandkarte. Die „abteilungsübergreifende Prozessoptimierung" ist somit der Kategorie I und die „dezentrale Entwicklung von Optimierungsansätzen" der Kategorie II zuzuordnen. Durch diese Zuordnung wird die methodische Kategorisierung mit konkreten Handlungsfeldern der Bereiche verknüpft und für die Mitarbeiter nachvollziehbar.

Zu beachten ist, dass mit der vorgeschlagenen Kategorisierung keine zwangsläufige Priorisierung einhergeht. Ein komplexes Vorhaben der Kategorie I kann genauso dringend sein wie die lokale Anpassung eines Anwendungssystems an eine gesetzliche Änderung, die innerhalb einiger Arbeitsstunden zu erledigen ist. Maßgeblich für die Differenzierung ist vielmehr die Zusammensetzung der Instanz, die über den „Wert" des jeweiligen Vorhabens befinden kann und damit letztlich über dessen Priorität entscheidet. Das Front Loading der IT sollte über diesen Wertbeitrag gesteuert werden. Diese Frage ist zu klären bevor dem IT-Bereich als Auftragnehmer ein Projekt zugewiesen wird. Nicht der IT-Leiter oder ein Gremium innerhalb der IT sollten darüber entscheiden, welche Projekte wichtiger als andere sind und damit mit hoher Priorität abgearbeitet werden müssen, sondern diejenigen, die den Nutzen der zu entwickelnden oder anzupassenden Systeme später im laufenden Betrieb realisieren. Nur wenn es um Vorhaben geht, deren Nutzen direkt im IT-Bereich liegt, bspw. Maßnahmen zur besseren Wartbarkeit oder Energieeffizienz der Infrastruktur, obliegt die Rolle dem IT-Bereich selbst.

Für Projekte der Kategorie I muss die Wertermittlung auf der Unternehmensebene angesiedelt sein. Wie beschrieben handelt es sich um unternehmensweite oder zumindest fachbereichsübergreifende Vorhaben wie bspw. eine ERP-Einführung oder die IT-Integration im Rahmen einer Unternehmensakquisition. Diese Beispiele zeigen, wie schwer es ist den „Wert" solcher Maßnahmen zu beziffern, insbesondere wenn man den Wertbegriff monetär interpretiert. Im Fall der ERP-Einführung dürfte die Feststellung eines monetären Nutzens an der Komplexität des Vorhabens scheitern – zu viele Bereiche und Prozesse sind davon betroffen, zu viele Einflussfaktoren zu berücksichtigen, um eine seriöse exakte Nutzenschätzung abgeben zu können. Im zweiten Fall stellt sich die Situation so dar, dass eine strategische Unternehmensentscheidung umgesetzt werden muss. Die genannte IT-Integration stellt insofern kein isoliertes IT-Projekt dar, sondern ist Bestandteil eines übergreifenden Vorhabens, das als Gesamtpaket zu bewerten ist.

Auch wenn es sich bei solchen Projekten üblicherweise um „strategische" Maßnahmen handelt, ist eine Priorisierung für die Umsetzungsreihenfolge im IT-Bereich notwendig. Vor allem ist zu beachten, dass die Ressourcenausstattung der IT begrenzt ist und im Zweifelsfall mit externen Ressourcen ergänzt werden muss. Angesichts der Tatsachen, dass die Anzahl solcher Vorhaben meist überschaubar ist, unterschiedliche Interessen aufeinandertreffen und ggf. Konflikte zu lösen sind, die Vorhaben meist über einen längeren Zeitraum Ressourcen binden und Wechselwirkungen zu anderen Vorhaben zu berücksichtigen sind, bietet es sich an, die Priorisierung durch ein interdisziplinär besetztes Gremium durchzuführen.

Die Beteiligung von Vertretern des IT-Bereichs in einem solchen Gremium ist unabdingbar, um sicherzustellen, dass die in der IT-Strategie definierten Architekturvorgaben nicht verletzt werden und der Kapazitätsbedarf der ausgewählten und einzulastenden Projekte die verfügbare Kapazität in der IT nicht überlastet. Letztlich ist auch finale Entscheidungskompetenz erforderlich, um Priorisierungsentscheidungen verbindlich zu treffen und bei Bedarf die Aufstockung von Ressourcen zu genehmigen.

Für Vorhaben der Kategorie II und III müssen andere organisatorische Ansätze gefunden werden, da die hohe Anzahl der Projekte oder deren vergleichsweise geringe Relevanz eine intensive Auseinandersetzung mit jedem einzelnen Projekt verbietet. Während Vorhaben der Kategorie III in standardisierte Change Management-Prozesse (vgl. Kapitel 5) zu integrieren sind und möglichst dezentral von den Systemverantwortlichen eingeplant und umgesetzt werden sollten, stellen Vorhaben in der zweiten Kategorie ein besonderes Problem dar. Wie beschrieben, handelt es sich um IT-Maßnahmen für einzelne Kunden der IT, die jedoch aufgrund des zu erwartenden Aufwands oder ihrer Komplexität als Projekte klassifiziert werden müssen und bei ihrer Realisierung mehrere Mitarbeiter mit unterschiedlichen Kompetenzen im IT-Bereich binden. Beispiele dafür wären die Einführung eines Analysetools für das Controlling, eines Customer-Relationship-Management-(CRM-) Systems im Vertrieb oder eine neue Software zur Lagersteuerung in einer Niederlassung. Seitens der IT-Verantwortlichen kann nicht erwartet werden, derartige, inhaltlich weit auseinanderliegende Vorhaben zu bewerten und in eine Rangfolge zu bringen. Ist der „Wert" eines CRM-Systems höher oder niedriger als der eines Lagerverwaltungssystems? Diese Fragen könnten letztlich nur die Bereiche beantworten, in denen diese Systeme genutzt werden sollen, wobei auch dann heftige Diskussionen zu erwarten wären, da jeder Bereich seine eigenen Projektanträge tendenziell „wertvoller" einschätzen wird. Da ein Gremium unter Beteiligung aller Bereiche, die derartige IT-Leistungen anfordern, nicht praktikabel ist, empfiehlt es sich, einen standardisierten, für alle Beteiligten transparenten Prozess zu implementieren, der einerseits die Vergleichbarkeit der unterschiedlichen Projektanfragen sicherstellt, andererseits eine schnelle und unstrittige Rangfolgebildung unterstützt.

4.3 Schlanke Methoden zur Projektpriorisierung

An der Stelle der Projektauswahl ist der Hebel zur Vermeidung von Verschwendung in der IT maximal. Wenn es gelingt, alle IT-Anwendungen, die keinen nachhaltigen Beitrag zur Steigerung des Kundennutzens oder zur Kostenreduktion leisten, gar nicht erst als Projekt zu starten, steigt die Effektivität der IT deutlich an. Die vergleichende Bewertung komplexer, langfristiger Projekte ist zwar schwierig, aber zwingend erforderlich, um Verschwendung und Überlastung zu vermeiden.

Grundsätzlich können zwei Ansätze für die Priorisierung unterschieden werden: Einerseits Scoring-Ansätze, die auf bewerteten qualitativen Kriterien basieren, andererseits rein monetäre Bewertungsverfahren, die mit Hilfe des bekannten Instrumentariums der betriebswirtschaftlichen Investitionsrechnung arbeiten.[49]

4.3.1 Priorisierung mit Scoring Modellen

In einem Scoring-Modell (Nutzwertanalyse, qualitatives Ranking) werden unterschiedliche Kriterien zueinander gewichtet, und für jedes Projekt wird eingeschätzt, inwieweit die Kriterien erfüllt werden können. Ergebnis ist dann ein gewichteter Punktwert, über den die Rangfolge der Projekte festgelegt wird. Die Auswahl und Gewichtung der Kriterien muss unternehmensspezifisch erfolgen und sollte sinnvollerweise aus den Unternehmenszielen abgeleitet werden.[50] Praktikabel ist eine Differenzierung zwischen messbaren finanziellen Effekten („Ergebniswirkung") und qualitativen Effekten („Unternehmerische Bedeutung", „Risiko der Verschiebung").

Zusätzlich kann eine Bewertung des „Umsetzungsrisikos" die Notwendigkeit einer adäquaten Ressourcenausstattung und eines angemessenen Risikomanagement betonen. Da ein hohes Umsetzungsrisiko nicht dazu führen sollte, dass eigentlich attraktive Projekte von vornherein abgelehnt werden, empfiehlt es sich, diese Dimension nicht in die Berechnung des Gesamtscores einfließen zu lassen, sondern dies als zusätzliche Information mitzuführen. (vgl. Abbildung 4.2).

---

[49] Vgl. dazu exemplarisch Götze, U. (Investitionsrechnung 2008), S. 49ff.

[50] Vgl. Kesten, R./Müller, A./Schröder, H. (IT-Controlling 2007), S. 88ff.

Abbildung 4.2   Scoring-Modell zur Projektpriorisierung (Bsp.)

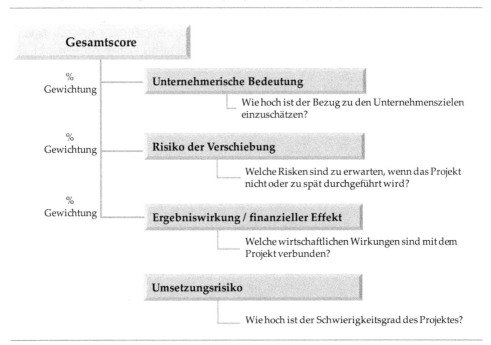

Jede dieser drei Dimensionen zur Projektpriorisierung muss mit verständlichen und klaren Subkriterien ausgestattet werden. Zur einfachen Umsetzung sind folgende Fragestellungen und Subkriterien geeignet:

Ermittlung der unternehmerischen Bedeutung

Zwei Faktoren haben sich zur Bewertung der unternehmerischen Bedeutung als geeignet erwiesen. Erstens sollte ermittelt werden, inwieweit das Projekt einen Beitrag zur Umsetzung strategischer Unternehmensziele leistet. Es bietet sich an, dabei auf die vorhandenen Zielvereinbarungen zurückzugreifen, die meist klar formuliert und definiert sind. Jeder Antragsteller von neuen Projekten sollte seine Zielvereinbarungen kennen und demnach eine sachlich qualifizierte Zuordnung des zur Bewertung anstehenden Projektes vornehmen können. Die erste zentrale Frage lautet demnach: „Inwieweit trägt das Projekt zur Umsetzung der Unternehmensziele bei?" Die Bewertung kann auf einer mehrstufigen Skala zwischen den Ausprägungen „kein Beitrag" und „zwingend erforderlich für die Strategieumsetzung" erfolgen.

Die zweite Einflussgröße zur Ermittlung der unternehmerischen Bedeutung liegt in den von dem Projekt berührten Prozessen. Jeder Geschäfts- oder auch Fachbereich kann und sollte seine Prozesse hinsichtlich der aktuellen Handlungsfelder priorisieren. So kann ein Serviceleiter bspw. eigenständig entscheiden, ob der Entwicklung neuer Produkte im Service oder dem Ersatzteilvertrieb eine höhere Bedeutung zukommt. Eine solche Einschätzung ist meist für einen längeren Zeitraum stabil. Durch die Zuordnung eines Projektes zu einem Prozess leitet sich indirekt die Bedeutung des Projektes ab. Unterstützt ein Projekt wichtige Prozesse, erhält das Subkriterium eine hohe Ausprägung. Werden hingegen weniger bedeutende Prozesse unterstützt, ist dieses Subkriterium geringer ausgeprägt.

Die Priorität im Bereich der unternehmerischen Bedeutung ergibt sich schließlich aus der Kombination der vorgenannten Aspekte. Für das Lean IT-Management ist es wichtig, dass Projektpriorisierungen auf Akzeptanz stoßen. Daher sollte eine willkürliche Festlegung von Prioritäten ausgeschlossen werden, ohne jedoch zu formalistisch zu werden. Die Konkretisierung eines einzelnen Scorewertes durch die vorgestellten zwei einfachen Fragen versachlicht die Bewertung, ohne die Komplexität zu steigern.

Ermittlung des Risikos der Verschiebung

Diese Dimension zur Priorisierung zielt auf die Objektivierung der Diskussion um die klassischen „Muss"-Projekte ab, die sich häufig aus rechtlichen oder technischen Anforderungen ableiten. Nach dem Motto „Der Gesetzgeber fordert, also *müssen* wir dies umsetzen" werden alle weiteren Einwände unterbunden. Die Frage, die die IT dem Business stellen sollte, lautet aber vielmehr: „Wenn der Gesetzgeber etwas fordert, welches Risiko gehen wir denn ein, wenn wir diese Forderung nicht sofort umsetzen?" Bei dieser Diskussion kann sich herausstellen, dass auch eine spätere Realisierung keine bedrohlichen Risiken mit sich bringt. Aus wirtschaftlicher Sicht ist in diesem Zusammenhang zu hinterfragen, ob Strafzahlungen bei Nichtbeachtung von Anforderungen im Sinne des Unternehmens nicht sogar kostengünstiger sind, als die Umsetzung teurer IT-Vorhaben ohne unternehmerischen Nutzen.

IT-Infrastrukturprojekte müssen ebenfalls einer Risikoeinschätzung standhalten. Solche Vorhaben werden gern mit der Pauschalaussage „Wir müssen das neue Release einsetzen, weil der Hersteller den Standard-Service einstellt" als „Muss-Projekte" klassifiziert. Warum muss zwingend auf ein neues Release gewechselt werden? Nur weil sonst die Wartung ausläuft? Welches Risiko würde man eingehen, einen Releasewechsel nicht durchzuführen? Wenn langjährige Anwendungen stabil und fehlerfrei laufen, wird sich dies doch durch die Veränderung von Wartungskonditionen des Herstellers nicht ändern.

Bei dieser Priorisierungsdimension handelt es sich also um die Risikoeinschätzung aus Sicht des Unternehmens, wenn ein Projekt verschoben oder nicht durchgeführt wird. Die Bewertung erfolgt auf einer mehrstufigen Skala zwischen den Ausprägungen „geringes Risiko bei Verschiebung" und „hohes Risiko bei Verschiebung".

Wenn Risiken bewertet werden, entwickeln sich in den Unternehmen häufig sehr aufwändige Abläufe, die von einer zentralen Abteilung „Risk Management" gestaltet werden. Im Lean IT-Management werden diese Abläufe umgangen, indem mit einfachen Checklisten zur Risikobewertung gearbeitet wird. Damit wird ein angemessenes Verhältnis zwischen dem Aufwand zur Abschätzung des Risikos und dem erwarteten Nutzen dieser Information gewährleistet.

In der Praxis hat es sich bewährt, folgende drei Risikodimensionen zu bewerten:

▨ rechtliche Risiken, die sich aus der Nichteinhaltung von Vorschriften ergeben,

▨ technische Risiken, die sich mit der Nutzung alter Technologien begründen,

▨ Kundenrisiken, die sich aus der möglichen Verärgerung von Kunden ableiten.

Ermittlung der Ergebniswirkung (finanzieller Effekt)

Während die ersten beiden Kategorien qualitative Wertungen darstellen, handelt es sich bei dieser Dimension um eine rein monetäre Einschätzung des wirtschaftlichen Nutzens eines Projektes. Hierzu eignen sich betriebswirtschaftliche Verfahren zur Prognose des erwarteten Kapitaleinsatzes und des erwarteten Kapitalrückflusses. Für eine schlanke Anwendung in der Praxis gilt es zu bedenken, dass sich das Projekt in einer sehr frühen Lebenszyklusphase befindet, und komplexe Berechnungen bspw. in Form der Kapitalwertmethode nur bedingt angewendet werden können. Besonders bei unternehmensweiten Vorhaben ist der Aufwand für die Datenerhebung, der für eine exakte Wirtschaftlichkeitsberechnung betrieben werden müsste, oft nicht zu rechtfertigen, zumal eine Genauigkeit suggeriert wird, die schon durch die Unsicherheit der Annahmen nicht haltbar ist.

Die Erfahrung zeigt, dass in solch frühen Planungsstadien eines Projektes die Einordnung in Kapitalwertklassen möglich und für die erste Priorisierung ausreichend ist. Dabei geht es nicht um die Ermittlung eines exakten Wertes, sondern um die Einschätzung, in welcher Größenordnung der Kapitalwert liegen wird. Wertebereich und Betrachtungszeitraum werden unternehmensindividuell einmalig abgestimmt und festgelegt, damit unterschiedliche Projekte mit gleichen Maßstäben gemessen werden (vgl. Tabelle 4.2). Eine Prioritätskennzahl kennzeichnet dann die zugeordnete Kapitalwertklasse und kann anschließend den Einschätzungen in den anderen Dimensionen gegenübergestellt werden.

Tabelle 4.2   Kapitalwertklassen zur Projektpriorisierung (Beispiel)

Kapitalwertklassen	Prioritätskennzahl
Erwarteter Kapitalwert > 1.000 TEuro	Bewertung 6
Kapitalwert zwischen 500 und 1.000 TEuro	Bewertung 5
Kapitalwert zwischen 250 und 500 TEuro	Bewertung 4
Kapitalwert zwischen 100 und 250 TEuro	Bewertung 3
Kapitalwert zwischen 0 und 100 TEuro	Bewertung 2
Erwarteter Kapitalwert < 0	Bewertung 1

Auch wenn argumentiert werden kann, dass letztlich alle Dimensionen in finanzielle Wirkungen überführt werden können, hat es sich bewährt, bei komplexen Vorhaben zur Vorauswahl und Priorisierung auf ein solches Punktbewertungssystem zurückzugreifen. Dabei sind jedoch einige Nachteile zu berücksichtigen: Typischerweise lassen sich subjektive Einflüsse bei der Auswahl der Kriterien, Festlegung der Gewichtungsfaktoren sowie Vergabe von Scorewerten nicht ausschließen. Zudem wird der Versuch unternommen, eigentlich nicht vergleichbare Vorhaben (bspw. eine ERP-Einführung und die Migration der IT eines Firmenzukaufs) über einheitliche Kriterien vergleichbar zu machen. Um diese Probleme zu kompensieren, muss eine gemeinsame Bewertung durch ein fachlich und technisch breit aufgestelltes Team erfolgen, was die Anwendung dieser Methode letztlich nur für die oben als „Kategorie I" klassifizierten Vorhaben sinnvoll erscheinen lässt.

Ableitung von Priorisierungsentscheidungen

Bei der Zusammenführung der vorgenommenen Bewertungen sollte möglichst vermieden werden, einen aggregierten Gesamtwert je Projekt zu ermitteln und diesen als finales Priorisierungskriterium zu kommunizieren. Auch wenn dies mathematisch auf den ersten Blick sinnvoll erscheint, zeigt die Praxis, dass konsolidierte Gesamtscores von kaum jemandem in der Organisation verstanden werden können. Wer weiß nach ein bis zwei Monaten noch, warum das Projekt X einen Score von 9,8 erhalten hat und das Projekt Y nur einen Wert von 4,3? Auch an der Bewertung nicht Beteiligte können mit diesen Zahlen nur schwerlich Entscheidungen vorbereiten, treffen oder verstehen. Können die Scorewerte nicht mehr nachvollzogen werden, trägt das Priorisierungsverfahren mehr zur Verschwendung als zur Hilfe bei.

Abbildung 4.3   Ableitung des Projektrankings aus der Lage im Portfolio

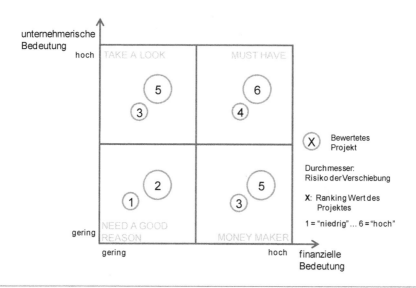

Hilfreich bei der Entscheidungsfindung und zur Dokumentation des Priorisierungsprozesses sind Visualisierungstechniken, die das Ergebnis der Bewertung und die zugrundeliegende Diskussion in einfacher Form auf den Punkt bringen. Vorgeschlagen wird hier die im Multiprojektmanagement bewährte Portfoliotechnik[51]. Die Abbildung 4.3 zeigt eine mögliche Gegenüberstellung der Dimensionen „unternehmerische Bedeutung" und „finanzielle Bedeutung" unter Einbeziehung des „Risikos der Verschiebung" und die daraus abgeleiteten Aussagen für die zur Auswahl stehenden Projekte.

Auch wenn, wie oben erläutert, die Zusammenführung auf einen einzelnen Punktwert nicht anzuraten ist, wird doch in der Praxis häufig eine Priorisierungsliste gefordert, die unmittelbar deutlich macht, welche Projekte umzusetzen sind und welche nicht. Die in der Abbildung 4.3 exemplarisch gezeigten „Ranking"-Werte bringen diese Rangfolge zum Ausdruck. Da drei Dimensionen zu verarbeiten sind, ist nicht allein die Lage eines Projektes in dem Portfolio sondern auch das über den Durchmesser symbolisierte Verschiebungsrisiko entscheidungsrelevant. Die Interpretation der Ranking-Werte erfolgt dabei nach dem in Tabelle 4.3 verdeutlichten Schema:

Tabelle 4.3   Mapping der Lage im Portfolio in auswertbare Ranking-Werte

Ranking - Wert	Beurteilung der Priorität auf Basis der Lage im Portfolio
6	Projekte mit hohem Wertbeitrag und großem Risiko der Verschiebung
5	strategische oder profitable Projekte mit hohem Risiko der Verschiebung
4	Projekte mit hohem Wertbeitrag aber geringem Risiko der Verschiebung
3	strategische oder profitable Projekte ohne Risiko der Verschiebung
2	Projekte mit geringem Wertbeitrag aber Risiko der Verschiebung
1	Projekte mit geringem Wertbeitrag ohne Risiko der Verschiebung

Auf dieser Basis lassen sich auch die einzelnen Budgetsummen des gesamten Projektportfolios verdichten. Gerade bei kritischen Entscheidungen zur Identifikation von möglichen Einsparungen oder der Festlegung von Budgetvorgaben bietet diese Konsolidierung zahlreiche Entscheidungshilfen. Zur Erläuterung soll das folgende Praxisbeispiel dienen.

---

[51] Vgl. Kesten, R./Müller, A./Schröder, H. (IT-Controlling 2007), S. 91f.

Praxisbeispiel zur Budgetplanung

Grundlage für die Budgetplanung war die Konsolidierung aller Projektsteckbriefe im Portfolio-Management. Alle Projektanträge wurden erfasst und hinsichtlich ihrer Prioritäten bewertet. Nach Zuordnung zu den Ranking-Dimensionen gemäß dem oben beschriebenen Verfahren ergab sich das in Tabelle 4.4 dargestellte erwartete Projektvolumen für das zu planende Jahr

Tabelle 4.4   Beispiel zur Budgetanalyse des Projektportfolios gem. Prioritäten

Ranking-Wert	geplantes Projekt Volumen [TEuro]	Beschreibung
6	6.076	High value projects
5	7.390	Strategic or profit projects / high skip risk
4	3.634	High value / low skip risk
3	26.729	Strategic or profitable projects / low skip risk
2	8.061	Do nothing risk projects (only)
1	40.645	Low value projects
-	92.535	Total

Das Beispiel zeigt, dass ca. 13 Millionen Euro für Projekte in der Planungsperiode zwingend reserviert werden müssen (Ranking-Werte 6 und 5). Zudem liegen für 30 Millionen Euro (Ranking-Werte 4 und 3) Projektanfragen vor, die einen hohen Nutzen aufweisen, bei denen aber kaum Risiken bei einer Verschiebung vorliegen würden. Deren Umsetzung sollte also auf Basis der verfügbaren Mittel und der Auswirkung im Bereich der Ressourcen erfolgen. Für die Kategorie 2 (8 Millionen) sollten die Projektanträge und die Risiken individuell bewertet werden.

40 Millionen Projektvolumen (Ranking-Wert 1) können ohne negative Auswirkungen auf das Unternehmen aus dem Budget herausgenommen werden, da diese Projekte gemäß der vorgenommenen Einschätzung nicht umgesetzt werden sollten. Ohne aktives PPM wären in dem Praxisbeispiel die meisten dieser Projekte realisiert worden, da die jeweiligen Antragsteller diese für wünschenswert hielten und Budgets zur Verfügung standen. Dies zeigt den großen Hebel des PPM zur Vermeidung von Verschwendung.

Diese Art der Überführung der drei Bewertungsdimensionen in nachvollziehbare Ranking-Werte liefert dem Management eine schlanke Entscheidungshilfe für die Festlegung von Budgets und die Identifikation von Einsparpotenzialen. Dabei wird die Entscheidung für die Durchführung oder Ablehnung von Projekten nur vorbereitet und nicht durch mathematische Modelle ersetzt. Gerade bei IT-Projekten ist die Diskussion mit den Führungskräften erforderlich und kann nicht durch komplexe Blackbox-Modelle zur Berechnung von erklärungsbedürftigen Gesamtscores ersetzt werden.

4.3.2   Priorisierung nach rein monetären Kriterien

Für Projekte der Kategorie II empfiehlt sich eine Priorisierung nach monetären Kriterien. Der finanzielle Nutzen, der bei Realisierung des Vorhabens erwartet wird, muss den geschätzten Aufwänden für die Umsetzung und den späteren Betrieb der IT-Lösung gegenübergestellt werden, um auf diese Weise den „Wert" für das Unternehmen festzustellen. Diesem Ansatz wird gern vorgeworfen, dass die Ermittlung der monetären Effekte für geplante Projekte nicht möglich sei, bzw. die ermittelten Werte ohnehin nicht der Realität entsprächen und daher sinnlos seien. Dieser Auffassung können folgende Argumente entgegen gehalten werden:

- Für alle Projekte sollte zumindest eine vage Vorstellung über den zu erwartenden monetären Nutzen bestehen. Ist dies nicht der Fall, muss die Frage erlaubt sein, warum die geforderte IT-Lösung dann überhaupt benötigt wird.

- Die statt einer konkreten monetären Kennzahl oft präferierte Vergabe von Score-Werten (hoch / mittel / gering) unterliegt den gleichen Ungenauigkeiten wie die Schätzung monetärer Effekte, bietet also objektiv keine Vorteile.

- Die Schätzung monetärer Effekte motiviert eine gedankliche Durchdringung der Projektergebnisse. Wenn ein messbarer Nutzen angegeben werden muss, wird der Antragsteller gezwungen, über „was wäre wenn…"- Analysen die möglichen Auswirkungen der von ihm gewünschten IT-Lösung möglichst ganzheitlich zu beschreiben.

- Über monetäre Effekte werden Projekte vergleichbar, die unterschiedliche Probleme lösen sollen. Ein Euro, der mit einem CRM-Projekt verdient wird, ist genauso viel „wert" wie ein Euro, der über die Einführung eines neuen Lagerverwaltungssystems eingespart wird.

- Monetäre Werte bedürfen keiner Gewichtung. Damit erübrigen sich bspw. Diskussionen darüber, ob die Steigerung der Kundenzufriedenheit nun wichtiger einzuschätzen ist, als die Verbesserung der Effizienz in betrieblichen Prozessen.

- Monetäre Werte lassen sich nach Projektrealisierung ggf. nachprüfen – Scorewerte nicht. Auch wenn die nachträgliche Überprüfung meist ausbleibt bzw. aufgrund während der Projektlaufzeit veränderter Rahmenbedingungen zu anderen Ergebnissen kommt, stellt es grundsätzlich eine zusätzliche Motivation dar, die Abschätzung der Effekte im Vorfeld mit der gebotenen Ernsthaftigkeit und Objektivität zu betreiben.

Konkret bedeutet dieser Ansatz, dass alle für die IT-relevanten Projektanträge, die der Kategorie II zuzuordnen sind, seitens des Antragstellers mit einer monetären Nutzenschätzung zu versehen sind. Zu differenzieren sind dabei direkte Effekte, denen unmittelbare monetäre Auswirkungen zugeordnet werden können, wie Materialeinsparungen oder die Vermeidung von Ausfallkosten, und indirekte Effekte, die nur über weitere Annahmen und bei Vorliegen bestimmter Voraussetzungen monetarisiert werden können. Ein Paradebeispiel dafür sind die mit der Einführung von Anwendungssystemen häufig genannten Arbeitseinsparungen, die i.d.R. nicht vollständig in monetäre Größen überführt werden können, da unklar bleibt, wie die eingesparte Zeit später tatsächlich investiert wird.[52]

Konsequent wäre die Bildung mindestens zweier Szenarien: eine Nutzenschätzung ohne die Einbeziehung solcher indirekten Effekte (realistisches Szenario) und eine Schätzung inklusive der bewerteten indirekten Effekte (optimistisches Szenario), um die mögliche Bandbreite des Projektes aufzuzeigen. Die Nutzenermittlung muss um eine Abschätzung der bei einer Realisierung erwarteten Kosten ergänzt werden. Dies geschieht sinnvollerweise durch den Auftragnehmer, d.h. in den hier betrachteten Fällen durch die interne IT-Abteilung (vgl. Tabelle 4.5). Neben den anfallenden Personalkosten für die Einführung und den laufenden Betrieb sind dazu u.a. auch Fremdleistungen und Kosten für Hard- und Software mit einzubeziehen.

Tabelle 4.5   Abschätzung monetärer Effekte

Fachbereich	IT-Bereich
Direkte Nutzeneffekte	Kosteneffekte

– Einsparung von Mitarbeitern
   – Materialeinsparungen
   – Vermeidung von Ausfallkosten
   – Vermeidung von Retouren
   – Vermeidung von Strafen
   – Vermeidung von Deckungs-
      beitragsausfällen
	– Mitarbeiterstunden
	   – Abschreibungen Soft-/Hardware
	   – Fremdleistungen
	   – Projektbedingter Aufwand
	   – …

Indirekte Nutzeneffekte	

– Zeiteinsparungen
   – Qualitätsverbesserungen
   – Steigerung der Kundenzufriedenheit	

---

[52] Vgl. Kesten, R./Müller, A./Schröder, H. (IT-Controlling 2007), S. 141ff.

Die Frage der zeitlichen Verteilung der Schätzwerte über den Lebenszyklus des IT-Vorhabens ist grundsätzlich davon abhängig, welche Methode der Investitionsrechnung bei der Aggregation der Werte genutzt wird und welche „Spitzenkennzahl" (Kapitalwert, durchschnittlicher Erfolg, interne Verzinsung etc.) für die Gesamtbeurteilung Verwendung finden soll.[53] Abgesehen davon, dass das Verfahren möglichst „schlank" gestaltet sein sollte und daher komplexe Wirtschaftlichkeitsberechnungen vermieden werden sollten, kommt es vor allem darauf an, ein einheitliches Verfahren für die Abschätzung der Effekte, deren Aggregation und die daraus abgeleitete Rangfolgebildung zu implementieren.

Ein „schlankes" Verfahren bedeutet in diesem Zusammenhang aber auch, dass das Formular bzw. das System für die Erfassung der geschätzten Effekte überschaubar bleibt, wenige, dafür aber verständliche Daten erfasst und Raum für kurze Begründungen der einzelnen Effekte bietet. Überladene Projektantragsformulare, die zudem durch „Controllerdeutsch" geprägt sind, wirken abschreckend und senken die Motivation, einen solchen Priorisierungsprozess mitzutragen.

Abbildung 4.4   Wirkungskette

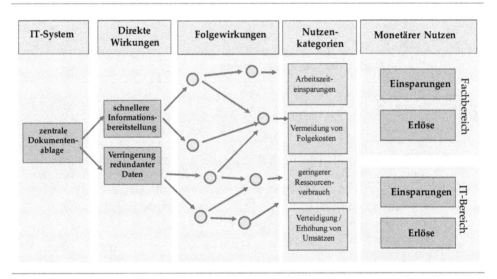

Gute Erfahrungen konnten in der Praxis mit grafischen Methoden gesammelt werden, die bei der Zusammenstellung der Nutzeffekte für ein IT-Projekt helfen.[54] Über die Modellierung von Wirkungsketten wird versucht, die oben angedeuteten „Was-wäre-wenn"-

---

[53] Vgl. dazu genauer bspw. Götze, U. (Investitionsrechnung 2008), S. 49ff.

[54] Vgl. Kesten, R./Schröder, H (Wirtschaftlichkeitsanalyse 2007), S.14ff.; Kesten, R./Schröder, H. (Wirtschaftlichkeitsprognose 2009), S. 7ff.; Schröder, H./Lüder, C./Wallauer, M. (Wirkungsketten 2009), S. 39ff.

Überlegungen zu visualisieren und als Diskussionsgrundlage für die Ermittlung der Kernwirkungen einer IT-Investition zu nutzen. Erfahrungsgemäß reicht ein einfaches Raster aus, das die direkten Wirkungen eines geplanten Vorhabens in Folgewirkungen überführt, die am Ende in monetären Effekten münden. Abbildung 4.4 zeigt den schematischen Aufbau einer solchen Wirkungskette.

Ausgehend von Kernfunktionalitäten einer geplanten IT-Anwendung werden Anfangswirkungen identifiziert, die unmittelbar aus dem Einsatz des Systems resultieren. Eine solche „direkte Wirkung", z.B. die schnellere Informationsbereitstellung bei der Einführung eines Kundeninformationssystems, löst Folgeeffekte aus, wie z.B. die Zeiteinsparung der Vertriebsmitarbeiter bei der Suche nach Informationen. Diese „Folgewirkungen" lassen sich weiterführen, bspw. wenn die Frage beantwortet wird, wie die eingesparte Zeit verwendet wird. So kann im gleichen Prozess möglicherweise eine Kundenanfrage schneller bearbeitet werden, was zu einer Steigerung der Kundenzufriedenheit und letztlich zu einer Umsatzsteigerung oder der Verteidigung bestehender Umsätze beitragen kann.[55] Denkbar ist auch, dass sich die Zeiteinsparung positiv auf andere Prozesse auswirkt, an denen der Mitarbeiter beteiligt ist. Beispielhaft sind Qualitätsverbesserungen zu nennen, die aufgrund einer sorgfältigeren Bearbeitung von Aufgaben entstehen. Auch wenn solche Nutzeffekte hinsichtlich ihres Eintretens und des Ausmaßes der Wirkungen spekulativen Charakter besitzen, sind entsprechende Modelle hilfreich, um ein umfassendes Bild über die vielschichtigen Effekte einer IT-Anwendung und Anhaltspunkte für deren Monetarisierung zu erhalten.

Bei der Analyse von Praxisbeispielen hat sich herausgestellt, dass unabhängig von der Art der IT-Investition stets wiederkehrende Nutzeffekte zu beobachten sind, die eine Clusterung in die folgenden Kategorien erlauben:[56]

- IT-Investitionen führen zu **Arbeitszeiteinsparungen**, die ggf. zu Kosteneinsparungen führen können, wenn bspw. Überstunden abgebaut oder Neueinstellungen von Mitarbeitern verhindert werden.

- IT-Investitionen können zur **Vermeidung von Folgekosten** beitragen, die entstehen würden, wenn mit der bestehenden IT-Unterstützung weitergearbeitet wird. Beispiele dafür sind Wartungs- oder Ausfallkosten.

- IT-Investitionen leisten einen Beitrag zur **Verringerung des Ressourcenverbrauches** bspw. in Form von Materialeinsparungen.

- IT-Investitionen führen zur **Verteidigung oder Erhöhung von Kundendeckungsbeiträgen** wenn die Wirkungen der IT-Systeme direkt auf die Kundenbindung oder die Gewinnung neuer Kunden abzielen.

---

[55] Vgl. Schröder, H./Lüder, C./Wallauer, M. (Wirkungsketten 2009), S. 39ff.

[56] Vgl. Kesten, R./Schröder, H. (Wirtschaftlichkeitsprognose 2009), S. 8f.

Eine solche Clusterung hilft, die vielfältigen potenziellen Wirkungen eines IT-Vorhabens zu systematisieren und sie letztlich in monetäre Größen zu überführen, die als Einsparungen oder Erlöse in den Fachbereichen oder im IT-Bereich zum Tragen kommen.

Der Kategorie „Einsparungen" sind echte Kostenreduzierungen, bspw. durch verringerten Ressourcenverbrauch, zuzuordnen, aber auch die Vermeidung von Zusatzkosten, die sich bei einer Nicht-Durchführung des geplanten Vorhabens ergeben würden. Ein Beispiel dafür sind Folgekosten von Qualitätsmängeln, die bei Beibehaltung des Ist-Zustandes zu erwarten wären, mit der Neueinführung eines Qualitätssicherungssystems jedoch vermieden werden könnten. Zur Kategorie „Erlöse" zählen Wirkungen mit unmittelbarem Kundenbezug. Dazu gehören erwartete Umsatzsteigerungen mit Bestandskunden, wie auch die durch ein IT-System begünstigte Neukundengewinnung. Wird auch hier ein vollständiger Vergleich der Alternativen „Fortführung des Ist-Zustands" versus „Einführung eines neuen IT-Systems" durchgeführt, sind auch erwartete Erlösminderungen durch Kundenabwanderungen bei Beibehaltung des Ist-Zustands als Erlöswirkungen einer IT-Investition zu werten.[57]

Es ist offensichtlich, dass die Unsicherheiten bei der Überführung der analysierten Wirkungen in monetäre Größen mit steigender Zahl der Kettenglieder immer größer werden, da im Prinzip bei jeder neuen Stufe Annahmen darüber getroffen werden müssen, wann eine Wirkung in welcher Höhe eintreten kann. In der praktischen Anwendung der Methode geht es daher auch nicht darum, exakte Werte zu prognostizieren, sondern vielmehr, einen Konsens zu finden, welche monetären Nutzeffekte bei geplanten Investition als realistisch einzuschätzen sind.

Verfehlt wäre auch der Anspruch „alle" potenziellen Wirkungen zu identifizieren und diese in eine Wertermittlung mit einzubeziehen. Angesichts der Tatsache, dass auch auf einzelne Fachbereiche bezogene Vorhaben häufig eine hohe Komplexität aufweisen und deren Nutzeffekte sehr vielschichtig sind, kann es nur darum gehen, die Kernwirkungen zu identifizieren, von denen die Wirtschaftlichkeit des Vorgehens am Ende abhängt.

Schlüssel zum Erfolg ist hier ein pragmatisches Vorgehen, das mit geringen Formalismen auskommt, gleichzeitig aber eine grundlegende Systematik vorgibt, um Projektanträge vergleichbar zu machen. Der vorgestellte Modellierungsansatz benötigt im Prinzip nur ein Visualisierungsmedium wie eine Metaplanwand oder ein einfaches IT-Werkzeug, mit dessen Hilfe das Wirkungsnetz entwickelt werden kann. Dies sollte idealerweise in Teamarbeit in dem Bereich erfolgen, der das IT-Vorhaben beantragt, um einerseits die Bandbreite möglicher Wirkungen gut erfassen zu können, andererseits aber auch innerhalb des Bereichs einen Konsens bezüglich der mit dem Vorhaben zu erreichenden Zielsetzungen zu entwickeln. Gute Erfahrungen wurden damit gemacht, Vertreter des IT-Bereichs in solche Workshops mit einzubeziehen und ihnen die Moderatorenrolle zu übertragen. Gerade bei einer Umstellung des Projektpriorisierungsprozesses in Richtung des hier vorge-

---

[57] Vgl. Schröder, H./Lüder, C./Wallauer, M. (Wirkungsketten 2009), S. 41

stellten Verfahrens kommt dem IT-Bereich eine zentrale Rolle zu, da hier meist fachbereichsübergreifendes Prozess-Know-how gebündelt ist und Auswirkungen von IT-Vorhaben dementsprechend auch übergreifend beurteilt werden können.

Die unmittelbare Einbeziehung des Kunden der IT in die Ermittlung des Wertes der geplanten IT-Projekte ist ganz im Sinne der in Kapitel 1 vorgestellten „Lean Prinzipien". Der Fachbereich bzw. der Prozessverantwortliche, der ein IT-Projekt benötigt, muss nachweisen, dass dieses IT-Projekt eine Kernursache für Probleme im Prozess oder in der Abteilung beseitigt. Wenn die Kernursache beseitigt ist, wird das Problem gelöst und so entsteht der Nutzen der Maßnahme. Die Wirkungskette ist somit der Nachweis, dass IT-Projekte zur Lösung relevanter Probleme notwendig sind. Dies führt automatisch dazu, dass der Wert der IT transparent wird und sich darüber auch die Rolle der IT vom Kostentreiber zum Werttreiber des Unternehmens wandeln kann.

4.4 Fallbeispiel zur Projektpriorisierung

Der IT-Bereich eines Konsumgüterherstellers ist mit ca. 90 Mitarbeitern als zentraler Dienstleister für die Zentralbereiche, Niederlassungen und Landesgesellschaften des Unternehmens tätig. Das Leistungsspektrum umfasst den IT-Betrieb, wobei klassische Rechenzentrumsleistungen an eine separate Gesellschaft ausgelagert sind, sowie die Durchführung von IT-Projekten, die von den Zentralbereichen, Niederlassungen und Landesgesellschaften initiiert werden. Ein Großteil der Leistungen der als Cost-Center geführten IT-Abteilung wird über Pauschalen abgerechnet, die jährlich mit den Kunden vereinbart werden. Darunter fallen regelmäßig auch Projekte, wie z.B. Anpassungen in bestehenden Applikationen aufgrund veränderter Kundenanforderungen.

Für die Priorisierung der Projektanforderungen der unterschiedlichen Kunden existierten in der Vergangenheit keine verbindlichen und transparenten Kriterien. Im Regelfall bestimmte der Einführungszeitpunkt (z.B. Fixtermine) die Reihenfolge, auf zusätzliche Wirtschaftlichkeitsanalysen wurde weitgehend verzichtet. Die Einlastung der Projekte erfolgte darauf aufbauend entsprechend der Kapazitätssituation im IT-Bereich. Dieses Vorgehen hatte zur Folge, dass für die Kunden der IT häufig nicht ersichtlich war, warum ein beantragtes Projekt nicht zeitnah umgesetzt werden konnte, sondern zu Lasten eines anderen („wichtigeren") Projektes verschoben wurde. Da es aufgrund der angespannten Kapazitätssituation im IT-Service (hohe Ressourcenbindung in einem unternehmensweiten SAP-Projekt), kurzfristiger Aufnahme neuer Projekte sowie ungeplanter Änderungen in laufenden Projekten regelmäßig zu solchen Verschiebungen kam, litt die Zufriedenheit der Kunden mit der IT. Da die entstehenden Kosten für die Projekte meist durch das Budget abgedeckt waren und somit für die Kunden „kostenlos" realisiert wurden, entstand naturgemäß eine sehr hohe Nachfrage. Somit stand die IT vor der Herausforderung, vor dem Beginn der Entwicklungsarbeiten eine Auswahl aus den beantragten Projekten zu treffen.

Um den Priorisierungsprozess zu strukturieren, wurde zunächst eine Neudefinition der Projektkategorien vorgenommen, die sich an der oben skizzierten Unterteilung orientiert. Abweichend zu dem vorgestellten Ansatz wurde bei Projektanträgen der Kategorie II noch differenziert, ob diese von Kunden der IT (Fachbereiche oder Ländergesellschaften) oder vom IT-Bereich selbst initiiert werden.

Projekte aller Kategorien konkurrieren um die IT-Kapazitäten. Für jede Planungsperiode wird eine Kontingentierung der IT-Ressourcen vorgenommen, indem fixe Prozentsätze für Projekte, Betrieb inkl. der hier als „Miniprojekte" bezeichneten Vorhaben der Kategorie III sowie für administrative Aufgaben vorgegeben werden. Damit soll insbesondere verhindert werden, dass die Projekte der Kategorie I die Kapazitäten der IT-Services komplett in Anspruch nehmen und andere Maßnahmen blockieren.

Projekte der Kategorie I werden durch ein zentrales Board (IT-Lenkungsausschuss) definiert. Die Rangfolgebildung erfolgt ebenfalls in diesem Gremium auf Basis einer Nutzwertanalyse, die bewusst auf zwei Kriterien beschränkt wurde. Zum einen wird beurteilt, wie zeitkritisch das jeweilige Vorhaben einzuschätzen ist, zum anderen wird die unternehmerische Bedeutung bewertet, die sich aus technologischen Zwängen, gesetzlichen Vorgaben und Strategiebeitrag zusammensetzt. Das einfache und für alle Beteiligten gut nachvollziehbare Regelwerk hält den Aufwand für die Projektpriorisierung gering und ist im Rahmen der regelmäßig stattfindenden Management-Tagungen gut umsetzbar.

Für die Projekte der Kategorie II wird konsequent auf eine Rangfolgeermittlung nach Wirtschaftlichkeitskriterien gesetzt. Dies stellt gegenüber dem bisherigen Vorgehen im Unternehmen eine erhebliche Veränderung dar und soll die Vergleichbarkeit der unterschiedlichen Vorhaben ermöglichen. Die Angaben zum wirtschaftlichen Nutzen der Projekte werden vom jeweiligen Antragsteller geliefert, die Rangfolge wird auf dieser Grundlage vom IT-Bereich erstellt. Kriterium für die Priorisierung ist dabei eine engpassorientierte Kennzahl: Der vom Antragsteller ermittelte Nutzen wird auf die für die Umsetzung des Projektes seitens IT-Services geschätzten Arbeitsstunden bezogen. Projekte mit einem hohen Nutzenbeitrag pro IT-Stunde werden dementsprechend mit höherer Priorität eingelastet, wobei die Kapazitätssituation der nach Aufgabenbereichen und Skills gebildeten IT-Teams berücksichtigt wird.

Zur Unterstützung der Nutzenschätzung in den Fachbereichen wurden einfache Templates entwickelt, die Kategorien für die unmittelbaren monetären Wirkungen sowie die nur über weitere Annahmen bewertbaren indirekten Effekte wie Qualitätsverbesserungen oder Steigerung der Kundenzufriedenheit vorsehen.

Für die Projekte der Kategorie III soll für Beantragung, Priorisierung und Durchführung ein minimaler administrativer Aufwand betrieben werden. Aus diesem Grund wird für Vorhaben dieser Kategorie konsequent auf dezentrale Entscheidungen gesetzt. Die Rangfolge ergibt sich aus dem Zeitstempel des Eingangs der Projektanfrage, die Einlastung erfolgt durch das jeweils zuständige IT-Team in Eigenverantwortung.

Als großer Vorteil gegenüber dem bisherigen Vorgehen wird die hohe Transparenz für alle Beteiligten angesehen. Die Rangfolgebildung wird intern publiziert, die einfache Kennzahl für die Priorisierung ist unmittelbar nachvollziehbar und erlaubt eine faire Behandlung jedes einzelnen Projektantrags. Der Zwang zur Nutzenabschätzung führt dazu, dass jeder Auftraggeber seine IT-Investitionen planerisch bewerten muss, was mittelfristig zu einer Reduktion betriebswirtschaftlich zweifelhafter Projekte führen dürfte. Als problematisch wird die Gefahr der „Überbewertung" einzelner Vorhaben durch die Antragsteller gesehen, die sich letztlich nur durch nachgelagerte Controlling-Maßnahmen verhindern ließe.

4.5 Ressourcenplanung und Levelling der Auslastung im IT-Bereich

Kernforderungen des Lean Development sind wie oben beschrieben das „Front Loading" und das „Levelling". Front Loading bewirkt, dass Projekte erst gestartet werden, wenn sichergestellt ist, dass die kritischen Anforderungen definiert sind und der Nutzen bewertet wurde. Durch das Levelling werden die notwendigen Ressourcen der IT unter Beachtung aller weiteren Projekte gleichmäßig hoch ausgelastet – in jedem Fall nie überlastet.

Übertragen auf IT-Projekte geht es um die richtige Dimensionierung des IT-Bereichs und um die Frage, welches Projektvolumen in einer Planungsperiode bei realistischer Einschätzung abgearbeitet werden kann. Zu vermeiden ist in jedem Fall ein Einlasten weiterer Projekte in die IT, wenn bereits klar ist, dass diese mangels ausreichender Kapazität nicht oder nicht in gewünschter Weise abgearbeitet werden können. Ein solches Vorgehen führt fast zwangsläufig zu einer Unzufriedenheit auf Kundenseite, da Erwartungen bezüglich des „Liefertermins" von IT-Lösungen oder deren Qualität nicht erfüllbar sind. Daneben dürfte sich in einem solchen Fall eine Überlastung und Bearbeitungsstau bei einzelnen Mitarbeitern oder Teams im IT-Bereich ergeben, die somit zum Engpass werden und auf diese Weise auch weitere Projekte verzögern, die bei einer besseren Vorplanung störungsfrei abgearbeitet worden wären.

Voraussetzung für einen Levelling Prozess ist eine im Vorfeld durchgeführte Projektbewertung und -priorisierung, wie sie im vorangegangenen Abschnitt erläutert wurde. Jedem Auftraggeber eines potenziellen Projektes muss klar sein, welchen Rang sein geplantes Vorhaben in der Liste der anstehenden Projekte einnimmt und wie diese Rangfolge zu begründen ist. Empfehlenswert ist daher die Einrichtung einer zentralen Instanz, die die Rangfolge der Projektanträge gemäß den vorgegebenen Regularien feststellt und diese dann unternehmensweit, bspw. über das Intranet, verfügbar macht. Diese Aufgabe kann vom IT-Bereich selbst wahrgenommen werden, wenn klar kommuniziert wird, dass nicht die IT-Verantwortlichen die Prioritäten vergeben, sondern die Rangfolge aus einem akzeptierten und verbindlichen Regelwerk abgeleitet wird.

Die Projektrangfolge sollte für ein überschaubares festgelegtes Zeitfenster (bspw. auf Quartals- oder Jahresbasis) aufgestellt werden und rollierend unter Einbeziehung neuer

Projekte angepasst werden. Das birgt zwar die Gefahr, dass einige Projektanträge immer wieder durch neue Vorhaben in der Prioritätenliste nach hinten gedrängt werden, letztlich ist es aber Aufgabe des jeweiligen Antragstellers, den betriebswirtschaftlichen Nutzen seines Vorhabens kritisch zu hinterfragen und das geplante Projekt neu zu überdenken.

Für die Einlastung der Projekte in den IT-Bereich muss die dortige Kapazitätssituation berücksichtigt werden. Ab einer gewissen Größe der IT-Organisation ist mit einer zunehmenden Spezialisierung der Mitarbeiter zu rechnen, so dass die Bildung von Pools an Mitarbeitern mit ähnlichen Kenntnissen und Fähigkeiten angebracht ist. Unterschiedliche Projekte erfordern typischerweise spezielle Skills, so dass die Frage des Ressourcenbedarfs und –angebots nicht pauschal für den gesamten IT-Bereich, sondern für jedes Team (z.B. Datenbankspezialisten, SAP-Spezialisten je Applikation, Java-Entwickler etc.) separat geklärt werden muss.

Eine gleichmäßige Auslastung sehr vieler spezialisierter Teams ist deutlich schwerer sicherzustellen als die einiger weniger universeller Bereiche. Lean Development fordert deshalb die Spezialisierung von Mitarbeitern und Abteilungen so weit als möglich zu reduzieren. Im Lean Management gilt die Aussage „breit ausgebildete, flexibel einsetzbare Mitarbeiter sind wertvoller als Spezialisten, die nur eine Tätigkeit beherrschen".

Je Team muss das Kapazitätsangebot für den festgelegten Planungszeitraum ermittelt werden. Es geht dabei nicht um exakte Größen, sondern um eine grobe Abschätzung, die eine Aussage darüber erlaubt, ob neue Projekte angenommen werden können oder nicht. Im Kapazitätsangebot ist zu berücksichtigen, dass ein bestimmter Prozentsatz der verfügbaren Stunden für die Unterstützung des laufenden Betriebs und die Umsetzung kleinerer Changes reserviert werden muss (vgl. Kapitel 5). Bewährt hat sich, wie in dem obigen Fallbeispiel beschrieben, eine Kontingentierung der IT-Kapazitäten gemäß der vorgenommenen Kategorisierung der Projekte.

Abbildung 4.5   Planbarkeit von Anforderungen

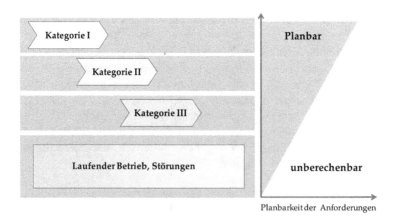

Planbare Aufgaben, wie bspw. ein länger laufendes Projekt, sollten nicht um die gleichen Ressourcen kämpfen müssen, wie unberechenbare Aufgaben im Sinne von Störungen des laufenden Betriebs, die im Regelfall schnell behoben werden müssen (vgl. Abbildung 4.5). Anderseits sollte der Fall vermieden werden, dass Projekte einer Kategorie, insbesondere die häufig als „A-Projekte" oder „Muss-Projekte" titulierten Vorhaben mit hoher strategischer Bedeutung, den gesamten IT-Bereich blockieren und die Umsetzung anderer Vorhaben nahezu unmöglich machen.

Die verbliebende freie Kapazität muss dann den Kapazitätsbedarfen der priorisierten Projekte gegenübergestellt werden. Dies erfordert eine grobe Abschätzung möglicher Realisierungsalternativen und des erwarteten Ressourcenbedarfs, differenziert nach den für die Planung gebildeten „Skillgruppen". Diese Aufgabe übernimmt der IT-Bereich. Idealerweise gibt es Applikationsverantwortliche, die für die in ihren Bereich fallenden Projektanträge diese Abschätzungen unter Einbeziehung der für die Umsetzung zuständigen Mitarbeiter vornehmen.

Die möglichen Ergebnisse eines Kapazitätsabgleichs sind in Abbildung 4.6 exemplarisch dargestellt. Die Projektpriorisierung gibt die Reihenfolge vor, in der die Kapazitätsbedarfe je Team abgeprüft und Ressourcen entsprechend reserviert werden. Ab einem bestimmten Projekt ist das Kapazitätsangebot eines oder mehrerer Teams erschöpft, so dass dieses Projekt nicht mehr angenommen werden kann. Denkbar ist, dass nachrangige Projekte dennoch zum Zuge kommen, da sie andere Ressourcen benötigen, die in dem Planungsszenario keinen Engpass darstellen.

Abbildung 4.6   Kapazitätsabgleich vor Projektfreigabe

Gesamtkapazität:	1000	2000	...
Für Changes etc.:	- 300	- 600	...
Freie Kapazität	700	1400	...

Gemäß Priorisierung ⬇   Nach Kapazitätsabgleich ⬇

Rang	Projekt	Um-setzung	Bedarf Team1	Bedarf Team 2	Bedarf ...	Kapazität Team1	Kapazität Team2	...
1	P7	☑	300	500	...	300	500	...
2	P9	☑	400	0		700	500	
3	P3	☑	50	0		750	500	
4	P4	☒	200	600		950	1100	
5	P10	☑	0	400		950	1500	
...	...							

Die so mit einer Ressourcenreservierung versehenen Projekte werden seitens des IT-Bereichs eingeplant und den Auftraggebern entsprechend zugesagt. Alle anderen Auftraggeber müssen darüber informiert werden, dass sie in der nächsten Planungsperiode bei der gegebenen Ressourcenausstattung in der IT nicht zum Zuge kommen. Dies lässt sich am einfachsten erreichen indem, wie oben beschrieben, das Projektranking inkl. des vorgenommenen Kapazitätsabgleichs in der gesamten Organisation veröffentlicht wird und von jedem Kunden der IT eingesehen werden kann. Erfolgskritisch ist dabei, dass das Verfahren für alle Projekte einer Kategorie angewendet wird und Ausnahmeregelungen vermieden werden. Dies bedeutet bspw., dass auch IT-interne Projekte, wie Investitionen in die Infrastruktur, monetär bewertet und priorisiert werden, da sie im Zweifel mit den Projektanträgen der Fachbereiche um die gleichen Ressourcen konkurrieren.

Konsequent angewendet führt dieser Ansatz zu einem „Management der Erwartungen" auf Kundenseite und vermeidet Unzufriedenheit durch nicht erfüllte Anforderungen. Zudem reduziert sich die Wahrscheinlichkeit von Engpässen im IT-Bereich.

Sollten aufgrund falscher Schätzungen Engpässe entstehen und zugesagte Termine gefährdet sein, muss es die Flexibilität in der IT zulassen, die Kapazität kurzfristig zu erhöhen, da sonst ständige Umplanungen und Dominoeffekte in der Terminüberschreitung zu erwarten sind. Letztlich stellt der Fokus auf den potenziellen Wert der Projekte für das Unternehmen auch einen guten Hebel dar, auf mangelhafte Ressourcenausstattung in der IT hinzuweisen und das Kapazitätsangebot durch Einbeziehung externer Unterstützung oder des Aufbaus von Personal zu erhöhen. Wenn eigentlich nutzenstiftende Projekte abgewiesen werden müssen, da sie bei den gegebenen Rahmenbedingungen nicht umsetzbar scheinen, dürften auch die Antragsteller ein berechtigtes Interesse an einer Aufstockung der Ressourcen im IT-Bereich haben.

Der Front Loading-Prozess definiert Anzahl und Umfang der von der IT abzuarbeitenden Projekte in einem überschaubaren Zeithorizont von ein bis drei Jahren mit quartalsweise rollierenden Anpassungen, für die es spezifische Regelungen geben muss. Insbesondere ist festzulegen, unter welchen Bedingungen bereits begonnene Projekte unterbrochen werden können, wenn kurzfristig neue Vorhaben mit einem höheren Wert eingebracht werden.

Der beschriebene Ablauf prüft lediglich gegen die Gesamtkapazität im IT-Bereich für den Planungszeitraum, ohne zu differenzieren, wie sich die Kapazitätsbedarfe auf einzelne Perioden verteilen. Eine zeitliche Reihenfolge der Projekte ist ebenfalls nicht Gegenstand dieser Grobplanung.

Innerhalb der IT erfolgt auf dieser Basis eine weitere Glättung der Kapazitätsnachfrage auf Quartale und Monate. Ziel ist es dabei, eine durchgehende, möglichst gleichmäßige Auslastung der Teams innerhalb der einzelnen Perioden des Planungszeitraums zu erreichen. Drohende Ressourcenengpässe sind in der Planung im Vorfeld zu identifizieren und aufzulösen, sich abzeichnende Unterauslastungen können von den Mitarbeitern dadurch kompensiert werden, dass die Abarbeitung von Changes in Eigenregie dezentral gesteigert wird. Die Abbildung 4.7 zeigt die Kapazitätssituation eines spezifischen Skill-Profils für die kommenden Jahre vor dem Hintergrund der geplanten Projekte.

Abbildung 4.7 Kapazitätsgebirge eines Skill-Profils im geplanten Projektportfolio

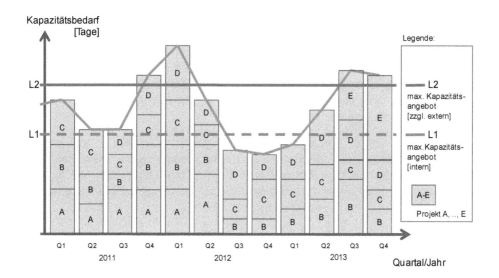

Nachdem die Projekte im Rahmen der Budgetplanung auf Basis der Prioritäten freigegeben wurden, müssen die Planungsdaten aktualisiert werden. Für die Projekte liegen mindestens Start- und Enddatum vor. Die Anzahl der erwarteten Leistungstage je Skill-Profil muss für das Gesamtprojekt geplant und angegeben werden. Eine Steuerung der IT nach Lean Gesichtspunkten wird dann möglich, wenn eine quartalsbezogene grobe Planung erstellt werden kann. Monatliche Planungsdaten weisen einen zu hohen Aufwand bei hoher Planungsunsicherheit auf und würden eine nachgelagerte Pull-Steuerung mit agilen Methoden überlagern.

Wesentliches Merkmal dieser Auswertung ist auch die für ein Lean Management typische Form der visuellen Darstellung. Es werden Projekt, Zeitraum, Kapazitätsbedarf und Limits visuell so aufbereitet, dass eine einfache Interpretation zur Steuerung möglich wird.

Ein weiteres zentrales Steuerungselement zum Ressourcen-Levelling ist auch, dass zwei Kapazitätsgrenzen bzgl. des Kapazitätsangebotes eingetragen sind. So stellt Level 1 das Maximum der internen Ressourcen dar. Für den zweiten Limit-Level werden die engen, festen und durch Rahmenverträge gebundenen externen Lieferanten einbezogen. So kann durch feste Lieferantenverträge oder Outsourcing-Modelle ein „Atmen" der IT in bestimmten Grenzen ermöglicht werden.

Kritisch werden diejenigen Situationen, in denen ein Überschreiten des Levels 2 sichtbar wird. In diesem Fall setzt das aktive Ressourcen-Levelling mit folgenden Planungsoptionen ein:

▪ Option 1: Zukauf weiterer teurer Ressourcen im Winter 2011/2012

▩ Option 2: Verlagerung von Projektaktivitäten aus dem Winter 2011/2012 in den Sommer 2011 oder den Winter 2012/2013

▩ Option 3: Streichung von Projekten zur Unterschreitung der Kapazität-Limits 2

Diese Optionen können nun mit Blick auf die Projektprioritäten und einzelne Projekte mit den Führungskräften besprochen werden. Für diese Planung sind nach wie vor grobe Planungsdaten in frühen Phasen der Projektplanung im Portfolio ausreichend. Es handelt sich nicht um tages- und mitarbeiterscharfe Einsatzplanungen in der operativen Projektarbeit. Durch die einfache visuelle Aufbereitung auf der Planungstafel wird das aktive und vorbeugende Steuern der Projekte möglich.

Das Levelling hat nicht die Aufgabe, Projekte grundsätzlich „abzulehnen". Vielmehr steht die Vorgabe von Ressourcen-Eckwerten in Bezug auf die angefragten Projekte und die zu liefernden Ergebnisse im Vordergrund. Denn für die nachgelagerte Anwendung agiler, Pull-orientierter Verfahren der Projektumsetzung ist es eine zwingende Voraussetzung, die Machbarkeit durch ein Ressourcen-Levelling über die Kompetenzprofile sicherzustellen.

Auch ist die IT mit dieser Darstellung kurzfristig aussagefähig, wenn neue Anfragen zur Projektdurchführung eintreffen. Einerseits wird transparent, zu welchen Zeiten freie Ressourcen zur Verfügung stehen. Andererseits zeigen die geplanten Projekte mit ihren Prioritäten auf, gegen welche geplanten Vorhaben ein neues Projekt „konkurrieren" würde. So bekommen die Kunden allein durch die Veröffentlichung der Kapazitätssituation die Chance der aktiven Selbststeuerung.

Das hier aufgezeigte Ressourcen-Management beschränkt sich auf eine grobe Planungsebene. Hierdurch wird den ausführenden Einheiten im Projektmanagement noch ausreichend Freiheit gelassen, um die operative Einsatzplanung im konkreten Projekt durchführen zu können. Die quartalsbezogenen Planungswerte des Ressourcen-Levelling stellen die Leitplanken für eine anschließende Selbststeuerung der Projektaktivitäten im Team dar. Eine gleichmäßige Belastung der Mitarbeiter und die Vermeidung von Engpässen sind unabdingbare Voraussetzungen für die Anwendung von schlanken Methoden in der Projektdurchführung, die im folgenden Kapitel 5 beschrieben werden.

4.6 Empfehlungen für das Portfolio-Management

Zusammenfassend können folgende Forderungen zur Optimierung des Portfolio-Management abgeleitet werden. Die Prüfung des Erfüllungsgrades dieser Forderungen zeigt auf, wie weit der Lean Reifegrad in diesem Bereich entwickelt ist.

Abbildung 4.8   Leitfragen zum Portfolio-Management

	Leitfragen je Prozess	Lean Prinzip	trifft nicht zu			trifft voll zu	
Portfolio Management			**1**	**2**	**3**	**4**	**5**
1	Portfolio Management wird als Instrument der Identifikation der für den Fachbereich wertsteigernden Projekte genutzt	Kundenorientiertes Denken					
2	PPM dient auch der aktiven Initiierung von Projekten durch das Aufzeigen von fehlenden Anforderungen der Kunden	Kundenorientiertes Denken					
3	Wir erkennen Projekte frühzeitig und erfassen diese in standardisierter Form	Null Fehler Ansatz					
4	Wir haben klar definierte Abläufe für strategische Projekte, IT-Projekte und Kleinprojekte/Changes	Kundenorientierte Prozesse					
5	Projektanfragen werden vom Kunden/Fachbereich nach objektiven Priorisierungskriterien bewertet	Verschwendung eliminieren					
6	Die Gesamtpriorität eines Projektes ist für alle nachvollziehbar und richtet sich nach den vom Management gewichteten zentralen Unternehmenszielen	Verschwendung eliminieren					
7	Unser Entscheidungsprozess stellt sicher, dass nur werttreibende und realisierbare (Budget und Kapazität) IT-Projekte begonnen werden	Verschwendung eliminieren					
8	Der Kunde steuert das Front-Loading durch Priorisierung und grobe Planungsdaten. Die IT zeigt die Konsequenzen in der Umsetzung auf und moderiert den PPM-Prozess	Kundenorientierte Prozesse					
9	Die Kapazitätsangebote je Skill-Profil der IT sind für das Ressourcen-Levelling bekannt	Kundenorientierte Prozesse					
10	Für die im Portfolio genehmigten Projekte liegen Eckwerte für die kommenden Quartale zur Bedarfsplanung je Skill-Profil vor	Kundenorientierte Prozesse					
11	Das Projekt-Portfolio liegt als visuelles Instrument allen Entscheidungsträgern vor	Visuelles Management					
12	Das Kapazitätsgebirge je Kompetenz-Profil ist allen Mitarbeitern bekannt und steht visuell zur Verfügung	Visuelles Management					
13	Wir nutzen aktiv die Glättung der Kapazitätsnachfrage, um Engpässe (Überlastung) zu vermeiden	Kundenorientierte Prozesse					
14	Die Rollen der am PPM beteiligten sind klar definiert und die Bewertungen erfolgen aus Unternehmenssicht im Team	Mitarbeiter und Team					

5   Lean Projects - Pull-gesteuerte IT

Die IT-Abteilung trägt mit den für die Fachabteilungen zur Verfügung gestellten IT-Services zu deren Erfolg bei. Durch Veränderungen im Markt und im Wettbewerb müssen sich die Geschäftsprozesse ständig an neue Gegebenheiten anpassen. Hieraus folgen neue Anforderungen an die IT-Services, die somit neu entwickelt oder verändert werden müssen. In der Praxis stellt die IT häufig einen Hemmschuh bei der Prozessoptimierung dar, da die Umsetzung von Projekten und kleineren Changes lange dauert und die Qualität und die Termintreue die Kundenerwartungen oft nicht erfüllen.

Projekte und Changes stehen in komplexen Wechselwirkungen und belasten die gleichen Ressourcen. Zur erfolgreichen Durchführung sind Steuerungsmethoden erforderlich, die es ermöglichen auf der Basis einer fundierten Grobplanung (vgl. Kapitel 4) die Erwartungen der Fachabteilungen zu erfüllen. Im Folgenden werden Steuerungsmethoden der „Lean Production" auf das Projekt- und Change Management übertragen.

5.1   Push- und Pull-Methoden in der Produktionssteuerung

Die industrielle Produktion steht seit jeher vor der Herausforderung, die Marktanforderungen unter Einsatz knapper und kostenintensiver Ressourcen optimal zu erfüllen. Sehr viele unabhängig arbeitende Ressourcen werden benötigt und es stellt eine große Herausforderung dar, sicherzustellen, dass jede Maschine und jeder Mitarbeiter so eingesetzt wird, dass einerseits die von den Kunden gewünschten Produkte erstellt und andererseits die Kosten zur Leistungserstellung minimiert werden.

Bis zum Durchbruch von Lean Production folgte die industrielle Produktion den aus den dramatischen Rationalisierungserfolgen von Henry Ford abgeleiteten Paradigmen:

- Eine kostenminimale Produktion ist nur dann möglich, wenn man standardisierte Produkte in großen Serien herstellt und kundenindividuelle Anforderungen von der Produktion fernhält.

- Zur Durchführung der Produktion gibt es einen definierten „One best way", der von spezialisierten Fachkräften geplant wird. Arbeiter führen die Tätigkeiten nach diesen Vorgaben durch. Die Arbeitsergebnisse werden wiederum von Spezialisten kontrolliert.

Die bei der Anpassung an Kundenwünsche entstehenden „Wechselkosten"[58] wurden als zentraler Kostentreiber angesehen und sollten durch große Lose und Lagerfertigung vermieden werden. Als weiteres Problem galten die Kosten nicht genutzter Kapazitäten in Folge schwankender Auslastung. Der Ansatz zur Kostenminimierung bestand folgerichtig darin, die Produktion „ungestört" von aktuellen Marktbedingungen kostenoptimiert arbeiten zu lassen. Die Produktion folgte einem im Vorfeld optimierten Produktionsplan durch den die zahlreichen Aktivitäten koordiniert wurden. Eine zentrale Steuerungsinstanz sorgte dafür, dass die Pläne bei auftretenden Störungen an die aktuelle Situation angepasst wurden. Diese als Push-Steuerung bezeichnete Philosophie wurde durch die ab den siebziger Jahren eingeführten IT-Systeme zur Produktionsplanung und –steuerung unterstützt.

Dieses Vorgehen, das scheinbar den besten Weg zur kostenminimalen Erfüllung der Kundenanforderungen darstellte, hat in der Praxis so gut wie nie funktioniert, da es regelmäßig zu hohen Beständen bei einigen Produkten und gleichzeitig zum Out of Stock bei anderen Produkten führte. Die Auslastung der Maschinen schwankte sehr stark und Stillstandszeiten waren eher die Regel als die Ausnahme. Mit zunehmender Variantenvielfalt und Individualisierung der Kundenwünsche verschärfte sich das Problem. Ohne das zugrundeliegende Steuerungsmodell zu hinterfragen, schien die Ursache des Problems in der falschen Umsetzung zu liegen. Wenn man die Planungsqualität verbessern und die vielen Störquellen bei der Produktionsdurchführung abstellen würde, müsste die pushgesteuerte Produktion (vgl. Abbildung 5.1) doch zu dem optimalen Ergebnis führen.[59]

Abbildung 5.1　　Push-gesteuerte Produktion mit zentraler Planung und Steuerung

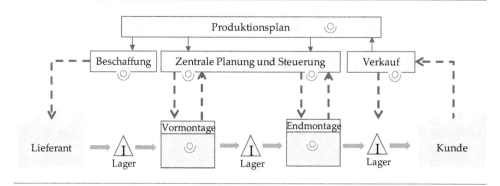

Letztlich ist diese Annahme aber realitätsfremd, da sich ein Produktionssystem nicht deterministisch verhält. Komplexe Produktionssysteme und die Kundenanforderungen entwickeln sich chaotisch, zufällig, unvorhersehbar. Eine zentrale Planung und Steuerung kann diese Systeme nicht beherrschen – stattdessen ist eine dezentrale Regelung mit kur-

---

[58] Vgl. Ellinger T. (Wechselproduktion 1971), S. 197 f.

[59] Vgl. hierzu zum Beispiel Wildemann, H. (Logistik 2009), S. 139 f.

zen Feedbackschleifen erforderlich. In der Produktion hat sich die Fertigungssteuerung mit Kanban als pull-orientierte Methode bewährt.[60]

Abbildung 5.2   Pull-gesteuerte Produktion mit dezentraler Regelung

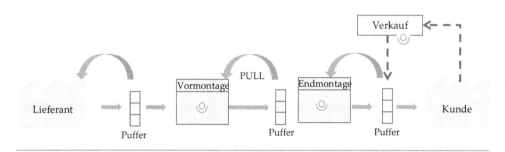

Die Kanban-Steuerung ist ein vom Kundenbedarf ausgelöster Regelkreis, der sich flexibel der aktuellen Bedarfssituation anpasst. Das System scheitert, wenn die nachgelagerten Prozesse den jeweiligen „Lieferanten" sehr ungleichmäßig mit Aufträgen versorgen. Deshalb ist es erforderlich, den Regelkreis iterativ an die aktuelle Nachfrage anzupassen. Im Rahmen der Planung werden die zukünftig benötigten Kapazitäten so dimensioniert, dass eine Über- oder auch Unterlastung der Produktionsbereiche vermieden wird. Um dies sicherzustellen, fokussiert sich das Kanban-System auf den Engpass und erfüllt somit wesentliche Forderungen der Engpasstheorie.[61] Während bei einer push-gesteuerten Produktion möglichst viele Bedarfsmengen für ein Produktionslos gesammelt werden, um wirtschaftlich zu produzieren, wird bei dem Pull-System ein großer Bedarf in mehrere kleine Aufträge geteilt, um die Produktion nicht zu verstopfen. Dies führt zu kurzen Durchlaufzeiten und einer hohen mittleren Auslastung auch wenn bei einzelnen Aufträgen Störungen auftreten.

Die falsche Grundannahme der Beherrschbarkeit und der Planbarkeit von Abläufen liegt auch den konventionellen Methoden des Projektmanagement zu Grunde. Nach exakter Spezifikation der Anforderungen wird ein zentraler Masterplan erstellt, der dann nur noch abzuarbeiten ist und schon ist das Projekt erfolgreich in Time, in Cost und in Scope abgeschlossen. Eine zentrale Projektsteuerung überwacht die Abarbeitung der geplanten Aufgaben und ändert den Plan bei auftretenden Störungen. Sollte das Projektziel ausnahmsweise nicht erreicht werden, wurden bestimmt die Anforderungen geändert oder aber ein Projektrisiko ist eingetreten. Projektleiter lernen deshalb, die Anforderungen vor Projektbeginn möglichst exakt zu spezifizieren und Änderungen während der Durchführung in jedem Fall zu vermeiden. Die Interaktion mit dem Anforderer bzw. Kunden erfolgt deshalb nur zum Projektstart und dann erst wieder bei der Übergabe des Projektergebnisses.

---

[60] Vgl. hierzu zum Beispiel Wildemann, H. (Logistik 2009), S. 149f.

[61] Vgl. Goldratt, E. (Ziel 2002)

Auch die zur Optimierung der Softwareentwicklung anerkannte und verbreitete Reifegradermittlung des Capability Maturity Model Integration CMMI[62] geht von den Annahmen aus, dass der Entwicklungsprozess in klar abgrenzbare Teilprozesse zu gliedern ist
und dass das Entwicklungsziel erreicht wird, wenn jede Phase detailliert, geplant und
überwacht wird.[63] Ein auf dieser Grundlage ermittelter Reifegrad bringt vor allem zum
Ausdruck, inwieweit bürokratische Mechanismen zur Planung, Steuerung und Überwachung etabliert sind. Es scheint fraglich, ob auf diese Weise den im Projektgeschäft fast
alltäglichen Veränderungen und Überraschungen sinnvoll begegnet werden kann.

Als Gegenentwurf zu den zentralen, push-orientierten Planungsansätzen favorisiert das
Lean Management pull-orientierte Methoden, die folgende wesentliche Merkmale aufweisen:[64]

▣ Eine kostenoptimale Produktion erfüllt die Kundenanforderungen genau dann, wenn
  sie entstehen (Demand Driven System).

▣ Zur Durchführung der Produktion muss täglich neu der beste Weg gesucht werden
  (kontinuierliche Verbesserung).

▣ Kunde und Lieferant legen im direkten Austausch fest, was benötigt wird.

▣ Die Planung dient der Dimensionierung von Systemen - Leveling.

▣ Entscheidungen werden so spät wie noch verantwortbar und auf der untersten möglichen Hierarchieeben von engagierten Mitarbeitern getroffen.

Bei einem Pull-System bestimmt der jeweils nachgelagerte Produktionsprozess, was ein
Produktionsbereich zu leisten hat. Der letzte Produktionsschritt bekommt seine Anforderungen direkt vom Kunden. Somit entsteht ein vom Kundenbedarf initiiertes Regelungs-
system, das sich autonom der aktuellen Situation anpasst. Die zentrale Steuerung entfällt.

Die für die Serienproduktion konzipierten Methoden der Pull-Steuerung wie etwa Kanban
setzen Rahmenbedingungen voraus, die in Projekten aufgrund ihres Einmaligkeitscharak-
ters nicht gegeben sind. Zudem scheinen die oben genannten Prinzipien insbesondere den
Gegebenheiten in der Softwareentwicklung grundlegend zu widersprechen. Die Aufnahme und Realisierung neuer Kundenanforderungen im laufenden Projekt, die letztlich aus
einem „Demand Driven"-Ansatz folgen würde, läuft den traditionellen Projektmanage-
mentansätzen offensichtlich entgegen. Dennoch lassen sich bei näherer Betrachtung die
oben genannten Prinzipien einer Pull-Steuerung grundsätzlich übertragen und sind in
moderne Ansätze des Software-Projektmanagement längst eingeflossen.

---

[62] Vgl. Software Engineering Institute (CMMI o.J.)

[63] Vgl. Poppendieck, M./Poppendieck, T. (Lean 2003), S. 98f.

[64] Vgl. hierzu zum Beispiel Wildemann, H. (Logistik 2009), S. 139f.

5.2 Agiles Projektmanagement mit Pull-Steuerung

In der Softwareentwicklung begann bereits Anfang der neunziger Jahre ein Umdenkprozess mit dem Ziel, durch radikal innovative Wege die hohe Misserfolgsquote bei der Durchführung von IT-Projekten zu reduzieren. Einige Softwareentwickler erkannten, dass das Scheitern vieler Projekte nicht an der falschen Umsetzung der etablierten Projektmanagementmethoden wie dem Rational Unified Process oder dem V-Modell, sondern an der grundsätzlichen Verwendung bürokratischer, auf strengen Phasenkonzepten basierender Vorgehensmodelle lag.

Die Prämissen der absoluten Vorhersehbarkeit und Beherrschbarkeit der Aufgaben sind im Umfeld der Software Entwicklung noch weniger gegeben als in der industriellen Produktion. Neue Anforderungen, sich verändernde Rahmenbedingungen oder unerwartete Probleme sind eher die Regel als die Ausnahme. Methoden, die auf falschen Prämissen aufbauen, führen zwangsläufig zu Misserfolgen und Fehlschlägen.

Mit dem „Agilen Manifest"[65] wurden 2001 Leitsätze formuliert, die ihren Niederschlag in Methodensets wie Scrum[66] und Extreme Programming[67] fanden. Die Betonung der aktiven Rolle des Kunden im Entwicklungsprozess, die Akzeptanz von Änderungen selbst in fortgeschrittenen Stadien des Projektes, die Fokussierung auf selbstorganisierende Teams oder die systematische Einbindung von Visualisierungstechniken zeigen den engen Bezug zu den Prinzipien des Lean Management. Kanban als Steuerungsmethode fand ebenfalls Eingang in die Methoden der Softwareentwicklung.[68] Für diese sogenannten agilen Methoden der Softwareentwicklung lässt sich daher der Begriff „Lean Software Development"[69]verwenden. Eine Übertragung von Lean Prinzipien auf Projekte im IT-Bereich führt letztlich zu folgenden Empfehlungen:

Fokus auf den Wert der IT-Anwendung

Zu Beginn eines Projektes formuliert der Kunde, d.h. der Auftraggeber des Projektes, die „Vision", die er mit der Anwendung verbindet und den Nutzen, den er erwartet. Es wird beschrieben, was als Projektergebnis erstellt werden soll und warum dies einen Wert für die Unternehmung darstellt. Wie dieses Ergebnis mit IT erreicht wird und welche IT-Funktionen nötig sind, ist in dieser Phase irrelevant. Oft beginnen IT-Projekte ohne klare Vision des Kunden. Latente Probleme werden vage formuliert und der Nutzen der Problemlösung wird nicht klar beschrieben. In Kapitel 2 wurde bereits erläutert, wie die Kundenanforderungen für ein Entwicklungsprojekt zu formulieren sind.

---

[65] Vgl. Beck, K. u.a. (Agile 2001)

[66] Vgl. Schwaber, K. (Agile 2004); Pichler, R. (Scrum 2008)

[67] Vgl. Beck, K./Andres, C. (Extreme 2004)

[68] Vgl. Anderson, D.J. (Kanban 2011)

[69] Vgl. Poppendieck, M./Poppendieck, T.(Lean 2003)

Integration des Kunden in das Projekt

Lean Projects integrieren den Kunden während der gesamten Projektlaufzeit in den Entwicklungsprozess. Statt den Kunden nach der Übergabe des Pflichtenheftes aus dem Projekt auszuschließen, wird er Teil des Teams. Bei der schlanken Entwicklung werden Entscheidungen so spät wie möglich getroffen, um jederzeit die Möglichkeit der flexiblen Anpassung zu haben. Zu Beginn jeder Projektphase wird so wenig wie möglich festgelegt. Durch permanente Rückkopplung mit dem Kunden werden die wirklich wichtigen Anforderungen identifiziert, die 80% des erwarteten Nutzens aber oft nur 20% des Entwicklungsaufwandes verursachen, der zur Erfüllung eines bereits im Vorfeld fest definierten Pflichtenheftes erforderlich wäre.

Projektänderungen sind ein zu erwartendes Ereignis

Die Anforderungen und auch die Lösungskonzepte werden im Projektverlauf sukzessive festgelegt. Der Entscheidungsraum verengt sich somit langsam von Phase zu Phase und wird nicht bereits zu Beginn im Pflichtenheft fixiert. Somit ist die flexible Reaktion auf neue Erkenntnisse möglich und der optimale Weg zur Erfüllung der Vision ergibt sich durch iterative Annäherung im Projektverlauf. Im klassischen Projektmanagement geht man davon aus, dass der optimale Weg vor dem ersten Schritt detailliert geplant werden kann. Im agilen Projekt werden nur mögliche Wege zum Ziel grob geplant und der Aufwand und die Realisierungsdauer grob abgeschätzt. Für das Projektteam lautet dann der Auftrag: „Realisiere mit den genehmigten Ressourcen bis zum geplanten Endtermin einen möglichst großen Nutzen".

Kleine Planungszyklen und permanente Iterationen - Pull-Prinzipien

„Pläne sind nutzlos, aber Planung ist unverzichtbar!"[70]

Statt zum Projektstart einen Gantt Plan für drei Jahre Laufzeit zu erstellen und diesen dann permanent anzupassen (Push-Prinzip), wird das Projekt nur grob in logische Phasen gegliedert, in denen definierte Funktionsumfänge bereitgestellt werden. Ein detaillierter Plan bezieht sich nur auf einen eng definierten Zeitraum (ein bis zwei Monate). Für diesen Zeitraum werden vom Kunden die zu erfüllenden Anforderungen fixiert und die Aufgaben werden von diesem Ergebnis aus abgeleitet (Demand Driven). Die Teammitglieder legen ihre einzelnen Aufgaben und die Abhängigkeiten fest. Der jeweils nachgelagerte Entwicklungsschritt macht dann Vorgaben für die „Lieferanten", was bis wann zu erledigen ist (Pull-Prinzip). Für jeden Tag des Planungszeitraumes steht somit fest, wer was zu liefern hat. Da keine Puffer eingeplant sind, würde eine Verzögerung bei einem Arbeitspaket zum

---

[70] Die Aussage wird Peter Drucker aber auch Dwight Eisenhower zugeschrieben und weist darauf hin, dass der konkret ausgearbeitete Plan insbesondere in komplexen Umfeldsituationen nutzlos ist, da die Handlungsweisen nur kurzfristig, situativ festgelegt werden können. Durch die Planung hat man ein lebensnotwendiges Set von Handlungsmöglichkeiten vorbereitet, deren Auswahl aber so spät wie möglich erfolgt.

Leerlauf beim nachfolgenden und zur Gefährdung der Zielerreichung zum Ende des Planungszeitraumes führen. Deshalb wird in täglichen kurzen Feedbackrunden geprüft, ob alle Termine gehalten werden können.

Diese Art des Projektmanagement kennen viele IT-Verantwortliche aus der Praxis und wissen, dass es eine hervorragende Möglichkeit darstellt, Projektziele in kurzer Zeit zu erreichen. Oftmals kommen solche Methoden aber erst am Ende eines langwierigen push-gesteuerten Projektes zum Einsatz: Wenn nach mehrjähriger Projektarbeit mit dem eigentlich ausgiebig getesteten System nach dem „Go Live" plötzlich keine Rechnungen erstellt werden können, werden intuitiv schlanke Methoden genutzt. Alle IT-Bereiche, die externen Berater, die Leiter und Anwender der Fachabteilung stimmen täglich die umzusetzenden Maßnahmen ab, priorisieren die Aufgaben und treffen sich zu einem kurzen Statusbericht. Plötzlich wird multifunktional, kommunikativ, schnell und höchst intensiv zusammengearbeitet. Bei Lean Projects arbeitet man von Beginn an auf diese Art und Weise!

Voll verantwortliche, multifunktionale Teams und Mitarbeiter

Mitarbeiter in schlanken Projekten sind nicht für die Durchführung von zugewiesenen Aufgaben sondern zur Lieferung definierter Leistungen (in Prince2 als „Produkte" bezeichnet[71]) verantwortlich. Für jede überschaubare Planungsphase legt das Team fest, welche Ergebnisse am Ende vorliegen. Wer kann am besten einschätzen, welcher Weg zum Ziel der Beste ist und wie lange es dauert, diese Wegstrecke zurückzulegen? Derjenige der sie schon oft gegangen ist und auch diesmal wieder gehen muss! Erfahrene Entwickler sind die besten Planer und sie übernehmen deshalb die Aufwandsabschätzung und sind dann für die zugesagten Ergebnisse voll verantwortlich. Jede Teilleistung wird von einem Verantwortlichen zum definierten Zeitpunkt in definierter Qualität fertiggestellt. Sollten Störungen auftreten, ändern die Mitarbeiter autonom den Weg zum Ziel und greifen auf Reservekapazitäten zu.

Die für das Projekt erforderlichen Mitarbeiter aus verschieden Abteilungen kommunizieren direkt und täglich. Das heißt, das Projekt wird dezentral geregelt und nicht zentral gesteuert.

Kooperation statt Konfrontation mit Implementierungspartnern

Traditionell werden externe Auftragnehmer im Rahmen von Softwareentwicklungsprojekten auf einen vordefinierten Anforderungskatalog verpflichtet und erhalten einen hart verhandelten Festpreis für die Umsetzung. Es ist ein verbreiteter Irrglaube, dass auf diese Art und Weise das Projektbudget eingehalten und das für den Kunden beste System entwickelt werden kann. Denn als Folge dieser Vertragsbeziehung entsteht ein Gegensatz der Interessen. Da der Lieferant kein Interesse daran hat, seine interne Kalkulation durch kostenlosen Ressourceneinsatz zu gefährden, münden zusätzliche oder im Vorfeld nicht klar definierte Anforderungen meist in kostenpflichtige Changes. Am Projektende wird dann

---

[71] Vgl. Hedeman, B./ Seegers R. (Prince2 2010), S. 28ff.

das Budget überschritten und die im Projektverlauf als nötig erkannten Änderungen sind trotzdem nur teilweise erfüllt. Der Misserfolg derartiger Projekte ist geradezu systemimmanent.

Im Lean Management werden externe Lieferanten vertrauensvoll in die Prozesse integriert und als Partner bei der Aufgabenerfüllung verpflichtet. Trotz der natürlichen Gegensätze in einer Kunden-Lieferanten-Beziehung ist eine Kooperation möglich, wenn die gemeinsamen Ziele der Partner in den Mittelpunkt gestellt werden. In der Softwareentwicklung ist es das gemeinsame Ziel, mit den verfügbaren Ressourcen einen optimalen Nutzen für das Unternehmen zu realisieren. Deshalb sollte das Budget für die externen Partner für einen definierten Zeitraum fixiert werden. Der Kunde muss die Möglichkeit haben, die Anforderungen flexibel anzupassen. Dies gelingt nur auf der Basis von Vertrauen und Offenheit auf beiden Seiten.

Built in Quality - do it right the first time

Gerade bei Software ist es schwierig festzulegen, wann diese „fertig" ist. Der Entwickler definiert dies mit dem Ende der Programmierung, der Tester mit Abschluss des Tests, der Infrastrukturbereich mit Bereitstellung der Hardware, die Dokumentation mit Ende der Unterlagenerstellung und der Configuration Manager mit Eintrag und Freigabe der Anwendung in die Configuration Database. Dabei ist es eigentlich einfach – aus Sicht des Kunden ist die Software fertig, wenn sie zur Erreichung des in der Vision definierten Nutzens eingesetzt werden kann. Dieser Test erfolgt im klassischen Wasserfallmodell nach dem „Integrationstest" als „Akzeptanztest" ganz am Ende des Entwicklungszyklus. Wenn in diesen Tests Fehler entdeckt werden und diese dann an den Entwickler kommuniziert werden, lässt sich daraus kaum etwas lernen, da aufgrund der langen Rückkopplungsdauer die dazugehörige Entwicklung kaum noch in Erinnerung ist.

Bei schlanken Projekten definiert der Kunde bzw. Auftraggeber am Ende jeder Iteration im Projekt, ob die vereinbarten Leistungen „fertig" erstellt sind oder nicht. Somit entstehen kurze Rückkopplungsschleifen und während der Projektlaufzeit entsteht eine Anwendung, die vom Kunden akzeptiert wird. Verschwendung in Form fehlender Funktionen, nicht performanter Anwendungen oder teurer Fehlerbeseitigung wird so vermieden.

Fokus auf kurze Projektlaufzeiten - nie länger als ein Jahr

Im Lean Management ist Geschwindigkeit ein Indikator für verschwendungsfreie Prozesse. Eine wesentliche Kenngröße zur Beurteilung der Prozesseffizienz ist der Anteil der Wertschöpfungszeit an der Durchlaufzeit (Flussgrad). Ein hoher Anteil zeigt, dass der Prozess wenige Unterbrechungen und Liegezeiten und nur wenige, kurze Rückkopplungsschleifen hat.

In der industriellen Produktion ist es eine anerkannte Erkenntnis, dass lange Durchlaufzeiten und die damit verbundenen hohen Bestände ein klares Indiz für schlecht abgestimmte Prozesse und ein hohes Maß an Verschwendung sind. In einem solchen Produktionssystem befinden sich zu viele Aufträge, die sich gegenseitig behindern. Die Hauptursache für die langen Durchlaufzeiten sind Liegezeiten im Produktionsablauf, die wiederum die Folge von Warteschlangen sind, die sich vor Engpassabteilungen bilden. Die Konzentration auf kurze Durchlaufzeiten und geringe Bestände führt somit zum Gesamtoptimum in der Produktion.

Auch im Projektmanagement können durch den Fokus auf die Projektlaufzeit die drei konfliktären Ziele Kosten, Termin und Scope (Qualität) optimal adressiert werden.[72] Ein schnell abgeschlossenes Projekt hat die höchste Chance die formulierten Anforderungen zu erfüllen, da diese noch aktuell sind. In einem kurzen Zeitraum können weniger Planabweichungen auftreten, so dass vorgegebene Termine eingehalten werden. Da bei einer kurzen Laufzeit die Konzentration auf das Projekt sehr hoch ist, werden auch die Bearbeitungszeiten einzelner Aufgaben und die damit verbundenen Kosten minimiert. Schnell abgeschlossene Projekte sind somit tendenziell eher erfolgreich.

Mit den folgenden Maßnahmen lässt sich dieses Ziel unterstützen:

- Splittung von komplexen Anforderungen in mehrere kleine Projekte statt Sammlung von Anforderungen zu großen Releases,

- Vermeidung von Engpässen durch Bereitstellung der erforderlichen Ressourcen,

- Überlappung der Entwicklungsphasen durch Prototyping und integrierte Tests,

- Bildung von voll verantwortlichen Teams, die in der Lage und berechtigt sind, eigenständig und ohne lange Genehmigungsschleifen Entscheidungen zu treffen und diese umzusetzen.

Um Projekte nach diesen Leitlinien zu gestalten, können erprobte Methodensets der agilen Softwareentwicklung wie Scrum oder extreme Programming eingesetzt werden. Wichtig ist, dass die Philosophie dieser Methoden gelebt wird und nicht lediglich Tools eingesetzt werden. In keinem Fall darf der Begriff „Lean" zu dem Trugschluss führen, dass die Projekte ohne Planung und Regeln vom Projektleiter intuitiv gestaltet werden. Wie im klassischen Projektmanagement gibt es Regeln, klare Verantwortlichkeiten, Planungsprozesse und zu erstellende Dokumente. Diese werden gegenüber herkömmlichen Vorgehensweisen angepasst, verändert und ausgetauscht, aber keinesfalls abgeschafft.

5.3 Anwendung der agilen Methoden im Change Management

Das Entwickeln komplexer neuer Anwendungen gehört zumeist nicht zum Tagesgeschäft einer Corporate IT. Agile Methoden, die in vielen Softwarehäusern und Beratungsfirmen längst Einzug gehalten haben, werden dort oft als nicht relevant eingestuft, da sie stets mit

---

[72] Vgl. Bell, S.C./Orzen, M.A. (Lean IT 2011), S. 206ff.

der Neuentwicklung von Software in Verbindung gebracht werden. Bei einer genaueren Betrachtung stellt sich schnell heraus, dass die Konzepte auch im Applikations- und Change Management, das einen nennenswerten Teil der Arbeitsbelastung in IT-Bereichen ausmacht, sehr gut eingesetzt werden können (vgl. Abschnitt 5.4).

In vielen IT-Abteilungen gibt es keine geregelten Prozesse für die Umsetzung kleiner Anpassungen an Softwaresystemen, die im vorangegangenen Kapitel 4 als „Kategorie III"-Vorhaben klassifiziert wurden. Solche Änderungen werden meist nach dem „Hey Joe-Prinzip" vom Anforderer der Änderung direkt einem Entwickler übergeben, der diese dann umsetzt, sobald er Zeit findet. Planung, Steuerung und Kontrolle finden nicht statt, was als konsequente Umsetzung von Lean Prinzipien gelten könnte.

Bei diesem Vorgehen entsteht jedoch erhebliche Verschwendung, wenn:

1. der Anforderer nicht gezwungen ist, nachzuweisen, dass die Anpassung einen wesentlichen Beitrag zur Lösung eines Problems im Fachbereich leistet, also den Aufwand für die Implementierung wirtschaftlich rechtfertigt,

2. die Anpassung negative Auswirkungen auf das Gesamtsystem und die Betriebssicherheit der IT hat,

3. durch die Maßnahme knappe Ressourcen belastet werden, die für andere Aufgaben benötigt werden und

4. die IT-Mitarbeiter durch ungeplante Unterbrechungen von wichtigen Aufgaben abgehalten werden.

Da diese Effekte häufig zu beobachten sind, gilt dieses schlanke Verfahren als unzeitgemäß und kostenintensiv.[73] Im Referenzmodell ITIL ist ein Change Management-Prozess definiert, bei dem diese direkte Kopplung zwischen Anforderer und dem Entwickler unterbunden wird. Nach ITIL stellt ein Change Advisory Board fest, ob Changes sinnvoll sind und wie deren Priorität zu beurteilen ist. Der Configuration Manager prüft die Auswirkungen in der Anwendungslandschaft und der Securitiy Manager bewertet die Risiken. Dann plant, steuert und kontrolliert ein zentrales Change Management die Umsetzung der Anforderung durch den Entwickler.

Während also bei dem „Hey Joe-Prinzip" nur zwei Personen im Prozess involviert sind, werden in diesem bürokratischen Verfahren mindestens sechs Rollen benötigt. Analysiert man den Wertstrom[74] eines so entstehenden Change Prozesses (vgl. Abbildung 5.3) stellt man fest, dass nur wenige Aktivitäten zur Wertschöpfung beitragen und die Durchlaufzeit viel zu lang ist. Während dieser Zeit sammeln sich viele Changes an, deren Verwaltung

---

[73] Vgl. Zeitler N. (Schmeißt Joe raus! 2010)

[74] Vgl. Rother, M./Shook J. (Sehen lernen 2004); Morgan, J. M./Liker J. K. (Development 2006) S. 311 ff.

zusätzlichen, nicht wertschöpfenden Aufwand nach sich zieht. In IT-Abteilungen findet man teilweise einen „Auftragsbestand an zu erledigenden Aufgaben" von mehreren Monaten bis Jahren. Ein solcher Prozess ist somit keinesfalls als „Lean" zu bezeichnen.

Abbildung 5.3   Wertstrom eines Change Prozesses

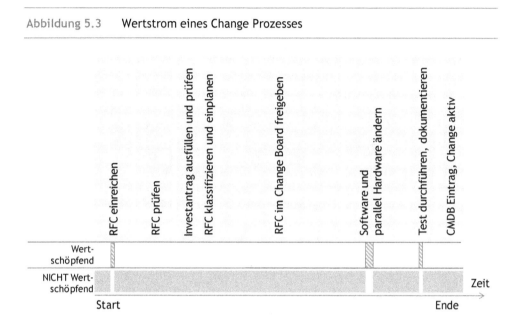

In einem schlanken Change Management-Prozess muss der Anforderer einer Anpassung die Verantwortung für die entstehenden Kosten übernehmen. In kurzer und prägnanter Form ist das zugrundeliegende Problem zu beschreiben und zu bewerten. Außerdem muss begründet werden, dass die IT-Anpassung dieses Problem löst. Dies muss der Anforderer nach erfolgter Umsetzung auch nachweisen können. Ein Change Board kann diese Aufgaben nicht übernehmen, da dessen Mitglieder das jeweilige Detailproblem im Regelfall nicht kennen und dementsprechend auch fachlich nicht beurteilen können.

Der Entwickler muss in die Lage versetzt werden, mit Hilfe von Checklisten die Auswirkungen der Änderung auf die IT-Landschaft und die Sicherheit im Normalfall (ca. 80% der Changes) selbst zu beurteilen. Sollte er weitere Spezialisten zur Aufgabenerfüllung benötigen, kümmert er sich selbst um deren Einsatz. Durch einfache Regeln (Endtermin, betroffener Prozess, Problembewertung) ergibt sich die Priorität eines Changes. Damit kann dezentral im IT-Bereich entschieden werden, welche Aufträge bei knappen Ressourcen Priorität haben.

Die Entwickler bzw. Mitarbeiter im Applikations-Management treffen sich regelmäßig und legen für einen definierten Zeitraum fest, welche Changes von wem zu bearbeiten sind und übernehmen gegenüber dem Anforderer die volle Verantwortung für die Umsetzung. Der Lean Prozess hat viele Merkmale des „Hey Joe-Prinzips", vermeidet aber durch klare

Regelung der Verantwortung und der Abläufe die mögliche Verschwendung. Dem bürokratischen ITIL-Prozess ist dies deutlich überlegen.

Da die Messung von Kennzahlen realer Change Management-Prozesse in der Praxis schwierig ist und sich ein praktischer Vergleich unterschiedlicher Prozessvarianten als sehr aufwändig gestaltet, wurde von den Autoren ein Planspiel entwickelt und mehrfach durchgeführt, das den beschriebenen Prozess simuliert und hinsichtlich der Potenziale schlanker Methoden ausgewertet wurde. Die zentrale Aufgabe bestand darin, auf Basis individueller Anforderungen (Requests for Change – RfC) mit einer Schablone vier bis sechs, im Mittelwert 5 Symbole in einer definierten Farbe auf zwei A4 Blätter zu malen. Die Anforderungen waren dabei sehr ähnlich aber nie gleich. Es wurde eine „IT-Abteilung" (vgl. Abbildung 5.4) mit vier isoliert voneinander arbeitenden Entwicklungsteams und einem Integrationstest definiert. Jedes Team hatte das Ziel, seine Teilaufgabe (ein oder zwei Symbole zeichnen) möglichst schnell zu erfüllen. Das zentrale Change Management musste Kundenanforderungen zu Releases bündeln, um die Häufigkeit der Eingriffe in das System zu reduzieren, und gab die Aufträge möglichst schnell an die Teams, um diese auszulasten. Das Requirement Management übernahm die „Requests for Change" vom Anforderer.

Abbildung 5.4   IT-Abteilung mit zentralem Change Management - Push-gesteuert

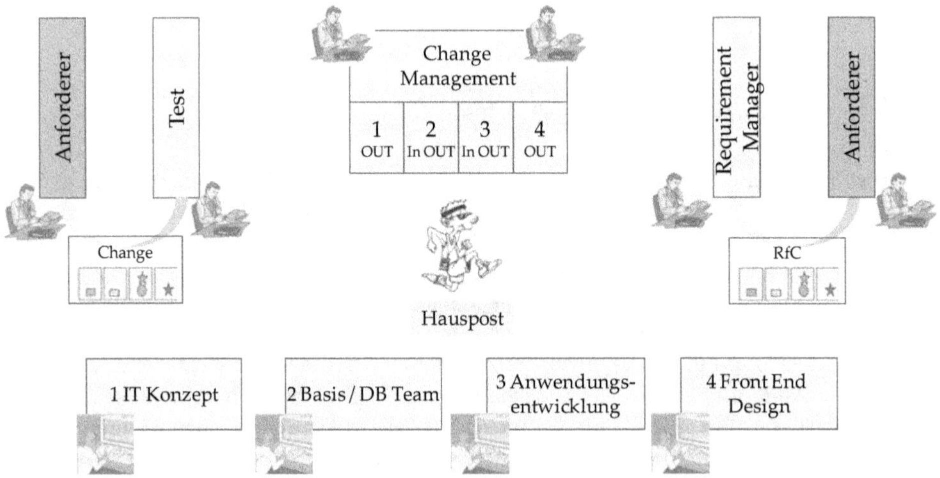

Obwohl auf die im ITIL-Framework vorgesehenen Rollen „Change Advisory Board" und „Security- und Configuration Management" verzichtet wurde, war die Performance des Prozesses in der Simulation sehr schlecht (vgl. Tabelle 5.1). Die mittlere Durchlaufzeit betrug 20 Minuten bei einer Wertschöpfungszeit (Zeitdauer um die fünf Symbole zu zeichnen) von nur 2,5 Minuten. Die Fehlerrate, die im Test erfasst wurde, betrug 39% und der Anforderer reklamierte dennoch 36% der übergebenen Leistungen. Die vier Entwicklungsteams benötigten acht Minuten je ausgeliefertem Auftrag, die Gesamtorganisation inklusive der beiden Change Manager, dem Test und dem Requirement Manager benötigte 16 Minuten zu bezahlender Arbeitszeit je Auftrag.

Nach der Reorganisation dieser Abteilung (vgl. Abbildung 5.5) gemäß den Prinzipien von Lean Projects, entfiel das Change Management, da sich die Teams selbst steuern. Der umfassende Abschlusstest war nicht mehr erforderlich, da jedes Team seine Leistungen nur dann weitergeben sollte, wenn diese zuvor geprüft wurden. Jeder abgeschlossene Change wurde vom letzten Team an den Anforderer übergeben, nachdem dort getestet wurde. Die Bündelung mehrerer Changes zu Releases wurde eingestellt, um die Durchlaufzeit nicht unnötig zu erhöhen und die Auslastung durch viele kleine Aufträge sicherzustellen. Um Engpässe zu vermeiden, wurde ein zusätzlicher „Entwickler" eingestellt, der von den Teams bei Bedarf angefordert werden konnte. Die Rolle des Requirement Managers wurde beibehalten, da sichergestellt werden musste, dass die Anforderungen für die Teams einheitlich, vollständig und für die IT-Experten verständlich formuliert wurden und letztlich eine Instanz auch den Überblick über alle Anforderungen hat. Die so definierte IT-Abteilung wurde auf diese Weise nach dem Pull-Prinzip direkt vom Kunden gesteuert.

Abbildung 5.5   schlanke IT Abteilung ohne Change Management - Pull-gesteuert

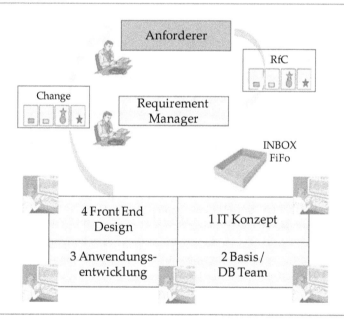

In der Simulation wurde nach einer Spieldauer von ca. 20 Minuten die Prozessleistung mit Kennzahlen gemessen (vgl. Tabelle 5.1.). Die mittlere Durchlaufzeit vom Eingang der Anforderung bis zur Auslieferung des Change betrug 8,5 Minuten. Obwohl ein Entwickler mehr eingesetzt wurde, konnte die Produktivität signifikant gesteigert werden.

Tabelle 5.1   Kennzahlen im Change Management - Push und Pull

Kennzahl	Berechnung	Ergebnis Push-Steuerung	Ergebnis Pull-Steuerung	Verbesserung in %
Produktivität der Entwickler (4 bzw. 5 MA)	Spieldauer * 4 MA / Anzahl gelieferter Aufträge	30*4/15 = 8 Min/Auftrag	20*5/20 = 5 Min/Auftrag	37%
Produktivität der Abteilung (8 bzw. 5 MA)	Spieldauer * 8 MA / Anzahl Aufträge	30*8/15 = 16 Min/Auftrag	20*6/20 = 6 Min/Auftrag	62%
Durchlaufzeit	Min. / Max. MW der DLZ von Eingang RfC bis Abnahme	Min. 15:00 Max. 25:30 MW 20:00	Min. 6:30 Max. 11:00 MW 8:30	57%
Work in Progress	Gezählte Aufträge in Bearbeitung bei Spielende	27 Aufträge in Arbeit	15 Aufträge in Arbeit	44%
Qualität	Ausschussquote Test Ausschussquote Kunde Gesamtausschuss	4/15=26% weit. 4/11= 36% 9/15 = 60 %	5/15 =33% 5/15 =33%	54%

Die Durchführung des Spiels zeigte eindrucksvoll die Überlegenheit pull-gesteuerter Prozesse gegenüber einer zentralen Steuerung. Alle gemessenen Prozesskennzahlen in den Dimensionen Zeit, Qualität und Kosten konnten in der Simulation bei Anwendung des Pull-Prinzips um mindestens 37% bis zu 62% verbessert werden. Das im folgenden Abschnitt dargestellte Praxisbeispiel verdeutlicht, dass die Anwendung schlanker Methoden im Applikations- und Change Management über die hier skizzierte Spielsituation hinaus machbar und ausgesprochen sinnvoll ist.

5.4   „Lean und Agil" - Die IT der Eppendorf AG[75]

5.4.1   Die Ausgangslage des IT-Bereichs

Die hochdynamische und komplexe Umfeldsituation schlägt mit besonderer Intensität auf die IT-Organisation durch. Der Grund hierfür ist, dass die Gesamtheit der IT-Systeme und die IT-Organisation das Nervenzentrum der Unternehmen darstellt. Dies bedeutet, dass die gesamte Dynamik und Komplexität ohne Dämpfung auf die IT einwirkt. Die IT-Organisation und jeder einzelne IT-Mitarbeiter stehen deshalb einem sich kontinuierlich änderndem Aufgabenspektrum gegenüber. Diese Situation ist für mittlere und kleine IT-Unternehmen besonders typisch und kommt häufig aus der persönlichen Sicht aller Beteiligter einem Chaos nahe.

Wird seitens des IT-Management nicht grundsätzlich und frühzeitig eingegriffen, entwickelt sich eine vormals leistungsfähige, „gesunde" IT unweigerlich in eine „kranke" IT, die weder ihre Ziele erreichen, noch ihre Kunden zufriedenstellen oder den Mitarbeitern der IT eine leistungsfördernde Arbeitsumgebung bieten kann. In der Vergangenheit wurden klassische Management- und Planungsprozesse innerhalb der IT etabliert, um dieser organisatorischen Schieflage zu begegnen. Beispiele hierfür sind:

- Einführung detaillierter „Microsoft Project" basierter Projektplanung,

- Etablierung ausgeklügelter formalisierter Prozesse des Service Management und des Help Desk-Betriebes,

- „wissenschaftlich" betriebenes, ausgefeiltes Requirements-Management,

- umfangreiches IT-Controlling und

- Einführung von Nachweissystemen zur Messung und Darstellung der „IT Value Proposition".

Auch bei Eppendorf wurde innerhalb des IT-Bereiches ausgiebig mit diesen Ansätzen experimentiert. Es wurde gehofft, die hochdynamische Situation der IT-Organisation damit besser zu managen.

Vor Umgestaltung der Eppendorf-IT in eine lean-agile Organisation führten die klassischen Formen der Projektplanung zu großen Frustrationen und hatten keinerlei Wert. So wurde bei der Planung einmal monatlich versucht, für eine Gruppe von ca. 25 Mitarbeitern, die auf vier Teams aufgeteilt waren, ca. 2.200 einzelne Aufgabenpakete über einen Zeitraum von 15 Monaten rollierend zu planen. Der Gesamtaufwand für diese Planung betrug in Summe ca. 25 Personen-Tage pro Planungslauf, da jedes Team nahezu einen ganzen Arbeitstag damit beschäftigt war, diese Planung anzupassen. Die Aktualität und

---

[75] Autor dieses Kapitel ist Michael Fehse, Vice President IT & BPM der Eppendorf AG, Informationen zum Unternehmen vgl. www.eppendorf.de

damit der Wert dieser Planung war aber gleich Null, da sich üblicherweise schon am Ende des betrachteten Planungstages eine Randbedingung geändert hatte. Einzel-Projektpläne zur Einführung von z. B. Standard-Software tendierten dazu, mehrere hundert Aktivitäten zu beinhalten und waren „haarfein ausbalancierte Gesamtkunstwerke". Auch hier war der Nutzen gering, da diese enorm aufwändigen Planungen in der Regel so gut wie nichts mit der eigentlichen Realität und Terminierung zu tun hatten.

5.4.2   Der Ausweg aus dem Chaos

Die unbefriedigende Wirkung der klassischen Managementansätze ist zu erwarten, da diese „konstruktivistischen" Methoden für eine im Kern nicht planbare und sich ständig ändernde Umfeldsituation nicht geeignet sind.[76] Ein komplexes und hochdynamisches Umfeld ist nur durch ein „komplex-adaptives" System beherrschbar, das dafür sorgt, dass sich eine Organisation gewissermaßen „fließend" und konstant sehr schnell an die sich laufend ändernden Umfeldparameter anpasst.[77] Diese Anpassungsprozesse dürfen dabei nicht völlig ungeordnet, sondern müssen beherrschbar und nach einem kontrollierten Muster ablaufen.

Die Zielsetzung hierbei war, nicht nur das Entwicklungsgeschäft der IT, sondern die IT insgesamt in eine hochflexible, das „Chaos überlebende" Organisation zu transformieren, was eine grundlegende Neuaufstellung der Gesamt-IT und aller in ihr ablaufenden Prozesse bedeutete. Ein praktikabler Ansatz zur Strukturierung dieser Organisation ist die Verknüpfung von folgenden Elementen aus dem „Lean" und dem „agilen" Umfeld:

- Timebox-Development

- iterativ-inkrementelle Solution-Delivery

- Travel Light Philosophie

- Continuous Solution Build Ansatz

Diese Überlegungen waren die Plattform für die Schaffung der Grundlagen des Organisationsprinzips der Eppendorf-IT. Diese Prinzipien greifen einen seit langem in der Logistik praktizierten Grundsatz der Planung auf:

> *„Plane nur das genau, was unmittelbar vor Dir liegt und je weiter Du in die Zukunft schaust, desto grober werde in Deiner Abschätzung"*

Üblicherweise werden die „agilen" Ansätze als ein Instrument im Rahmen der Softwareentwicklung betrachtet. Bei der Eppendorf-IT wurden alle Funktionen, inkl. der regulatorisch kontrollierten auf eine lean-agile Vorgehensweise umgestellt. Im Kern handelt es sich

---

[76] Vgl. hierzu Fehse, M. Theoretische Erklärung des Erfolges von Lean IT-Management auf Basis der Erkenntnisse des systemischen Management (in Vorbereitung)

[77] Vgl. Malik, F. (Komplexe Systeme 2008)

hierbei um eine fundamental neue Methode des IT-Management. Diese stellt eine neue Arbeits-, Kollaborations- und Führungsphilosophie dar, die alle Eigenschaften komplex-adaptiver Systeme aufweist.

Wie bei jedem Change-Prozess notwendig, war es aber auch bei Eppendorf nötig, die Herzen und Köpfe aller IT-Mitarbeiter für diese fundamentale Neuausrichtung zu gewinnen und jeden einzelnen IT'ler zu einem „überzeugten Anhänger" der lean-agilen Methode zu machen. Die dazu initiierten Überzeugungs- und Kommunikationsaktivitäten waren schon im ersten Ansatz sehr erfolgreich, weil den IT-Mitarbeitern sehr schnell klar wurde, dass der vom IT-Management vorgeschlagene Vorgehensansatz das Potential aufzeigte, den persönlichen Leidensdruck innerhalb kurzer Zeit zu beseitigen. Das Ergebnis dieses Prozesses des gemeinsamen Schaffens eines neuen Arbeitsansatzes wurde in Form einer „IT-Charta" festgehalten, in der die wesentlichen Grundaufgaben (= Mission-Statements) und die Leitlinien des Handelns der IT niedergelegt wurden.

Die drei wesentlichen Misson-Statements lauten:

1. Alle Ressourcen der IT konzentrieren sich auf die Verfügbarmachung von IT-Lösungen, die Eppendorf in die Lage versetzen, maximal effektiv und flexibel zu handeln.

2. Wir bringen (pro-)aktiv unser Know How und unsere Erfahrungen über Geschäftsprozess- und Geschäftsmodellierung in die kontinuierliche Weiterentwicklung der Wettbewerbsfähigkeit Eppendorfs ein.

3. Wir stehen nicht "neben dem Business", sondern bringen uns als echte Kollegen der Mitarbeiter der Fachabteilungen ein, um deren Wertbeitrag und den ihrer Fachfunktionen zum Unternehmenserfolg zu maximieren.

Zur Erreichung dieser Statements wurden die folgenden Handlungsmaximen festgelegt:

1. Konzentriere Dich stets, absolut und ausschließlich auf die Lieferung von Lösungen! Tue nur Dinge, die der Lösungsfindung dienen und frage Dich immer, ob das, was Du tust und was von Dir verlangt wird, der Lösungsgenerierung wirklich dient!

2. Denke bei der Entwicklung von Lösungen immer daran, dass Du die betrachtete Lösung in Zukunft auch weiterentwickeln musst!

3. Liefere immer Qualität und liefere sie immer beim ersten Mal!

4. Reise leicht, d.h. mache nur das, was wirklich notwendig ist und belaste Dich nicht mit Unnötigem!

5. Erkenne, was Dein Fachabteilungskollege wirklich benötigt und liefere dafür eine passende Lösung!

6. Die einfachste Lösung ist die beste Lösung!

7. Arbeite iterativ und scheue Dich nicht, Dinge auszuprobieren!

8. Betrachte Änderungen im Ablauf und/oder der Anforderungen nicht als Störung, sondern heiße sie willkommen, denn sie helfen Dir, Deine Lösung besser zu machen!

9. Aller Erfolg liegt in jedem einzelnen Mitarbeiter und in unserem gegenseitigen Vertrauen!

Solche Handlungsgrundsätze lesen sich auf dem Papier sehr schön. Aber sie zu implementieren und in einer Organisation nachhaltig zum Leben zu erwecken ist sehr schwierig. Es bedarf dazu engagierter Führungskräfte, die aktive Überzeugungsarbeit leisten und die die stetige Vermittlung und Verdeutlichung der Change-Ziele und –Inhalte leisten. Im Falle Eppendorfs waren die Mitarbeiter schnell überzeugt und heute hängt die IT-Charta bei vielen Mitarbeitern als Ausdruck ihrer Überzeugung an ihrem Arbeitsplatz. Als geradezu herausragendes Konzept hat sich der „Travel light"-Ansatz etabliert. Dieser unterstreicht eine klare Ausrichtung des Denkens und Handelns auf den Einsatz aller Ressourcen und damit auf die Erreichung maximaler Effektivität durch das ständige Hinterfragen, ob laufende und geplante Arbeitsschritte und Aktivitäten wirklich der Erreichung der Lösungsausbringung dienen. „Travel Light" konsequent praktiziert ist damit ein wesentlicher Hebel, „managerial effectiveness" auf die Ebene der Mitarbeiter auszudehnen.

5.4.3   Agiles Projekt- und Aktivitäts-Management (APAM)

Die Schaffung eines alle Mitarbeiter umfassenden lean-agilen Mindsets ging einher mit der Entwicklung und organisatorischen Verankerung eines neuen, lean-agilen Verfahrens zur Organisation der täglichen Arbeit. Dieser Ansatz des „Agilen Projekt- und Aktivitäts-Management (APAM)" basiert auf dem SCRUM-Ansatz, weitet diesen aber auf alle Aktivitäten innerhalb der IT aus. Die Aktivitäten in der IT werden im Rahmen des APAM-Ansatzes während des Planungsprozesses sukzessive verfeinert, auf die Zeitschiene gebracht und einzelnen Mitarbeitern zugeordnet. Bei Eppendorf werden folgende Detaillierungsgrade von Aktivitäten unterschieden:

- Issues (in den Abbildungen als Dreieck dargestellt) sind lediglich als Thema identifiziert und nur grob den Teams zugeordnet,

- Backlog-Items (in den Abbildungen als Rechteck dargestellt) sind strukturierte Arbeitspakete und

- Tasks sind exakt beschriebene und einem Mitarbeiter zugeordnete Tätigkeiten.

Dieser Zuordnungsprozess erfolgt dabei in zwei großen Schritten. Ganz grundsätzlich werden in Schritt 1 alle Anforderungen in dem IT-Service Management-System (IT-SMS) abgelegt und bilden den Issue Backlog (vgl. Abbildung 5.6). Schon während der Erfassung der Aktivitäten erfolgt die Zuordnung dieser Aktivitäten (=Issues) zu den einzelnen Arbeitsteams bzw. Abteilungen. Im Rahmen des APAM-Prozesses werden im Weiteren nur noch die planbaren Aktivitäten behandelt. Alle Incident-bezogenen Issues werden ausgekoppelt und über einen speziellen Incident-Prozess abgearbeitet. Auf Basis des Issue Backlogs laufen zwei parallele Prozesse. Einige Issues können direkt in Backlog-Items und

Tasks aufgefächert und Mitarbeitern zugeordnet werden. Andere Issues müssen zunächst durch das IT-Management beurteilt und weiter grob zerlegt werden. Anschließend werden diese Tasks in einer neuen Sortierung und Zusammensetzung wiederum in die Issue-Queues der Teams zurückgegeben. Die Zuordnung durch das Management Review geschieht einmal wöchentlich, während das „direct task and member assignement" kontinuierlich abläuft. Die vom IT-Management auf die einzelnen Teams verteilten Issues werden ebenfalls einmal wöchentlich als Teil der regelmäßigen Team-Sprint-Sitzungen auf einzelne Mitarbeiter verteilt. Das Ergebnis des hier beschriebenen ersten Generalschrittes des APAM-Verfahrens ist die Generierung sich kontinuierlich auffüllender und ändernder Team und Mitarbeiter Task Backlogs, die die Basis für die sich anschließende Feinplanung der jeweiligen Aufgaben bildet.

Abbildung 5.6   APAM Schritt 1 – Bildung des Task Backlogs je Mitarbeiter

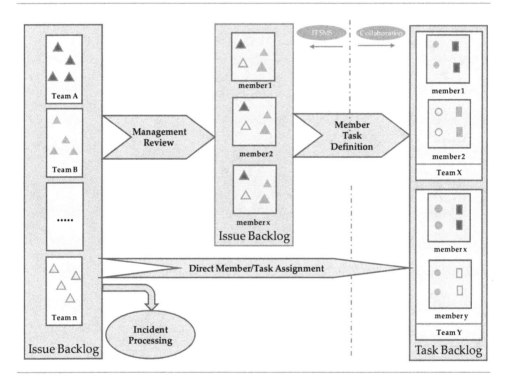

Der zweite Schritt des APAM-Verfahrens umfasst eine adaptierte Form der typischen SCRUM-Logik (vgl. Abbildung 5.7). Die Planung bei Eppendorf bezieht sich immer auf den aktuellen, den nächsten und den übernächsten Monat. Alles was über den Drei-Monats-Zeitraum hinausgeht, wird im Rahmen der operativen Arbeitsplanung außer Acht gelassen, d.h. im Sinne der Scrum-Philosophie umfasst das APAM-Verfahren drei Monats-Sprints. Im Rahmen der Team-Sprint-Sitzungen werden alle zwei Wochen die Task

Backlogs und der Arbeitsfortschritt des aktuellen Monats betrachtet. Wie beim klassischen SCRUM-Verfahren wird der aktuelle Sprint nur in absoluten Ausnahmefällen mit zusätzlichen Aufgabenpaketen gefüllt, d.h. ein „Snap In" von Tasks in den laufenden Sprint ist „verboten". Erlaubt ist nur die Herausnahme (= Snap Out) von Paketen und Zurückführung dieser Pakete in den Task Backlog, von wo aus sie neu eingeplant werden können. Wie bei SCRUM wird durch diese Methodik verhindert, dass der „geschützte" laufende Arbeitszyklus gestört wird. Dynamisch werden allerdings permanent die nächsten beiden Sprints des Monates „i+1" und "i+2" geplant, d.h. hier findet ein durchaus „munteres" Snap in und Snap out von Aktivitäten statt. Es wird dabei angestrebt, dass Sprint i+1 einer gewissen Stabilität unterliegt, während Sprint i+2 völlig dynamisch gehalten wird.

Abbildung 5.7   APAM Schritt 2 – „Snap in" und „Snap out"

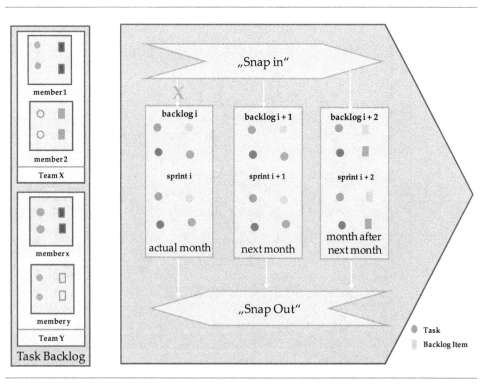

Zur erfolgreichen Umsetzung des APAM-Verfahrens waren folgende Randbedingungen zu beachten:

■ Damit das Verfahren vernünftig läuft, sollten die vorhandenen Mitarbeiterkapazitäten nicht zu 100 % verplant werden. Bei Eppendorf werden bewusst ca. 40 % der Mitarbeiterkapazität zur Abdeckung des Incident Management und weiterer ungeplanter Tätigkeiten frei gehalten, d.h. nur 60 % der Kapazitäten werden über APAM geplant.

■ Neben den reinen Aktivitäts-Issues werden auch alle Planungs- und Konzeptions-Issues gleichermaßen im APAM-Ansatz berücksichtigt.

■ APAM lastet Aktivitäten nur über einen Dreimonatszeitraum ein und lässt alles dahinter offen. Für „Langläufer" und das übliche Projektgeschäft wird durch das IT-Managementteam eine grobe Phasen- und Meilensteinplanung durchgeführt. Hierbei handelt es sich um eine sehr grobe, überwiegend auf Erfahrung fußende Abschätzung der Phasentermine. Während die Termine der APAM-Planung den Anfordernden fest zugesagt werden, sind die Phasenendtermine großer Projekte i.d.R. auf Quartale beschränkt und dienen nur der Orientierung. Den Anwendern ist bewusst, dass die Terminaussagen nicht verlässlich sind, haben aber über die Zeit gelernt, mit der Unsicherheit zu leben, zumal auch früher fest zugesagte Termine meist nicht eingehalten wurden. Kurzfristige Aktivitäten der Projekte gehen in die APAM-Planung ein, so dass die Endtermine bei Annäherung zum aktuellen Zeitpunkt immer stabiler werden.

5.4.4   Fazit und Erfahrungen

Die Umstellung der IT auf die agile Denk- und Arbeitsweise und die Einführung der APAM hat sich in den letzten Jahren erfolgreich etabliert, was im Wesentlichen daran liegt, dass die IT bei Eppendorf schon immer „irgendwie agil" gearbeitet hat. Iteratives, auf starkem Prototyping beruhendes Projekt- und Entwicklungsgeschäft, bei dem es signifikant auf die Eigenverantwortlichkeit von Teams und den Einzelnen ankommt, sowie die dauernde Anpassung des Aufgabenportfolios an sich ändernde Rahmenbedingungen kennen die Erfahrenen unter den IT'lern schon seit Jahrzehnten. Scrum als Methode ist im Prinzip nichts Neues und kein „Rocket Science". Einen entscheidenden Impuls für eine sprunghafte Verbesserung der Leistungsfähigkeit von Verfahren und/oder Organisation erreicht man aber erst, wenn solche implizit praktizierte Ansätze, die sich evolutionär „komplex-adaptiv" über die Zeit herausgebildet haben, „ans Licht gebracht", über sie intensiv und bewusst nachgedacht und sie in eine zielgerichtete und umfassende Systematik der Organisationsstrukturierung gebracht werden.

Die negativen Phänomene der klassischen Management-.Methoden wurden durch die Umstellung auf die lean-agile Arbeitsweise nahezu vollständig beseitigt. Der Gesamtfluss (Flow-Prinzip) des Arbeitsdurchsatzes hat sich dramatisch erhöht und die Qualität aller Terminaussagen – auch die der sehr groben Schätzungen – hat sich signifikant verbessert. Der Zielerfüllungsgrad der Projekte hinsichtlich Ergebnisse, Budget und Termin liegt stabil bei ca. 90 %. Das gilt auch für große Projekte, die auf mehrere Jahre angelegt sind. Die Kooperation mit den Fachbereichen hat sich weiter intensiviert und die Produktivität der IT-Organisation hat sich gegenüber dem vorherigen Zustand in etwa verdoppelt.

Wie ausgeführt, wird das APAM-Verfahren nicht nur für SW-Entwicklung, sondern auch für die Einführung von Standard-Software und für viele Infrastrukturaktivitäten – bis hin zur Planung des Rollouts von PC-Arbeitsplätzen u.dgl. – eingesetzt. Eine wesentliche Änderung hat sich auch bei der Integration externer Partner ergeben. Auch die Beratungen und SW-Häuser müssen nach dem agilen-lean-Ansatz des APAM-Verfahrens arbeiten.

Hier gab es am Anfang größere Bedenken, die aber inzwischen zerstreut sind, da sich gezeigt hat, dass das Verfahren auch im Management externer Partner dazu führt, die angestrebten Projektresultate „in scope, time und budget" zu erreichen.

In Summe zeigt damit dieses Fallbeispiel, dass das Optimierungspotential der auf der Theorie der komplex-adaptiven Systeme fundierenden lean-agilen Organisationsphilosophie auch praktisch umgesetzt werden kann und richtig implementiert zu einer erheblichen Effektivitäts- und Effizienzverbesserung der IT-Organisation führen kann.

5.5 Empfehlungen für das Projekt- und Change Management

Zusammenfassend können folgende Forderungen zur Optimierung des Projekt- und Change Management abgeleitet werden. Die Prüfung des Erfüllungsgrades dieser Forderungen zeigt auf, wie weit der Lean Reifegrad in diesem Bereich entwickelt ist.

Abbildung 5.8   Leitfragen für das Projekt- und Change Management

Leitfragen je Prozess	Lean Prinzip	trifft nicht zu			trifft voll zu	
Lean Projects		1	2	3	4	5
1 Die IT-Leitung setzt stärker auf die Kraft der Teams und dezentrale Verantwortung als auf zentrale Planung und Kontrolle	Mitarbeiter und Team					
2 Durch klar strukturierte Prozesse sind die Anforderungen klar definiert	Kundenorientierte Prozesse					
3 Die Überlastung der Ressourcen wird durch ein systematisches Front Loading vermieden	Verschwendung eliminieren					
4 Der Kunde eines Projektes / Changes hat eine aktive Rolle in allen Projektphasen. Er gibt regelmäßig Feedback zu dem Projektstand und setzt Prioritäten	Kundenorientiertes Denken					
5 Änderungen unkritischer Kundenanforderungen werden flexibel in die Projektarbeit integriert	Null Fehler Ansatz					
6 In kurzen Planungszyklen (ein bis zwei Monate) werden die Aufgaben iterativ geplant. Der weitere Projektablauf und die Inhalte sind flexibel änderbar	Kundenorientierte Prozesse					
7 Die Aufgaben eines Monates werden im Team ausgewählt und jede Aufgabe hat einen Verantwortlichen (Pull)	Mitarbeiter und Team					
8 Der Status der Realisierung der Aufgaben ist jederzeit transparent und wird mit einfachen Methoden ermittelt (Burn Down Chart)	Visuelles Management					
9 Bei Verzögerungen werden sofort Maßnahmen eingeleitet, um die übernommenen Aufgaben zu erfüllen	Null Fehler Ansatz					
10 Der Kunde und das Realisierungsteam arbeiten gemeinsam daran, mit den verfügbaren Ressourcen termingerecht ein optimales Ergebnis zu erzielen	Kundenorientiertes Denken					
11 Projekte werden mit einer Laufzeit von maximal 12 Monaten geplant – falls nötig wird eine Projektkette gebildet	Verschwendung eliminieren					
12 Projekte und Changes werden so klein wie möglich definiert, um Engpässe und Warteschlangen zu vermeiden. Projekte werden so schnell wie möglich beendet	Kundenorientierte Prozesse					
13 Die Entwicklungsphasen überlappen sich und werden auf möglichst wenige Abteilungen / Partner verteilt	Kundenorientierte Prozesse					
14 Tests sind in die Projektarbeit integriert und werden soweit möglich dezentral durchgeführt	Null Fehler Ansatz					
15 Die Dokumentation ist in die Projektarbeit integriert und wird soweit möglich dezentral durchgeführt	Verschwendung eliminieren					

6 Total Productive IT-Operations

Eine zentrale Aufgabe der Corporate IT besteht darin, die Einsatzfähigkeit der komplexen technischen Infrastruktur und IT-Anwendungen permanent sicherzustellen und die Leistungsfähigkeit zu erhalten. Mindestens ein Drittel bis zu 60% der IT-Ressourcen werden zur Aufrechterhaltung des Betriebs bestehender Anlagen aufgewendet. Zur Sicherstellung des Betriebes ist es erforderlich, Ausfälle durch vorbeugende Maßnahmen zu vermeiden und aufgetretene Störungen kurzfristig zu beseitigen. Diese Aufgaben im Bereich Service Operation entsprechen somit denen der „Instandhaltung" im Produktionsbereich.

Da IT-Systeme mittlerweile fast alle betrieblichen Funktionsbereiche durchdrungen haben und für die Geschäftsprozesse mit Kunden und Lieferanten unabdingbar sind, besteht in den meisten Unternehmen ein sehr hohes IT-Betriebsrisiko, das durch optimierte Instandhaltung beherrschbar gemacht werden muss. In der industriellen Produktion hat im Zuge von Lean Production auch in der Instandhaltung ein Umdenkprozess eingesetzt. Der Total Productive Maintenance (TPM)-Ansatz, der sich zum Standard in der Instandhaltungspraxis entwickelt hat, sorgt bei deutlich reduzierten Kosten der Instandhaltung für eine erhebliche Steigerung der Gesamtverfügbarkeit von Anlagen und strahlt nachweisbar auf die Effektivität der gesamten Produktion aus.[78] Dies führt zu der Fragestellung, inwieweit sich die Kernelemente des TPM-Ansatzes auf Problemstellungen des IT-Betriebs, der „Instandhaltungsaufgaben" im IT-Bereich, übertragen lassen.

6.1 Konzept von Total Productive Maintenance in der Produktion

Nach der Europäischen Norm 13306 ist Instandhaltung die Kombination aller Maßnahmen zur Erhaltung des funktionsfähigen Zustandes eines technischen Systems oder der Rückführung in diesen, so dass es die geforderte Funktion während des gesamten Lebenszyklus erfüllen kann. Die Instandhaltung hat somit folgende Ziele:[79]

1. die Anlage lange einsatzbereit zu halten, um den Abnutzungsvorrat möglichst vollständig auszuschöpfen,

2. die Verfügbarkeit und die Leistungsfähigkeit der Anlage hinsichtlich Qualität und Produktivität während der geplanten Nutzungszeit sicherzustellen,

3. auftretende Störungen schnell und kostengünstig zu beheben und

4. die Kosten zur Erreichung der ersten drei Ziele gering zu halten (Effizienz in der Instandhaltung).

---

[78] Vgl. Hartmann, E. H. (TPM 2007), S. 51ff.

[79] Vgl. Definition der Instandhaltung nach EN 13306 und z.B. Schenk M. (Instandhaltung 2010), S. 26ff.

Die Instandhaltung entwickelte sich im Verlauf der Industrialisierung von einer Nebentätigkeit der Maschinenbediener zu einem eigenständigen Organisationsbereich in den Unternehmen, der die technischen Systeme bereitstellt, die von der Fertigung genutzt werden. Die Maschinennutzung und die Instandhaltung wurden nach den Methoden Taylors vom Ablauf und der Verantwortung strikt getrennt. Die Maschinenbediener waren für die operative Nutzung der Anlagen verantwortlich, die Instandhaltung für deren Zustand.[80]

Durch das Prinzip „*I run – you fix*" entstand ein erhebliches Maß an Verschwendung. Die Fertigung konnte bei hohen Stillstandskosten oder verspäteter Lieferung der Instandhaltung die Schuld zuweisen, da Anlagen nicht verfügbar waren. Die Instandhaltung konnte bei zu hohen Kosten auf die Fertigung verweisen und den Bedienern fahrlässige Beschädigung der Maschinen vorwerfen. Um dies zu vermeiden, wurde nicht selten den Mitarbeitern jeglicher Eingriff in die Anlagen untersagt, die Maschinen wurden somit vor ihren Bedienern „geschützt".

> *Um die damit verbundene Verschwendung zu beschreiben gibt es folgendes Bonmot:*
> *Für eine Maschine benötigt man immer zwei Mitarbeiter und eine Zeitung. Wenn die Maschine ohne Störung läuft, arbeitet der Bediener und der Instandhalter liest die Zeitung. Nach Eintritt einer Störung liest der Bediener und der Instandhalter wird aktiv.*

Da Instandhaltungs- und Ausfallkosten nicht von der Fertigung zu verantworten waren, gab es auch keine Prioritätsvorgaben aus dem Fertigungsbereich, welche Maschinen eine hohe Verfügbarkeit und welche eine geringere benötigen. In der Instandhaltung wurde stattdessen das Ziel verfolgt, die technische Verfügbarkeit aller Anlagen auf einem möglichst hohen Niveau zu halten, was letztlich zu einem suboptimalen Ressourceneinsatz führte. Bei Problemen im Produktionsprozess, sinkender Produktqualiät oder zu langsamer Geschwindigkeit der Maschine blieb unklar, ob dies von der Instandhaltung oder der Fertigung zu verantworten war: Schuldzuweisung statt Problemlösung war die Folge.

Die Instandhaltung wurde an der technischen Verfügbarkeit der Anlagen gemessen und die Fertigung an der optimalen Anlagenutzung, was Zielkonflikte zwischen den Abteilungen bewirkte und in der Praxis zu einem gegeneinander statt miteinander arbeiten führte. Nicht selten waren keinerlei Maßnahmen möglich ohne Werksauftrag mit Unterschrift des Werksleiters, der vom Leiter der Instandhaltung genehmigt und vom zentralen Instandhaltungsplaner an einen Instandhalter weitergegeben wurde. Solche bürokratischen Strukturen finden sich teilweise auch in IT-Prozessen, wenn bspw. Störungsmeldungen der Anwender zunächst als Incidents verwaltet, dann erst über mehrstufige Supportstrukturen bearbeitet werden und jeder Eingriff des Anwenders in das IT-System konsequent unterbunden wird.

---

[80] Vgl. Iske, F. (30 Jahre 2009), S. 51ff.

In Japan wurde das Konzept des „Total Productive Maintenance" entwickelt, dessen wesentliches Merkmal darin besteht, die Trennung zwischen Instandhaltung und Fertigung aufzugeben und *alle* in einen gemeinsamen Prozess mit einem gemeinsamen Ziel, das mit einer einzigen Kennzahl gemessen wird, einzubinden.[81]

Im Gegensatz zur klassischen Instandhaltung werden bei TPM alle Mitarbeiter gemeinsam für die maximale Nutzung des Potenzials der Anlagen verantwortlich gemacht. Alle müssen zusammenarbeiten, um ungeplante Unterbrechungen und Qualitätsfehler zu vermeiden sowie eingeplante Ausfallzeiten zu verkürzen. TPM greift in mehrere Unternehmensbereiche ein und muss als ganzheitliches System angesehen und eingeführt werden.

Das Mensch-Maschine System wird im TPM daran gemessen, welcher Anteil der installierten Kapazität für die Produktion von qualitativ guten Teilen verwendet wurde. Die zentrale Kennzahl ist die OEE (Overall Equipment Effectiveness):[82]

$$OEE = \frac{Produktiv\ genutzte\ Zeit}{geplante\ Betriebszeit}$$

Auch zu berechnen als

$$OEE = Verfuegbarkeitsfaktor\ x\ Leistungsfaktor\ x\ Qualitaetsfaktor$$

$$Verfuegbarkeitsfaktor = \frac{geplante\ Betriebszeit - Ausfallzeit}{geplante\ Betriebszeit}$$

$$Leistungsfaktor = \frac{Ist-Leistung\ (Zeit\ je\ Stück)}{Soll-Leistung\ (Zeit\ je\ Stück)}$$

$$Qualitaetsfaktor = \frac{gefertigte\ Stück - Ausschuss - Nacharbeit}{gefertigte\ Stück}$$

Der Verfügbarkeitsfaktor wird durch ungeplante Störungen, Rüstzeiten und Auftragsmangel gemindert. Auf den Leistungsfaktor wirken sich insbesondere verlangsamte Bearbeitungszeiten aber auch die Störungen aus, und der Qualitätsfaktor wird durch die falsche Bedienung der Anlage oder defekte Werkzeuge beeinflusst.

Eine hohe OEE kann somit nur erreicht werden, wenn alle Verlustquellen, die in der Anlage, den Bedienern, den Instandhaltern, den Werkzeugen oder auch in den Messmitteln und der Organisation begründet sein können, abgestellt werden. Zur Optimierung der Instandhaltungsaufgaben wurden Best Practice Methoden entwickelt,[83] die sich in fünf Stufen strukturieren lassen und bei der Implementierung von TPM meist sequenziell abgearbeitet werden (vgl. Abbildung 6.1).

---

[81] Vgl. Nakajima, S. (TPM 1988), S. 9ff.

[82] Vgl z.B. Wilmott, P./ McCarthy D. (TPM 2001) S. 6

[83] Vgl. z.B. Hartmann, E. H. (TPM 2007); Wilmott, P./ McCarthy D. (TPM 2001) S. 62ff.

Abbildung 6.1   Stufen zur Total Productive Maintenance

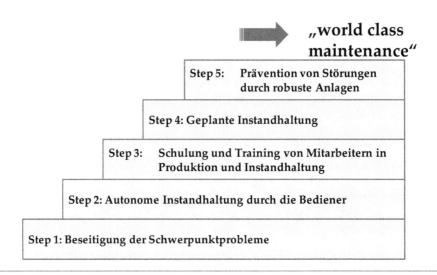

"world class maintenance"

Step 5:   Prävention von Störungen durch robuste Anlagen

Step 4: Geplante Instandhaltung

Step 3:   Schulung und Training von Mitarbeitern in Produktion und Instandhaltung

Step 2: Autonome Instandhaltung durch die Bediener

Step 1: Beseitigung der Schwerpunktprobleme

Step 1: Beseitigung von Schwerpunktproblemen

Step 1 hat sehr engen Bezug zum Prozess der „kontinuierlichen Verbesserung"[84], da hierbei alle Störungen und Unterbrechungen permanent erfasst und beseitigt werden sollen. Der Verbesserungszyklus beginnt mit einer klaren Analyse der Situation und der anschließenden Suche nach den Kernursachen (root causes) von Problemen. Im traditionellen Instandhaltungsprozess wurde abgewartet bis Fehler auftraten, und diese mussten dann schnell beseitigt werden. Zeit für umfangreiche Dokumentationen und Auswertungen stand i.d.R. nicht zur Verfügung. Der erste Schritt zu TPM ist dagegen die konsequente Dokumentation jeder Störung zum Zeitpunkt des Auftritts und zwar durch die jeweiligen Bediener der Anlage. Hierzu werden klar verständliche, standardisierte Formulare eingesetzt, mit denen jede Störung maximal 7 Verlustarten und 3 bis 5 Risikoklassen zugeordnet wird. Auf Basis dieser Dokumentationen können Schwerpunktfelder der Ausfallzeiten identifiziert werden, die in der ersten TPM-Phase bearbeitet werden.

Step 2: Autonome Instandhaltung durch die Bediener

In der traditionellen Rollenverteilung war der Bediener nur für das Einlegen der Teile und einfache Tätigkeiten an der Maschine verantwortlich. Einrichtearbeiten, Reinigung, Inspektion und Störungsbeseitigung waren Aufgabe von Spezialisten aus der Instandhaltung. Im Störungsfall informierte der Bediener die zuständige Stelle und wartete auf Weisungen seines Vorgesetzten.

---

[84] Vgl. hierzu Kapitel 7

Im TPM-Ansatz wandelt sich die Rolle des Nutzers der Anlage erheblich. Er übernimmt die Verantwortung für „seine" Maschine. Statt nur ein Minimum an Aufgaben zu erfüllen ist es ein zentrales Merkmal von TPM, dass der autonome Bediener möglichst alle Tätigkeiten an der Maschine ausführt. Hierzu gehören die Überwachung, Fehleranalyse und Fehlerbeseitigung ebenso wie die Reinigung, Inspektion und sogar Reparatur. Aufgabe der zentralen Instandhaltung ist es, durch vorbeugende Maßnahmen Störungen und somit Eingriffe des Bedieners zu vermeiden und Spezialwissen vorzuhalten, das fallweise von den Bedienern angefordert wird. Die Rolle der Instandhaltung besteht also in der Unterstützung der autonomen Bediener.

Dieser Schritt zur autonomen Instandhaltung wird als Schlüssel zum Erfolg angesehen, da sich hier ein komplettes Umdenken in der Rolle des Bedieners vollzieht. Die Maschine wird nicht weiter vor dem Bediener geschützt, sondern es wird alles getan, damit dieser „seine" Maschine voll betreuen kann. Dieses TPM-Prinzip lässt sich auf Grund fehlender Qualifikation oder Ressourcen wie Spezialwerkzeuge nicht bis zur vollständigen Autonomie umsetzen, liefert aber die Leitlinie bei der Gestaltung der Prozesse.

Als Zwischenschritt zum autonomen Bediener wird die autonome Abteilung angesehen. Hierbei werden den einzelnen Produktionsbereichen möglichst breit qualifizierte Instandhalter fest zugeordnet, die den Bedienern kurzfristig zur Hilfe kommen können. Deren Einsatz wird dezentral geregelt.

Für die Umsetzung einer autonomen Instandhaltung gelten die folgenden Voraussetzungen:[85]

1. Die Aufgaben des Mitarbeiters sind klar geregelt.

2. Die Aufgaben sind leicht verständlich beschrieben.

3. Die Aufgabenbeschreibung befindet sich im Zugriff des Mitarbeiters.

4. Die Bediener sind qualifiziert und wurden mit der Maschine vertraut gemacht.

5. Die Bediener fühlen sich verantwortlich für „ihre" Maschine.

6. Die Mitarbeiter halten die Regeln konsequent ein.

Step 3: Schulung und Training der Mitarbeiter

Step 2 wird mit dem Start von TPM nur in ersten Ansätzen umsetzbar sein, da die Mitarbeiter in der Fertigung noch nicht ausreichend qualifiziert sind. Es empfiehlt sich auf den bestehenden Qualifikationen aufzubauen. In Step 3 wird durch Training der Handlungsspielraum zur autonomen Instandhaltung permanent erweitert. Tabelle 6.1 verdeutlicht die veränderten Qualifikationsanforderungen durch TPM.

---

[85] Vgl. Regber H./Zimmermann, K. (Change 2007) S. 135ff.

Tabelle 6.1   Rollen und Qualifikationsanforderungen bei TPM

Rollen-verteilung	traditionell		TPM - Lean	
	Maschinen-bediener	Instand-halter	Maschinen-bediener	Instand-halter
Aufgabe	Teile einlegen, einfache Aufgaben	Reinigung, Inspektion, Wartung und Reparatur	Maschine nutzen, Reinigung und einfache Reparatur	IH Planung und Wartung
Rolle	Handlanger, Befehlsempfänger	„Eigentümer der Anlage"	„Eigentümer der Anlage"	Berater und Unterstützer des Anwenders
Verantwortung	Nur für seine Aufgaben, keine für die Anlage	Technische Verfügbarkeit sicherstellen	Optimale Nutzung der Anlage	Anwender bei der Nutzung der Anlage unterstützen
Zielvorgabe	Möglichst schnell arbeiten	Ausfälle schnell beseitigen, geringe Kosten der IH	Maximale Menge guter Teile herstellen, hohe OEE	Hohe OEE, wenige Ausfälle, schnelle Behebung
Störung wird wahrgenommen als	Pause	Start zur Störungsbeseitigung	Hindernis zur Zielerreichung	Versagen! Zielvorgabe nicht erreicht
Qualifikation	Gering	Sehr gut ausgebildet	Zertifizierter Bediener	Sehr gut ausgebildet

Step 4: geplante Instandhaltung

Die traditionelle Instandhaltung war von der Abwartestrategie gekennzeichnet. Erst wenn ein Ausfall an einer Anlage auftrat, wurden Maßnahmen als Feuerwehraktionen eingeleitet. Auf diesem Wege wurde zwar vermieden, Ressourcen für funktionsfähige Systeme zu verwenden und gegebenenfalls noch intakte Komponenten auszutauschen, als Folge traten jedoch viele ungeplante Störungen auf, die dann ad hoc zu beseitigen waren. Die Instandhaltung musste deshalb viele Ressourcen vorhalten, die ungleichmäßig ausgelastet waren. Im Ergebnis entstanden hohe Kosten bei schlechter Verfügbarkeit.

Durch geplante Instandhaltung können Störungen der Produktion vermieden und die Ressourcen gleichmäßiger ausgelastet werden. Bei einer geplanten Wartung kann die Anlage zwar ebenso nicht genutzt werden wie bei einer ungeplanten Störung, aber die Folgewirkung ist signifikant kostengünstiger. Die geplante Wartung vermeidet Unterbrechungskosten in der Produktion, Kosten zur Umplanung von Aufträgen oder für Sonderschichten.[86]

Um die Wartungsintervalle und sinnvolle Wartungszeitpunkte festzulegen, müssen sehr gute Daten über den Zustand und die Ausfallhistorie einer Anlage vorliegen. Daher wird die geplante Instandhaltung durch häufige Inspektionen oder permanentes Monitoring unterstützt. Durch die Ermittlung des aktuellen Zustandes der Anlage können wirtschaftlich sinnvolle, vorbeugende Maßnahmen festgelegt werden. Die Wartungsplanung erfolgt unter Nutzung unterstützender IT-Anwendungen, die die zu jeder Anlage erhobenen Daten verwalten, und wird von der zentralen Instandhaltung übernommen. Die hierzu erforderliche Zeit lässt sich durch die Verlagerung einfacher Tätigkeiten auf die Mitarbeiter (Step 2) sowie die Vermeidung der sonst üblichen Feuerwehraktionen gewinnen.

Step 5: Störungsprävention bereits bei der Planung der Anlage

Die Maßnahmen im finalen Step 5 zielen darauf ab, schon bei der Auswahl oder Entwicklung von Anlagen auf die zu erwartenden Instandhaltungsaufgaben zu achten.[87] Die Anlagen müssen wartungsfreundlich sein, zudem sollten Wartungspläne auf der Basis von Anwendererfahrungen vorliegen.

Ein Beispiel für wartungsfreundliche Anlagen sind Kopiersysteme oder Multifunktionsdrucker. Aus der Historie sind die häufigsten Störungsursachen (Papierstau, Farbpatrone leer, Papierfach leer etc.) bekannt. Für diese Störungen sind Reparaturmaßnahmen geplant und das Gerät ist so gestaltet, dass jeder Bediener die Maßnahmen durchführen kann. Durch die Menüführung, klare Beschriftungen, Farbcodierung und Poka Joke[88]-Komponenten ist es weitgehend unmöglich, diese „Reparaturen" falsch durchzuführen. Das Gerät ist nicht für alle Störungsursachen auf autonome Instandhaltung durch den Anwender optimiert. Instandhaltungsaufgaben, die komplexe Einstellungsarbeiten und technisches Wissen erfordern, werden möglichst als geplante Instandhaltung vor einer zu erwartenden Störung von Spezialisten durchgeführt.

Um Step 5 zu erreichen, müssen entweder viele Erfahrungen mit TPM gesammelt worden sein, die den Planern und Entwicklern für ihre Entscheidungen zur Verfügung stehen oder man wählt den Weg der Integration des Erfahrungswissens der Bediener in den Planungsprozess. Dazu erfolgt in jeder Planungsphase eine systematisierte Rückkopplung mit den

---

86 vgl. Hartmann, E. H. (TPM 2007) S. 99ff.

87 vgl. Al-Radhi, M./Heuer J. (TPM 1995) S. 120ff.

88 Poka Joke Komponenten dienen dazu, unbeabsichtigte Fehler unmöglich zu machen. Das Kopiergerät schaltet aus, wenn man eine Klappe öffnet, so kann man das Ausschalten nicht vergessen.

Bedienern auf Grundlage von Unterlagen und Prototypen, die auf diese Zielgruppe ausgerichtet sind. Ein Instrument zur „Simulation" von Bedienung und Reparatur während der
Konzeptionsphase ist zum Beispiel das „Cardboard Engineering", bei dem Produktionsanlagen als einfaches Pappmodell aufgebaut werden anstatt es in einer virtuellen Realität
oder im 3D-Modell zu analysieren.[89]

An dieser Stelle schließt sich der Kreis von der einfachen Instandhaltung zur ganzheitlichen Entwicklung im Sinne des Product Lifecycle-Ansatzes. Erkenntnisse aus der Nutzungsphase sollen systematisch bei der Neuentwicklung genutzt werden. Dies ist nur
möglich, wenn die Entwicklungsteams mit den Anwendern in multifunktionalen Teams
zusammenarbeiten.

6.2   Übertragung des TPM-Ansatzes auf den IT-Betrieb

Da die zentrale Aufgabenstellung im IT-Betrieb ebenso wie in der Instandhaltung darin
besteht, den funktionsfähigen Zustand eines technischen Systems zu erhalten oder nach
einer Störung wiederherzustellen, liegt es nahe, bewährte Best Practices zu übertragen. Der
Vergleich der Aufgaben (vgl. Abbildung 6.2) zeigt jedoch einige signifikante Unterschiede
in den Rahmenbedingungen der IT und der Produktion, so dass Anpassungen bewährter
Instandhaltungsprozesse bei einer Übertragung auf den IT-Betrieb unabdingbar sind.

Abbildung 6.2   Vergleich der Aufgaben im IT-Betrieb und der Instandhaltung

■ Instandhaltung

- 1 zu 1 Beziehung von Anlage und
  Bediener – „meine Anlage"
- 1 zu 1 Beziehung von Anlage und
  Prozess sowie Output
- Oft hohe Investitionen für kritische
  Anlagen –
  Redundanz ist nicht finanzierbar
- Wenige bekannte Engpassanlagen
- Ausfallrisiko gut abschätzbar – lokale
  Auswirkung auf Output
- Meist hohe Folgekosten einer Störung
  - Produktionsausfall
- Vielfältige Instandhaltungsaufgaben
  vom einfachen Reinigen bis zur
  komplexen Überholung
- Planbare Wartung und nicht planbare
  Störungsbeseitigung fallen an

■ IT-Betrieb

- n zu m Beziehung von Anlage und
  Bediener – „deren Server"
- n zu m Beziehung von Anlage und
  Prozess sowie Output
- Meist geringe Investitionen für
  kritische Anlagen –
  Redundanz ist finanzierbar
- Viele unbekannte Engpassanlagen
- Ausfallrisiko schwer abschätzbar –
  komplexe Wirkungskette
- Sehr unterschiedliche Folgekosten
  einer Störung – meist gering
- Vielfältige Instandhaltungsaufgaben
  vom einfachen Reinigen bis zum
  komplexen Change
- Planbare Wartung und nicht planbare
  Störungsbeseitigung fallen an

---

[89] Vgl. Black, J. (Lean 2008), S. 35ff.

Eine Besonderheit in der IT besteht darin, dass nur ein sehr kleiner Teil des technischen Systems als Arbeitsplatz und Benutzeroberfläche für den Anwender sichtbar und individuell zuordenbar ist. Bei Produktionsanlagen besteht eine deutlich engere Beziehung zwischen Technik und Mensch („meine Anlage"), was eine autonome Instandhaltung erheblich erleichtert. Die Anforderung an die Ausfallsicherheit kann in der IT oftmals durch redundante Systeme gewährleistet werden, da die Anschaffungskosten der dafür benötigten Komponenten vergleichsweise gering sind. Ein Ausfall verursacht dann nur geringe Folgekosten. In der industriellen Produktion ist der Aufbau kompletter Backup Fertigungslinien mit teuren Spezialmaschinen meist nicht möglich, so dass eine vorbeugende Instandhaltung unverzichtbar ist. Fehler eines Anwenders können schnell das gesamte, hoch integrierte IT-System gefährden, und deshalb sind durch das Risk Management und die Governance Vorgaben Eingriffe der Anwender häufig untersagt. Daneben bestehen aber auch Gemeinsamkeiten zwischen dem TPM-Ansatz und Best Practice-Empfehlungen zur Gestaltung des IT-Betriebs, wie sie bspw. im Service Support nach ITIL formuliert sind, so dass es trotz der genannten Unterschiede möglich ist, einige zentrale Erkenntnisse zu übertragen. Folgende Handlungsempfehlungen zur Gestaltung eines schlanken IT-Betriebes lassen sich aus dem TPM-Konzept ableiten:

Step 1: Identifikation und Beseitigung von Schwerpunktproblemen

Im TPM-Konzept werden alle wesentlichen Verluste, die die Effektivität der Maschinennutzung mindern, identifiziert und jede Störung wird konsequent in einem Verlustprotokoll erfasst. Übertragen auf die IT würde dies bedeuten, dass Anwender unmittelbar alle merkbaren Störungen aufnehmen und festhalten. Dabei sollte es nicht nur um die Systemausfälle gehen, die üblicherweise als Incidents an den IT-Support gemeldet werden, sondern auch um kleinere Verzögerungen in den Antwortzeiten und andere wahrgenommene Behinderungen eines ordnungsgemäßen Betriebs. Tabelle 6.2 zeigt exemplarisch ein Formular zur Auswertung derartiger Verluste am Arbeitsplatz.

Ein solches Verlustprotokoll liefert die Datenbasis für die Ermittlung von Schwerpunktproblemen und ist somit ein notwendiger Einstieg in den schlanken IT-Betrieb. Lean IT-Management fordert eine sofortige, einfache und vollständige Erfassung aller Verluste und eine regelmäßige Auswertung der Daten. Ziel ist es, die Schwerpunktprobleme im Systembetrieb zu erkennen und zu beseitigen. Dabei ist es nicht erforderlich, diese Daten an jedem Arbeitsplatz zu erfassen. Eine repräsentative Stichprobe ist völlig ausreichend. Das Verlustprotokoll kann papiergebunden, über eine entsprechende IT-Anwendung oder auf Basis der Daten eines Ticketsystems bzw. von Meldungen der Monitoring-Systeme der Hard- und Software erstellt werden. Bei elektronisch erfassten Primärdaten ist allerdings darauf zu achten, dass kein „Information Overflow" entsteht. Weniger ist in der Regel mehr. Manuelle Aufschreibungen fallen dem Anwender meist leichter, da die Hürde wegfällt, sich in ein separates System zur Verlusterfassung einzufinden. Dies kann den Nachteil einer manuellen Ersterfassung und erneuten Aufnahme der Papierformulare im IT-Bereich kompensieren. Bei einer IT-gestützten Erfassung sollte darauf geachtet werden, die Erfassungsmaske möglichst einfach zu halten, um diese ähnlich schnell ausfüllen zu können wie eine Strichliste am Arbeitsplatz.

Tabelle 6.2   Verlustprotokoll für den IT-Arbeitsplatz

Arbeitsplatz: _____				Abteilung:_____
Woche vom: _____bis: _____				
Verluste	Zeitwert je Verlust	Häufigkeit	Dauer= Häufigkeit*Zeitwert	Anteil an Gesamtdauer in %
Ausfallzeit der Hardware				
1 bis 5 Minuten je Störung	3			
5 bis 30 Minuten je Störung	20			
30 bis 120 Minuten je Störung	90			
Ausfallzeit der IT-Anwendung				
1 bis 5 Minuten je Störung	3			
5 bis 30 Minuten je Störung	20			
30 bis 120 Minuten je Störung	90			
Wartezeiten - Boot, Speichern…				
1 bis 5 Minuten je Störung	3			
5 bis 30 Minuten je Störung	20			
30 bis 120 Minuten je Störung	90			
Lange Antwortzeiten	5			
SUMME Ausfallzeit			_____	*100%*
Erkannte Fehler - Anzahl			Je Fehler ist ein Fehlerprotokoll zu erstellen	

Step 1 von TPM entspricht dem Ansatz des systematischen „Problem Management" nach ITIL. Ein wesentliches Ziel des „Problem Management" besteht neben der Ermittlung und Behebung von Störungsursachen darin, proaktiv drohende Incidents zu vermeiden. Das

Problem Management analysiert Incident Records, um Häufungen oder Trends zu bestimmen.[90] In den Incident Records der Ticket Systeme fehlen jedoch meist die oben genannten häufigen kleinen Störungen am Arbeitsplatz. Diese in Summe für das Unternehmen sehr bedeutsamen Verluste durch unnötiges Warten oder fehlerhafte Ergebnisse werden im Ticketsystem nur in Ausnahmefällen erfasst, wenn der Mitarbeiter die IT in die Problemlösung einbezieht. Durch die Bereitstellung eines einfachen Self-Service Systems zur unmittelbaren Erfassung jeder wahrgenommenen Störung wird eine Voraussetzung dafür geschaffen, den Problem-Management-Prozess auch auf solche Störungen anzuwenden.

Im Ansatz von Lean IT wird das „Problem Management" nach ITIL auf Basis einer einfachen, standardisierten Störungserfassung unter intensiver Beteiligung der Anwender aufgebaut und konsequent bis hin zur Beseitigung der Problemursachen fortgeführt. Über eine Paretoanalyse der Störungsdaten werden Schwerpunktprobleme erkannt und Verbesserungsteams zugeordnet, die der Ursache auf den Grund gehen und diese dann nachhaltig beseitigen. Hierbei ist es zu empfehlen, für jeden Monat wenige Probleme auszuwählen und diese konsequent abzuarbeiten. Eine lange Liste bekannter Probleme, um die sich niemand kümmert, ist völlig nutzlos. Eine selektive, dafür aber regelmäßige Abarbeitung ausgewählter Probleme scheint deutlich zielführender: Wenn jedes Team auch nur 1- 2 Probleme je Monat abstellt, ist dies ein wichtiger Schritt zur Erreichung der in Abbildung 6.1 dargestellten höheren Stufen der Maintenance.

In den Teams arbeiten die Spezialisten der IT möglichst eng mit den Betroffenen zusammen. Die systematische Ursachenanalyse nutzt zentrale Methoden des Lean Management, die in kontinuierlichen Verbesserungsprozessen zum Einsatz kommen[91]. Mit dem Ursache-Wirkungs-Diagramm wird sichergestellt, dass alle möglichen Ursachen beachtet werden. Der Ansatz „5 mal Warum" stellt sicher, dass die wirkliche Ursache (root cause) erkannt wird und Schnellschüsse vermieden werden. Für jedes ausgewählte Schwerpunktproblem wird eine Metaplan-Wand (vgl. Abbildung 6.3) für das Team aufgestellt, um die Aktivitäten und den aktuellen Status der Problemlösung stets transparent zu halten.[92]

Wenn die TPM- und die KVP-Methoden im Lean IT-System des Unternehmens parallel eingesetzt werden, ist eine Abstimmung der Instrumente erforderlich, um die Mitarbeiter nicht zu verwirren. Die beiden Ansätze verwenden zum Teil die gleichen Werkzeuge mit einer unterschiedlichen Intention und Ausprägung im Detail.

---

[90] Vgl. Köhler, P.T. (ITIL 2007), S. 82f.

[91] Vgl. Kapitel 7

[92] Vgl. dazu auch die Ausführungen zum visuellen Management in Kapitel 8

Abbildung 6.3   TPM Board für IT-Probleme

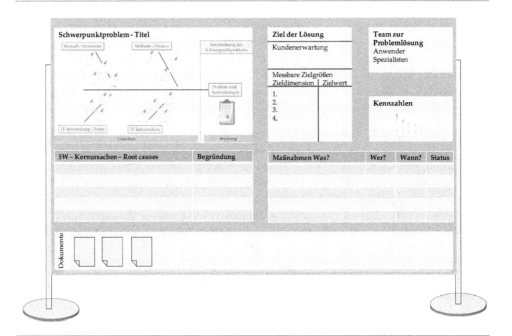

Step 2: Autonome Instandhaltung - Integration der Anwender

In der Corporate-IT ist in den letzten Jahren eine Tendenz zur stärkeren Trennung der Verantwortung zwischen anwendender Fachabteilung und der IT zu erkennen.[93] Durch die zunehmende Integration der Anwendungen verfügen einzelne Abteilungen nicht mehr über „ihre eigene" IT, sondern nutzen eine von der IT-Abteilung bereitgestellte Standardapplikation. In der IT steigen durch die Integration die Risiken, wenn durch Anwenderfehler ein Arbeitsplatz oder eine Applikation gestört wird. Aus den Überlegungen zur IT-Sicherheit und der Zentralisierung der IT resultiert ein deutlicher Trend dahin, die IT-Systeme vor den Anwendern zu „schützen". Der Funktionsumfang wird möglichst limitiert bereitgestellt und Eingriffe der Anwender werden unterbunden. Dies wird als Best Practice zur Gewährleistung einer hohen Systemstabilität (maximale OEE) angesehen.

Wenn die Anwender der IT ein geringes Qualifikationsniveau mitbringen, mag die beschriebene strikte Trennung zwischen Anwendung und Instandhaltung eine sinnvolle Vorgehensweise sein. In den Fachabteilungen sollte geprüft werden, ob man den Anwendern nicht deutlich mehr zutrauen kann, als nur ein vorgefertigtes IT-System zu bedienen. Der TPM-Ansatz empfiehlt in Stufe 2 die konsequente Umkehr auf diesem Weg zugunsten

---

[93] Vgl. Maicher, M./Schwarze, L. (IT-Governance 2003) S. 38ff.

einer möglichst hohen Autonomie der Bediener. Übertragen auf Lean IT würde dies eine veränderte Sichtweise auf die Freiheitsgrade der Anwender bedeuten: Es sollte nicht wie bisher verfahren werden, dem User möglichst wenig Rechte zu geben, um keinen Schaden anrichten zu können. Im Lean IT Ansatz lautet die Hypothese stattdessen: „Ideal sind User die ihre IT autonom beherrschen, denn die benötigen keine ungeplanten Serviceleistungen!". Von diesem Ideal wird so wenig wie möglich abgewichen. Erst wenn man intensiv geprüft hat, dass die Verantwortung vom Anwender oder der Fachabteilung nicht getragen werden kann, wird diese auf die IT übertragen.

Ein erster Schritt zu mehr Autonomie der Fachabteilung ist die konsequente Nutzung von Self Service Tools bei der Störungserfassung. Eine Fachabteilung sollte in der Lage sein, die üblicherweise im IT- Help Desk erfassten Daten für einen Incident eigenständig einzugeben und die Sofortmaßnahmen an Hand vorgegebener Checklisten durchzuführen und zu dokumentieren. Wenn die für eine Störungsbearbeitung erforderlichen Informationen schon zu Beginn des Prozesses in hoher Qualität vorliegen, fördert dies eine schnelle Weiterbearbeitung. Betrachtet man die Umsetzung einfacher Vorgänge im Service Support in der Praxis, wird schnell deutlich, welch aufwändige und teure Prozesse teilweise als „Best Practices" etabliert werden. Diese aus Sicht von Lean IT überflüssigen Aufgaben werden dann häufig an externe Dienstleister übertragen, statt sie zu eliminieren.

Als typisches Beispiel kann die Änderung der Berechtigung eines Anwenders dienen (vgl. Abbildung 6.4). Die Fachabteilung muss mit einem Service Request den Help Desk darüber informieren, dass eine Änderung erforderlich ist. Der Help Desk holt dann die Genehmigung des Abteilungsleiters und des Security Management ein. Liegt beides vor, wird von den Spezialisten im Application Management die Änderung als ungeplante Aufgabe umgesetzt und dokumentiert. Analysiert man den Wertstrom stellt man fest, dass nur wenige wertschöpfende Tätigkeiten (in der Abbildung weiß) und einige wertdefinierende Prüftätigkeiten (hellgrau) enthalten sind. Durch unnötige Aufgaben (dunkel hinterlegt) steigen die nötige Bearbeitungszeit und insbesondere die Durchlaufzeit erheblich an.

Eine autonome Fachabteilung würde die Änderung der Benutzerrechte eigenständig unter Einhaltung der Vorgaben des Security Management umsetzen (vgl. Abbildung 6.5). Die Einbeziehung des Security Management ist erforderlich um Compliance-Anforderungen zu erfüllen. Gleiches gilt für die Dokumentation der Änderung. Beide Schritte verbleiben als wertdefinierende Aktivitäten. Der Security Manager regelt durch die Vorgabe von Richtlinien und interne Audits indirekt den Prozess. Er greift nicht in jeden Change ein.

Governance bedeutet ein Regelwerk aufzubauen, das einen sicheren Betrieb ermöglicht und nicht alle Aufgaben durch Spezialisten ausführen zu lassen. Durch den kompletten Wegfall nicht wertschöpfender Aktivitäten wird der Prozess insgesamt effizienter. Zudem wird die Störung des Application Management vermieden: Zwei wertsteigernde Effekte, die leicht zu realisieren sind.

Abbildung 6.4   Änderung der Benutzerrechte ohne autonome Fachabteilung

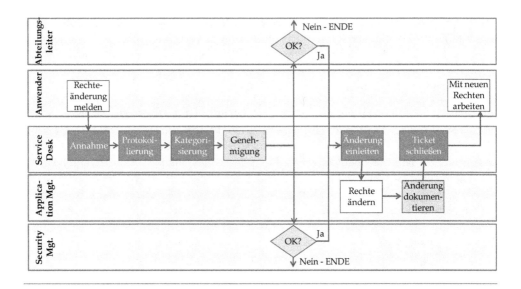

Abbildung 6.5   Änderung der Benutzerrechte mit autonomer Fachabteilung

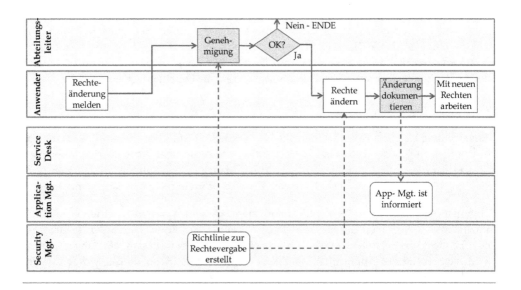

Die IT kann nicht ohne weiteres zur autonomen Instandhaltung mit eigenverantwortlichen Fachabteilungen übergehen, da oft die wesentlichen Voraussetzungen hierzu fehlen. Ob die IT und der Fachbereich bereits reif sind für die autonome Instandhaltung kann mit folgender Checkliste geprüft werden (vgl. Tabelle 6.3). Diese Voraussetzungen müssen geschaffen werden, um Step 2 erfolgreich zu bewältigen. Ziel ist keinesfalls die vollständige Dezentralisierung des Service Support, sondern vielmehr die selektive Übergabe von Aufgaben, um die IT zu entlasten, ohne Expertenwissen im Fachbereich aufzubauen.[94]

Tabelle 6.3   Prüfung der Voraussetzungen für die autonome Fachabteilung

Voraussetzungen in der IT (IT-Governance)		Voraussetzungen im Fachbereich (Qualifikation und Motivation)	
Kriterium	Erfüllt?	Kriterium	Erfüllt?
Für die Standardstörungen sind konkrete Maßnahmen definiert!		Die Anwender sind kompetent in der Nutzung der Applikation!	
Die Maßnahmen sind für die Anwender verständlich hinterlegt!		Die Anwender haben gute Kenntnisse in IT-Systemen!	
Es gibt klare Regeln für die autonomen Aufgaben! (Governance)		Anwender sind diszipliniert und halten Regeln ein!	
Für Rückfragen ist der Ansprechpartner klar definiert!		Die Qualifikation der Anwender wurde überprüft!	
Die Einhaltung der Regeln wird regelmäßig kontrolliert!		Im Fachbereich sind Key User als First Level Support benannt!	

Step 3: Schulung und Training der IT-Anwender

Die Umsetzung einer „autonomen Instandhaltung" im IT-Bereich dürfte zunächst nur mit Hilfestellung der IT sowie unter Nutzung von Self Service Tools und detaillierten Vorgaben möglich sein, da die Anwender noch nicht ausreichend qualifiziert sind. In Step 3 ist daher die Frage zu beantworten, welches Qualifikationsniveau der ideale IT-User mitbringen sollte, um einen optimalen Autonomiegrad zu gewährleisten. Es ist zu erwarten, dass sich mit dem Eintritt der Internet Generation in das Berufsleben in den nächsten Jahren die Fähigkeiten der Anwender erheblich verändern werden und die künftigen User ganz andere Kompetenzen mitbringen. Ein sicherer Umgang mit IT-Applikationen, vertiefte Grundkenntnisse in der Nutzung von IT in der täglichen Arbeit und geringere Berührungsängste gegenüber neuen IT-Systemen sind zu erwarten. Diese Anwendergeneration

---

[94] Vgl. Johnston, R. (Service 2008) S. 254

wird die eigenen IT-Kompetenzen eher überschätzen als leugnen, wie es derzeit häufig vorkommt. Dies birgt auch Gefahren, insbesondere in Bezug auf den Umgang mit IT-Risiken, denen durch eine fundierte Ausbildung und klare Regeln begegnet werden muss.

Im Lean IT Ansatz wird das höhere Qualifikationsniveau genutzt, um gezielt dezentrale Strukturen zur Behebung von alltäglichen Störungen aufzubauen. Der Ausbau des Key User Konzeptes und der intensiven Schulung von Anwendern sind essentieller Bestandteil von Step 3. Wenn die IT die in der Tabelle 6.3 genannten Voraussetzungen erfüllt, können vermehrt Aufgaben delegiert werden. Dazu müssen Checklisten, verständliche Problemlösungswege und gute Hilfe- und Schulungssysteme aufgebaut werden. Dabei sind virtuelle Schulungen, die im Bedarfsfall aufgerufen werden können, für den Anwender wesentlich nützlicher als lange „Off the Job" Unterweisungen, die ohne konkreten Anwendungsfall schnell vergessen werden.

Sollte es gelingen, die Autonomie der dezentralen Fachabteilungen im First Level Support zu stärken, und gleichzeitig die Aufgaben des Second und Third Level Support auf externe IT-Spezialisten zu verlagern, wäre die Unternehmens-IT vom operativen Service Support weitgehend entlastet. Diese Entwicklung ist auch als Folge von TPM in der Industrie zu erkennen: Die zentrale Instandhaltung ist nach TPM primär für die Koordination der Tätigkeiten externer Spezialisten, die Auditierung der Fachabteilungen und die permanente Verbesserung zuständig. Die operativen Aufgaben übernehmen bei Routineaufgaben die Mitarbeiter vor Ort in der Produktion, bei Spezialaufgaben externe Ressourcen.

Fallbeispiel zu Step 2 und 3:

Die IT Abteilungen zweier Unternehmen, die im Arbeitskreis „Lean IT" mitwirkten, haben die in Vergessenheit geratene Rolle des „Key Users" wiederbelebt. Durch den starken Trend zur Zentralisierung der Aufgaben waren die Fachbereiche nicht länger bereit, Mitarbeiter der eigenen Kostenstelle auszubilden und die Personalkosten zu übernehmen. Somit wurden den Key Usern vom Fachbereich andere Aufgaben zugewiesen. In der Folge wurde die IT durch eine sehr viel höhere Anzahl an Service Requests und Incidents stark belastet. Als Lösung wurde die Autonomie der Fachbereiche durch intensive Trainings der Anwender und dezentrales IT Know How der „Xperts" wieder erhöht, was zu erheblich reduzierten Kosten, einer höheren Verfügbarkeit und zufriedeneren Anwendern führte.

Step 4: geplante Instandhaltung

Instrumente zur geplanten Instandhaltung im IT-Bereich werden in der betrieblichen Praxis i.d.R. auch ohne den bewussten Einsatz von TPM aktiv genutzt. Da die Folgeschäden bei einem Ausfall der IT-Systeme meist so hoch sind, dass eine Abwartestrategie nicht praktikabel ist, werden kritische Komponenten meist redundant ausgelegt. Die Identifikation dieser Komponenten erfordert eine systematische Untersuchung von Wahrscheinlichkeiten und Folgewirkungen eines Ausfalls – also eine Planung der Instandhaltung. Ein konsequentes Risiko Management im IT-Bereich erfüllt daher wesentliche Anforderungen von TPM.

Hilfestellungen für den Aufbau einer geplanten Instandhaltung können auch aus Best Practice-Prozessmodellen gewonnen werden. So sind im ITIL-Framework die Prozesse Capacity Management und Availability Management dafür zuständig, durch vorbeugende Maßnahmen die Verfügbarkeit von IT-Services jederzeit sicherzustellen.[95] Die Einführung dieser Prozesse ist ein weiterer wichtiger Schritt, um die Ansätze des TPM im IT-Bereich zu etablieren.

Im Konzept von Lean IT sollte außerdem durch stärkere Einbindung der Anwender in die Planung eine kundenorientierte Priorisierung von IT-Services angestrebt werden. Es ist ein deutliches Zeichen für Verschwendung, wenn unkritische Services hochverfügbar (Mean Time between Failures – MTBF) und mit kürzester Zeit zur Störungsbeseitigung (Mean Time to Repair – MTTR) vorgehalten werden. Die Zielgrößen für MTBF und MTTR sollten auf Basis einer abgestimmten Priorisierung der IT-Services erfolgen.[96] Für die Ermittlung der kritischen und unkritischen Services kann die IT-Portfolio Methode aus der Projektpriorisierung[97] genutzt werden. Auf Basis der Dimensionen Risiko, strategische Relevanz und wirtschaftlicher Nutzen können nicht nur Projekte sondern auch die operativen Services bewertet werden, um auf diese Weise eine Grundlage für geplante Instandhaltungsmaßnahmen zu legen.

Step 5: Störungsprävention bereits bei der Planung der Anlage

Bei der Entwicklung von IT-Systemen ist vereinzelt zu erkennen, dass den Anforderungen nach einer einfachen Bedienung und schnellen Problemlösung Rechnung getragen wird. In die Anwendung integrierte Hilfefunktionen, übersichtliche Benutzeroberflächen und intuitiv nutzbare Applikationen zeugen von einer erfolgreichen Umsetzung der Störungsprävention schon in der Entwicklungsphase. Leider ist dies noch nicht der allgemeine Standard.

Lean IT fordert, bei der Auswahl oder der Programmierung von Software die Nutzungsphase stärker zu beachten, als es bisher geschieht. In Lastenheften und bei der Auswahlentscheidung für eine Software steht meist die Funktionalität und nicht die Bedienbarkeit im Mittelpunkt. Viel zu selten werden IT-Applikationen in der Bewertungsphase harten Praxistests unterzogen, um die potenziellen Schwächen in der täglichen Arbeit zu erkennen.

Bei IT-Anwendungen müssen oft noch nach jahrelangem Einsatz unnötige Arbeitsschritte durchgeführt werden. Die Ursache liegt im „Over Engineering" der Systeme. Ein überdimensionierter Funktionsumfang einer Software führt zu unübersichtlichen Masken, unnötigen Zwischenschritten, der Verwirrung der Anwender und zu Fehlbedienungen sowie

---

[95] Vgl. Köhler, P.T. (ITIL 2007), S. 122ff. und S. 171ff.

[96] In den Vorschlägen zur Gestaltung von „Service Level Agreements" ist diese Forderung enthalten. Die Reaktionszeiten etc. sind Bestandteil der SLAs vgl. z.B. Schmidt H. (Entwurf 2001), S. 39ff

[97] Vgl. hierzu die in Kapitel 4 vorgestellten Methoden zur Projektbewertung

Störungen. Kontinuierliche Verbesserungsprozesse können hier Abhilfe schaffen. Sollten nachweislich vorhandene Schwächen einer Anwendung nicht zu beseitigen sein, muss die Auswahlentscheidung in Frage gestellt werden. Im Produktionsbereich ist kaum zu erwarten, dass unproduktive Anlagen auf Dauer betrieben werden.

Wenn die in den Stufen 1-4 erläuterten Maßnahmen umgesetzt und Störungen des Arbeitsablaufs aufgrund von Schwächen in den Anwendungssystemen systematisch erfasst und ausgewertet werden, besteht die Möglichkeit, die so gesammelten Erfahrungen in die Entwicklung neuer Anwendungen einfließen zu lassen. Damit erschließen sich weitere Potenziale zur Optimierung des IT-Einsatzes, die der Stufe 5 des TPM-Ansatzes entsprechen. Voraussetzung dafür ist eine laufende Einbindung der Anwender in den Entwicklungsprozess neuer Anwendungen, wie sie bereits in Kapitel 5 „Lean Projects" dargestellt wurde und ein gezieltes Anforderungsmanagement, das den Kunden der IT stärker in den Vordergrund rückt, als es derzeit in vielen Unternehmen der Fall ist.

6.3 Empfehlungen für den Service Support

Zusammenfassend können folgende Forderungen zur Optimierung des IT Service Support auf Basis des TPM-Konzeptes abgeleitet werden. Die Prüfung des Erfüllungsgrades dieser Forderungen zeigt auf, wie weit der Lean Reifegrad in diesem Bereich entwickelt ist.

Abbildung 6.6   Leitfragen für den Service Support

Leitfragen je Prozess	Lean Prinzip	trifft nicht zu			trifft voll zu	
Total Productive IT-Operations		**1**	**2**	**3**	**4**	**5**
1 Jeglicher Verlust (Minderung der Effektivität durch das IT-System) wird (im Fachbereich) konsequent erfasst	Null Fehler Ansatz					
2 Die Erfassung der Verluste ist standardisiert und einfach (gleiche Verlustarten, strukturierte Kategorien, Einsatz von Self Service Funktionen der Ticket-Systeme)	Verschwendung eliminieren					
3 Schwerpunktprobleme werden regelmäßig benannt und „Probleme des Monats" werden konsequent abgestellt	Null Fehler Ansatz					
4 Die TPM-Maßnahmen sind für jeden transparent visualisiert (Metaplanwand oder IT-gestützt)	Visuelles Management					
5 Die Autonomie der Fachabteilung wurde durch Übertragung der Verantwortung für die Erfassung, Kategorisierung und Bewertung von Incidents verstärkt	Mitarbeiter und Team					
6 Die Autonomie der Fachabteilung ist durch Übertragung der Verantwortung für die Störungsbehebung und Bearbeitung von standardisierten Service Requests gestärkt	Mitarbeiter und Team					
7 Durch dezentrale Problemlösungskompetenz in der Fachabteilung können Standardprobleme „vor Ort" gelöst werden	Mitarbeiter und Team					
8 Die Anwender sind zur Übernahme von Wartungsaufgaben befähigt und auch die IT erfüllt die Voraussetzungen für autonomen Service Support	Mitarbeiter und Team					
9 Vorhandene Daten zu Verlusten werden konsequent zur Planung der Supportleistungen und zur Störungsvermeidung genutzt	Verschwendung eliminieren					
10 Die Prozesse zum Problem-, Availability- und Capacity-Management sind einfach aber wirksam umgesetzt	Kundenorientierte Prozesse					
11 Die Bedienbarkeit ist bei der Konzeption und Auswahl von Software ein zentrales Bewertungskriterium	Arbeitsplatzgestaltung 5A/5S					
12 Anwender werden intensiv in die Planung und Entwicklung von Systemen einbezogen (Lean Projects)	Kundenorientierte Prozesse					
13 Durch klar gestaltete Benutzerführung und Hifefunktionen sind die Anwendungen leicht und sicher anzuwenden, wodurch Anfragen vermieden werden	Arbeitsplatzgestaltung 5A/5S					
14 Notwendige Informationen zur Anwendung sind leicht verständlich beschrieben und am Arbeitsplatz im direkten Zugriff	Arbeitsplatzgestaltung 5A/5S					
15 Die zur Störungsbeseitigung erforderliche Hardware und Informationen sind für jeden jederzeit leicht auffindbar	Arbeitsplatzgestaltung 5A/5S					

7 Kontinuierliche Verbesserungsprozesse im IT-Management

Lean Management ist auch durch die Integration aller Mitarbeiter in die Prozessverbesserung und einen Bottom-Up-Ansatz gekennzeichnet. Dies findet insbesondere in der kontinuierlichen Verbesserung seinen Niederschlag. KVP zielt auf die Sicherung der Nachhaltigkeit von Optimierungen. Im IT-Management bietet es sich an, die Abläufe in der IT-Abteilung und die implementierten IT-Anwendungen mit KVP-Methoden in kleinen Schritten permanent zu verbessern und Verschwendung zu eliminieren.

Nach Optimierung von Geschäftsprozessen im Unternehmen wird oft schnell zur Tagesordnung übergegangen. Nach dem Go Live der neuen Applikation und der Einweisung der Anwender werden die Projekte abgeschlossen. Der Projekterfolg wird daran gemessen, ob die Anforderungen aus dem Pflichtenheft erfüllt wurden. Oft wird nicht hinterfragt, ob das eigentliche Ziel – den Prozess zu verbessern – überhaupt erreicht wurde und ob eine erreichte Verbesserung nachhaltig wirkt. Die folgenden Beispiele sollen dies verdeutlichen:

Unproduktive Nutzung von Anwendungssystemen

Bei der Nutzung von Anwendungssystemen in den Fachbereichen zeigt sich häufig folgendes Phänomen: Soll-Prozesse - in langwierigen Projekten konzipiert, modelliert und in Fachkonzepten dokumentiert - werden mit erheblichen Aufwand mit neuen Anwendungen umgesetzt. Schaut man sich dann einige Monate nach dem Go Live die tatsächliche Prozessdurchführung durch die Anwender an, stellt man erhebliche Abweichungen fest. Anwender nutzen die Software falsch oder arbeiten manuell am System vorbei. Die Konsequenz sind Produktivitätsverluste und Unzufriedenheit mit der IT.

Fehlende Veränderungsbereitschaft im Management

Regelmäßig ist ein Widerspruch zwischen Anspruch und Wirklichkeit bei Veränderungen im IT-Bereich zu beobachten. Neue IT-Anwendungen führen zu Veränderungen, die sich auch auf das Verhalten der Führung auswirken. Wenn dies nicht erreicht wird, ist der Nutzen der Anwendung gefährdet. So wurde in einem Fall das Projekt-Portfolio-Management neu ausgeprägt und unter hoher Akzeptanz der Fachbereiche eingeführt. Im Rahmen der jährlichen Budgetplanung legte die Geschäftsleitung dann aber doch wieder in alten Schattenorganisationen die Budgets ohne Berücksichtigung von Prioritäten fest. Ein Widerspruch zwischen neuen Prozessen und alten Verhaltensmustern entsteht, der erkannt und behoben werden muss.

Fehlende Optimierung der IT-Prozesse

In vielen Unternehmen wurden die internen Abläufe der IT über Jahre nicht aktiv gestaltet, so dass die IT-Abteilungen ein gewisses Eigenleben entwickeln konnten. Solche Situationen ändern sich sehr plötzlich, wenn das Top-Management - oft veranlasst durch Wirtschaftsprüfungen – den Aufbau von IT-Governance-Strukturen fordert. Um diesen Anforderungen zu begegnen, werden der IT oft sehr schnell ohne Beteiligung der Mitarbeiter Referenzprozesse übergestülpt. Der Erfolg dieser Prozessveränderungen ist meist nicht nachhaltig, in einigen Fällen entsteht eine geringere Effizienz in Folge bürokratischer Vorgaben, die zudem zu keiner Verbesserung der Leistungen führen. Auch der IT-Einsatz in der IT selbst ist oft schlecht entwickelt. Analysiert man die eingesetzten Werkzeuge zur Unterstützung der IT-eigenen Steuerungsprozesse, stellt man schnell fest, dass nur selten durchgängige IT-Systeme eingesetzt werden. Beispielsweise werden mehrere Excel Templates zur Ressourcenplanung eingesetzt, obwohl die Nutzung des zentralen Projektmanagementsystems möglich ist. Prozessoptimierungen sollten sich daher nicht auf die Einführung weiterer IT-Tools fokussieren – sondern auf die Reduktion der eingesetzten Werkzeuge innerhalb der IT.

Zu geringe Beachtung der vielen kleinen Verschwendungen in den täglichen Abläufen
Das IT-Management konzentriert sich meist auf wenige große Probleme, die mit komplexen Vorhaben beseitigt werden sollen. Hierbei werden die vielen kleinen Verschwendungen am Arbeitsplatz und den täglichen Abläufen vernachlässigt. Mit KVP wird dieses erhebliche Potenzial erschlossen.

Der in Produktionsbetrieben etablierte Ansatz der kontinuierlichen Verbesserungsprozesse bietet vielversprechende Möglichkeiten, die Nachhaltigkeit bei der Nutzung von IT-Anwendungen zu gewährleisten, die Prozesse innerhalb der IT effizienter zu gestalten und die Unterstützung der Geschäftsprozesse der Anwender zu verbessern.

7.1   KVP/ Kaizen

Für den japanischen Managementansatz Kaizen wird im deutschsprachigen Bereich der Begriff „Kontinuierlicher Verbesserungsprozess" (KVP) verwendet.[98] Die Eliminierung von Verschwendung in Prozessen unter systematischer Einbeziehung der beteiligten Mitarbeiter hat sich nicht nur im industriellen Bereich als wertvolles Instrument etabliert. Durch die fortlaufende Aufdeckung und Behebung kleinerer Prozessprobleme gemäß dem „Prinzip der kleinen Schritte" lassen sich ständige Ergebnisverbesserungen erzielen.[99] Üblicherweise werden drei Ebenen unterschieden, die zusammenspielen müssen:

- ▪ Managementorientiertes Kaizen umfasst die Verantwortung für die Implementierung, Steuerung und Umsetzung kontinuierlicher Verbesserungsprozesse auf oberster Führungsebene.

- ▪ Gruppenorientiertes Kaizen dient der Entwicklung von Ideen und dem Aufdecken von Schwachstellen durch interdisziplinäre Teams.

---

[98] Vgl. Schmelzer, H. J.; Sesselmann, W. (Geschäftsprozessmanagement 2008), S. 386
[99] Vgl. Imai, M. (Kaizen 1993), S. 111ff.

■ Personenorientiertes Kaizen adressiert die Verantwortung jedes einzelnen Mitarbeiters an der laufenden Verbesserung der Arbeitsprozesse.

Mit dem an Deming[100] angelehnten Plan-Do-Check-Act (PDCA)-Zyklus wird der grundsätzliche Ablauf kontinuierlicher Verbesserungsprozesse gut verdeutlicht.

Abbildung 7.1   PDCA-Zyklus (in Anlehnung an Deming)

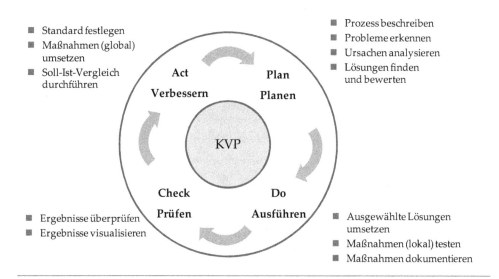

Die Plan – Do Phase umfasst das klassische IT-Projekt (Plan – Build –Run) nach dem Motto „Plan, Do and Forget". In der „Plan"-Phase werden Prozesse auf mögliche Probleme untersucht, Ursachen analysiert und Lösungsvorschläge entwickelt, die in der „Do"-Phase in Form konkreter Maßnahmen umgesetzt werden. Im klassischen IT-Projekt wird in der Plan Phase das Pflichtenheft erstellt und am Ende von „Do" steht der Go Live.

Deming fordert eine konsequente „Check-Phase". Auf Grundlage einer Überprüfung des Erfolgs der Maßnahmen („Check") wird die Umsetzung bewertet. Erst wenn nachgewiesen wurde, dass die in der Plan-Phase identifizierten Ursachen der Probleme beseitigt wurden, ist eine Verbesserungsmaßnahme abgeschlossen. Dies sollte in der IT in Form eines „Post Implementation Reviews" erfolgen.

Nach Deming ist aber auch jetzt die Verbesserung noch nicht nachhaltig. Er vergleicht Verbesserungen mit dem Rollen eines schweren Eisenrades auf einer ansteigenden Ebene. Nach dem Plan, Do, Check ist man einige Meter weiter gekommen, aber das Rad wird die Ebene herunterrollen, wenn es nicht mit einem Keil (neuer Standard) fixiert wird. In der

---

[100] Vgl. Deming, W.E. (Crisis 1986)

„Act-Phase" fordert Deming aus der Verbesserung einen neuen Prozessstandard zu definieren und durch regelmäßige Soll-Ist-Vergleiche zu prüfen, ob der Standard eingehalten
wird und noch ausreichend ist. Bei Abweichungen wird ein neuer Kreislauf angestoßen.
Für die IT bedeutet dies, dass permanent nach Schwachstellen in der Anwendung und im
Prozess gesucht wird, die umgehend abgestellt werden.

Neben der Orientierung am PDCA-Zyklus ist Kaizen durch einen konsequenten Bottom-
Up-Ansatz gekennzeichnet. Verbesserungen werden im Kleinen von den Mitarbeitern vor
Ort gestartet. Bei Kaizen werden zunächst die Tätigkeiten an einem Arbeitsplatz von den
dort tätigen Mitarbeitern verbessert. Erst wenn dies erfolgreich abgeschlossen wurde,
werden die Schnittstellen zu vor- und nachgelagerten Prozessen in kleinen Teams optimiert. Dies ermöglicht es, in dezentralen Einheiten viele kleine Verbesserungen zu erreichen. Schnelle Erfolge bei der Optimierung übergreifender Prozesse sind nicht zu erwarten, aber zur Gewährleistung nachhaltigen Erfolges und der Akzeptanz der Mitarbeiter ist
Kaizen hervorragend geeignet. Ein weiterer Vorteil ist, dass jede Abteilung sofort und
ohne große Abstimmungen und Projektplanung mit Verbesserungen starten kann. Begleitet werden Kaizen-Programme durch zahlreiche Checklisten, Methoden und Werkzeuge.[101]

Die Einführung eines KVP-Systems im IT-Bereich sollte schrittweise erfolgen, indem berücksichtigt wird, dass solche Programme typischerweise mit einer Veränderung der Unternehmenskultur verbunden sind und sich nicht von heute auf morgen einführen lassen.
Damit der KVP-Gedanke als Selbstverständlichkeit in den betrieblichen Alltag übernommen wird, sind folgende Schritte zu empfehlen:[102]

Sensibilisierung
Wie zuvor erläutert, betrifft ein KVP-Programm unterschiedliche Ebenen vom Management bis zum einzelnen Arbeitsplatz eines operativ tätigen Mitarbeiters. Die Akzeptanz
des Management und die Bereitschaft, ein solches Projekt nicht nur zu billigen sondern mit
voranzutreiben, gilt als ein wesentlicher Erfolgsfaktor. Ziel der Sensibilisierungsphase ist
es, genau diese Akzeptanz zu erreichen und Budget sowie Freiräume für die folgenden
Phasen bereitzustellen.

Startphase
Hier geht es im Kern darum, einen Kommunikationsprozess zu starten, der den Mitarbeitern verdeutlicht, worum es beim KVP geht und dass ein solches System implementiert
werden soll. Zudem sind die Personen, die die Implementierung vorwiegend begleiten
sollen, zu schulen. Neben den üblichen innerbetrieblichen Informationswegen bietet sich
eine Auftaktveranstaltung an, in der alle Mitarbeiter über die Ziele und den Ablauf des
Programms informiert werden, ihre Erwartungen äußern und erste Ideen einbringen können. Als wirkungsvoll erweisen sich in dieser Phase konkrete Aktionen im Sinne der „5S"-
Prinzipien, die zum einen das Gemeinschaftsgefühl stärken, zum anderen sehr schnell zu
sichtbaren Verbesserungen führen.

---

[101] Vgl. dazu Imai, M. (Kaizen 1993), S. 273ff.

[102] Vgl. nachfolgend Kostka, C./Kostka, S. (Verbesserungsprozess 2008), S. 41ff.

Implementierungsphase

Die KVP-Philosophie ist schrittweise in der Organisation und den betrieblichen Prozessen umzusetzen. Erfolgversprechend ist ein Start in Bereichen bzw. Prozessen mit offensichtlich großem Verbesserungsbedarf, um rasche Erfolge zu generieren und diese zu kommunizieren. Als wesentlicher Erfolgsfaktor wird immer wieder die schnelle und unbürokratische Umsetzung von sinnvollen Verbesserungsvorschlägen genannt.

Stabilisierungsphase

Es besteht die Gefahr, dass die Grundgedanken eines KVP zwar verstanden und als sinnvoll erachtet werden, ein mit hoher Motivation gestartetes Programm dann aber allmählich „einschläft" und die Mitarbeiter wieder in alte Verhaltensweisen zurückfallen. Ziel der Stabilisierungsphase ist es, dieses zu verhindern, und KVP als dauerhaftes System in der Organisation zu etablieren.[103] Voraussetzung dafür ist eine Institutionalisierung in Form von festgelegten Rollen, Verantwortlichkeiten und Abläufen.

5S-Methode in der Startphase

Die Optimierung der einzelnen Arbeitsplätze in der Organisation ist das Fundament von Lean IT und steht am Beginn des KVP. Die „5S"-Methode erreicht durch die Anwendung weniger einfacher Prinzipien nennenswerte Qualitäts- und Produktivitätsverbesserungen, eliminiert Fehler und Verschwendung.[104] Die dahinter stehenden Grundüberlegungen beziehen sich schwerpunktmäßig auf häufig wiederkehrende, standardisierte Abläufe, die an einer Arbeitsstation gebündelt werden. Routineaufgaben im Help Desk oder Rechenzentrum oder die alltäglichen Tätigkeiten wie Dateiablage, Dokumentation, Meetingdurchführung etc. können auf diese Weise optimiert werden. Warum sollte das, was sich in der industriellen Fertigung bewährt hat, nicht auch in der IT sinnvoll sein?

- „Seiri" / „Sort" bedeutet, nur die Dinge (Materialien, Werkzeuge etc.) vorzuhalten, die tatsächlich für die Arbeit benötigt werden und alles andere zu entsorgen. Die Mitarbeiter in der IT räumen hierbei Ihre Arbeitsplätze auf und bereinigen Ihre Dateiablagen. Ein weiteres Potenzial zum „Aussortieren" liegt in den Anwendungssystemen: Hier sollte überprüft werden, welche Anwendungen tatsächlich benötigt werden und überflüssige Programme sollten deinstalliert, unnötige Funktionen deaktiviert oder nicht benötigte Felder bei Dateneingaben konsequent ausgeblendet werden.

- „Seiton" / „Set in Order" verfolgt das Prinzip, dass jeder benötigte Artikel bzw. jedes Werkzeug einen klar definierten, vorgesehenen Aufbewahrungsort erhält, u.a. um Suchzeiten zu minimieren. Im IT-Umfeld könnte dies in einer Optimierung des individuellen Arbeitsplatzes bis hin zur Benutzeroberfläche eines jeden Users münden, z.B. durch Anlegen von Favoritenlisten mit häufig benötigten Transaktionen oder in Form von mit Vorschlagswerten vorbelegten Feldern für die Suche in Datenbanken.

---

[103] Vgl. dazu auch Witt, J./Witt, T. (Verbesserungsprozess 2010), S. 23ff.

[104] Vgl. Bicheno, J./Holweg, M. (Toolbox 2009), S. 78ff.; Brunner, F.J. (Erfolgskonzepte 2008), S.108f.; Imai, M. (Kaizen 1993), S. 275f.; Liker, J. K. (Toyota 2004), S. 150ff.

▦ „Seiso" / „Shine" verfolgt die Annahme, dass nur an einem sauberen Arbeitsplatz vernünftig gearbeitet werden kann. Wirft man einen Blick in Büros von IT-Fachkräften, schaut sich typische Arbeitsplätze in Softwareentwicklungsprojekten an oder wagt den Gang in einen Serverraum, zeigt sich diesbezüglich häufig erhebliches Potenzial.

▦ „Seiketsu" / „Standardize" fordert die gewohnheitsmäßige Anwendung der vorgegebenen Regeln durch jeden Einzelnen. Dies setzt voraus, dass diese Regeln jedem Mitarbeiter auch bekannt sind. Übertragen auf den IT-Bereich bedeutet dies vor allem eine zielgerichtete Schulung und Einarbeitung jedes Mitarbeiters in die Prozesse der IT und in neue Software unter Berücksichtigung der unternehmensspezifischen Vorgaben.

▦ „Shitsuke" /„Sustain" verfolgt das Ziel, Standards, Regeln und Vorschriften diszipliniert einzuhalten und einen kontinuierlichen Verbesserungsprozess anzustoßen.

7.2   Kaizen in der IT-Abteilung der Hauni Maschinenbau AG

Im IT-Bereich der Hauni Maschinenbau AG, dem weltweit führenden Anbieter von Technologien sowie technischen Services und Beratungsleistungen für die internationale Tabakindustrie[105], wurden mehrere Projekte zur Optimierung des Projekt- und des Servicemanagement (ITIL) durchgeführt und dennoch blieben einige Probleme ungelöst. Dazu zählten insbesondere:

▦ lange Suchzeiten nach Dokumenten

▦ unverständliche Informationen für Kollegen

▦ ineffiziente Besprechungen

▦ nicht für alle zugängliche Informationen

▦ mangelnder Überblick über den Status von Abläufen und Dokumenten

▦ schlechter optischer Eindruck gegenüber Externen in Folge von Unordnung

▦ Enge am Arbeitsplatz durch Masse an Unterlagen

▦ unnötige Fehler in den Abläufen in Folge von Intransparenz

Um diese Probleme zu lösen und so die Qualität der Leistungserstellung, die Produktivität und auch die Zufriedenheit der Mitarbeiter zu verbessern, wurde eine umfangreiche Kaizen-Initiative mit dem Titel ZenIT aufgesetzt. Ausgangspunkt des Kaizen in der IT war eine 5S-Kampagne zur Schaffung einer Basis für weitere Verbesserungsmaßnahmen.

---

[105] Vgl. zum Unternehmen www.hauni.com/de/company.html

In der Sensibilisierungsphase wurde ein „Prozessbegleiter"-Team gebildet, in das jeweils ein Mitarbeiter aus den fünf Abteilungen des IT-Bereichs eingebunden wurde. Die Prozessbegleiter gehörten bewusst nicht der Führungsebene an, da Kaizen von der Basis ausgeht (Bottom-Up). Die Prozessbegleiter sowie die Führungskräfte erhielten ein 5S-Training, für alle anderen Mitarbeiter des Bereichs erfolgte daran anschließend eine einführende Informationsveranstaltung. Den Führungskräften wurde in der Schulung ihre Rolle im ZenIT Prozess vermittelt, da es nicht leicht fällt, die Verbesserung der Abläufe vollständig den Mitarbeitern zu überlassen. Es wurde erreicht, dass die Führungskräfte die Mitarbeiter unterstützten und anleiteten aber auf inhaltliche Vorgaben verzichteten.

ZenIT bei Hauni bedeutet nicht:

- Das Bisherige war schlecht – sondern das Bessere ist der Feind des Guten,

- Großprojekte zu starten – sondern sofort kleine Verbesserungen umzusetzen,

- Verbesserungen wissenschaftlich fundiert nachzuweisen – sondern pragmatisch zu entscheiden (80% Lösung umgesetzt ist besser als die 100% Lösung im Plan),

- Zusatzarbeit zur täglichen Belastung – sondern Nutzung von geschaffenen Freiräumen in der Arbeitszeit,

- Einmalige Aufräum- und Putzaktion – sondern der Einstieg in die nachhaltige Optimierung.

In zwei groß angelegten „5S-Aktionstagen" waren in der Startphase ca. 70 Mitarbeiter involviert. Den internen Kunden wurde in dieser Zeit in Absprache nur ein eingeschränkter Support geboten. In der „Sort"-Phase wurden in einer definierten Reihenfolge

- persönlicher Arbeitsplatz,

- persönliche Laufwerke,

- persönliche Schränke,

- eigenes Büro und

- „Niemandsländer" wie Drucker, Materialschränke und Besprechungsräume

systematisch nach überflüssigen und störenden Materialien, Inventargegenständen und Daten durchleuchtet. Die Aktionstage wurden durch regelmäßige „Stand Up Meetings" zur Abstimmung der ersten Erfolge und gemeinsame Aktivitäten begleitet. Durch die intensive Kommunikation ist es gelungen, auch Skeptiker zu aktivieren.

Das Ergebnis war beeindruckend: 41 Container mit je einem Kubikmeter wurden entsorgt. Im Einzelnen handelte es sich um:

- 17 Container mit Papier/Pappe,

- 13 mit vollen Ordnern und Stehsammlern,

- 4 mit Elektroschrott,

■ 3 mit CDs,

■ 3 mit Plastikbehältern und CD-Hüllen und

■ 1 Container mit Restmüll.

Zusätzlich wurden Büromöbel und viele Kuriositäten aussortiert und das gemeinsame Laufwerk von 61 GB auf 3,5 GB reduziert.

Der optische Eindruck der Arbeitsbereiche wurde deutlich verbessert und die Enge an den Arbeitsplätzen beseitigt. Das gemeinsame Laufwerk war von Jahren des „Jagen und Sammelns" befreit, was zu mehr Transparenz und höherer Qualität führte. Diese Aktionstage sind als Start einer kontinuierlichen Verbesserung in der IT-Abteilung und keinesfalls als einmalige, punktuelle Maßnahme zu verstehen.

In der Implementierungsphase wurden die Arbeitsplätze und gemeinsam genutzten Schränke, Meeting Räume, etc. durch Beschriftungen von Ordnern und wichtigen Unterlagen sowie der zugehörigen Ablageplätze übersichtlicher gestaltet und Suchzeiten konnten in der Folge reduziert werden. Der optische Eindruck ist deutlich verbessert.

In der Folge wurden laufend Verbesserungsvorschläge gesammelt, in konkrete Maßnahmen überführt und unter Angabe des Umsetzungsstatus veröffentlicht, regelmäßige Abstimmung zwischen den Prozessbegleitern und Führungskräften durchgeführt und signifikante Verbesserungen zur internen Zusammenarbeit erreicht. Ein Beispiel ist die wesentlich verbesserte Besprechungskultur. Mehrere regelmäßige Besprechungen wurden eliminiert. Für die verbleibenden Meetings wurden standardisierte Tagesordnungen und ein kleinerer Teilnehmerkreis definiert. Die Gesamtarbeitszeit, die die Mitarbeiter in Meetings verbringen wurde reduziert und die Qualität der Ergebnisse deutlich verbessert.

Die Prozessbegleiter investieren zunehmend Zeit in ZenIT (zunächst 5-10% der Arbeitszeit), was die steigende Akzeptanz belegt.

Insgesamt ist festzuhalten, dass der Ansatz zu reibungsloseren internen Abläufen, reduzierten Suchzeiten, effektiveren Besprechungen und zielgerichteten Informationen führt. Dies wird zu Produktivitätssteigerungen, höherer Kundenzufriedenheit und letztlich einer Verbesserung des Wettbewerbsfähigkeit der IT-Abteilung führen. ZenIT bei Hauni zeigt, dass die Prozesse in der IT mit dem dezentralen KVP-Ansatz verbessert werden können. Noch ist KVP bei Hauni kein selbstverständlicher Prozess, in der Stabilisierungsphase muss sich zeigen, ob ZenIT zu einem nachhaltig wirksamen und dauerhaft eingesetzten Instrument wird.

7.3   KVP und Anwendungssysteme

7.3.1   Verbesserungspotenziale bei der Nutzung von Anwendungssystemen

Die Einführung einer neuen IT-Applikation stellt für Anwender oftmals eine Herausforderung dar, die nicht selten in einer falschen oder nicht konsequenten Nutzung der IT-Lösung mündet. [106] Die Gründe dafür sind vielschichtig:

▪ Unbekannte Funktionalität: Wenn im Rahmen der Systemeinführung zu wenig Zeit in die Schulung der Anwender investiert wird und/oder Anwender nur unzureichend in die Einführungsprojekte eingebunden werden, führt dies dazu, dass der Funktionsumfang und die „richtige" Nutzung einer komplexen Anwendungssoftware nicht bekannt sind.

▪ Freiheitsgrade in der Softwarenutzung: Über Berechtigungsvergaben, vorgegebene Templates oder definierte Workflows können Freiheitsgrade in der Nutzung von Anwendungssoftware eingeschränkt werden. Geschieht dies nicht in ausreichendem Maße, besteht die Gefahr, dass der Ablauf betrieblicher Prozesse nicht den eigentlichen Vorgaben folgt.

▪ Mangelnde Akzeptanz: Es ist denkbar, dass sich Anwender bewusst einer (korrekten) Nutzung einer neuen Software verweigern. Mit dem Argument „…das haben wir immer so gemacht…" werden bisherige Arbeitsabläufe und Verhaltensweisen fortgeführt, ohne die möglichen Potenziale einer Prozessveränderung auszuschöpfen.

▪ Fehlende oder nicht passende Funktionalität: Bei Softwareeinführungen in mehreren Unternehmensstandorten oder Ländergesellschaften ist häufig zu beobachten, dass zentral vorgenommene Standardkonfigurationen nicht zu den speziellen Anforderungen einzelner Standorte oder Gesellschaften passen. Die Folge kann dann sein, dass dezentral „eigene" Lösungen oder Workarounds entwickelt werden müssen, die den eigentlichen Vorgaben widersprechen.

▪ Mangelnde Kommunikation: Fehler in der Software oder Weiterentwicklungspotenziale werden zwar erkannt, jedoch nicht weiter kommuniziert. Dies kann bspw. darin begründet sein, dass der einzelne Anwender sich „nicht zuständig" fühlt, die Ansprechpartner in der IT nicht bekannt sind oder der Eindruck besteht, dass Änderungsvorschläge ohnehin nicht umgesetzt werden.

Dem Gedanken kontinuierlicher Verbesserungsprozesse folgend, sollten solche Abweichungen systematisch erhoben, hinsichtlich ihrer Ursachen analysiert und möglichst schnell beseitigt werden. Das Identifizieren von unwichtigen, aber auch fehlenden Systemfunktionalitäten, die Aufdeckung von manuellen Workarounds oder überflüssigen Aktivi-

---

[106] Die folgenden Ausführungen basieren im Kern auf Schröder, H./Beth, H. (Lean 2010), S. 71ff.

täten sind nur einige Aspekte, die dabei zum Tragen kommen. Dabei ist die Bereitschaft der Anwender, in dem Prozess aktiv mitzuwirken, zwingend erforderlich. Die in der Praxis gängigen Zufriedenheitsbefragungen oder „Post Implementation Reviews" nach größeren Softwareprojekten sind zwar ein erster Ansatz, bringen aber aufgrund ihres punktuellen Einsatzes und der oft suggestiven Fragen, da eben keine Mängel aufgezeigt werden sollen, meist nur geringen Nutzen.

Erfolgversprechender ist ein offener Dialog zwischen Anwendern, Systembetreuern und Entwicklern in Anlehnung an Qualitätszirkel in der industriellen Fertigung. Warum sollte die Nutzung einer komplexen Anwendungssoftware nicht genauso systematisch wie ein Produktionsprozess analysiert werden, um kontinuierlich Verschwendungspotenziale aufzudecken und zu eliminieren? Die Bereitschaft der Anwender, sich in einem solchen Prozess einzubringen, lässt sich steigern, indem Verbesserungsvorschläge direkt kommuniziert und vor allem zeitnah umgesetzt werden. Die Erkenntnis, dass „tatsächlich etwas passiert", wenn Probleme erkannt und Lösungen gemeinsam erarbeitet werden, ist hier der Schlüssel zum Erfolg![107]

Die Potenziale einer kontinuierlichen Verbesserung in diesem Kontext lassen sich gut mit dem in Abbildung 7.2 dargestellten Sachverhalt erläutern: Dabei wird angenommen, dass mit der eingeführten Software Produktivitätssteigerungen erzielt werden sollen. In der Entscheidungsphase wird ein bestimmtes „Produktivitätsniveau" geplant, das durch die Softwareeinführung erreicht werden soll, realisiert wird dann i.d.R. ein niedrigeres Niveau, da während des Einführungsprojektes vorher nicht berücksichtigte Restriktionen auftreten, erwartete Funktionalität nicht vorhanden ist oder aufgrund von limitierten Budgets doch nicht realisiert werden kann.

Während der Nutzungsphase kann sich dieses Niveau als neuer Unternehmensstandard entweder stabilisieren oder es zeigen sich im Laufe der Zeit z.B. durch falsche Softwarenutzung oder mangelnde Schulung neuer Mitarbeiter Produktivitätsrückgänge. Da die Potenziale der Software so nicht ausgeschöpft werden, muss hier der Hebel zu einer kontinuierlichen Verbesserung angesetzt werden. Durch fortlaufende Iterationen unter Einbeziehung der Anwender werden Produktivitätspotenziale des IT-Systems systematisch genutzt, um auf diese Weise die ursprünglich geplanten Zielniveaus zu erreichen oder sogar zu übertreffen.

---

[107] Vgl. Müller, A./Schröder, H./von Thienen. L. (Lean IT-Management 2010), S. 78f.

Abbildung 7.2   KVP und Anwendungssysteme[108]

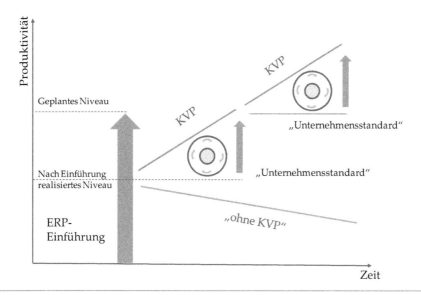

7.3.2   Vorgehen

Die nachfolgend beschriebene Vorgehensweise orientiert sich an der „Plan"-Phase des oben skizzierten PDCA-Zyklus.

1. Prozess beschreiben

Ausgangspunkt ist ein ausgeprägtes Verständnis der Anwender bezüglich der durch die Software unterstützten Prozesse. Ohne diese grundlegende Kenntnis ist es schwer möglich, Verbesserungspotenziale zu erkennen und zu realisieren. Mit den folgenden Leitfragen kann geprüft werden, inwieweit die bestehende Prozessdokumentation ausreicht oder ob ein Nachholbedarf besteht:

▦ Existiert ein „Modell" der durch ein Anwendungssystem abgebildeten Prozesse?

▦ Existiert eine aktuelle und aufgabenbezogene Prozessdokumentation?

▦ Ist die Prozessdokumentation allen Prozessbeteiligten bekannt und zugänglich?

▦ Ist die Prozessdokumentation praktikabel und verständlich?

▦ Ist der Detaillierungsgrad der Prozessbeschreibung adäquat? Wird eine im Unternehmen etablierte Darstellungsform verwendet?

---

[108] in Anlehnung an Imai, M. (Kaizen 1993), S. 51

▣ Ist die Prozessdokumentation konsistent? Sind Schnittstellen zwischen den Prozessen klar abgegrenzt?

▣ Ist die Prozessdokumentation mit der systembezogenen Anwenderdokumentation verlinkt? (Systemtransaktionen, Templates, Vorlagen)

▣ Wird die Prozessdokumentation von den Anwendern tatsächlich auch genutzt?

2. Probleme erkennen

Im Lean Management werden einige typische „Verschwendungsarten" in der Industrie analysiert, die im Rahmen eines KVP systematisch aufgedeckt und beseitigt werden sollen.[109] Beispiele dafür sind Überproduktion, Bestände, Liege-/Wartezeiten oder überflüssige Arbeitsschritte. Eine nähere Betrachtung zeigt, dass diese in ähnlicher Form auch in IT-Organisationen anzutreffen sind (vgl. Kapitel 1). Software-Releasewechsel ohne konkreten Kundennutzen, redundante Daten, überflüssige Funktionen, verwirrende Oberflächen oder fehlerhafte Programme sind nur einige Problemfelder in der IT, die in Diskussionsrunden mit Anwendern immer wieder genannt werden.

Abbildung 7.3   Verschwendungsarten

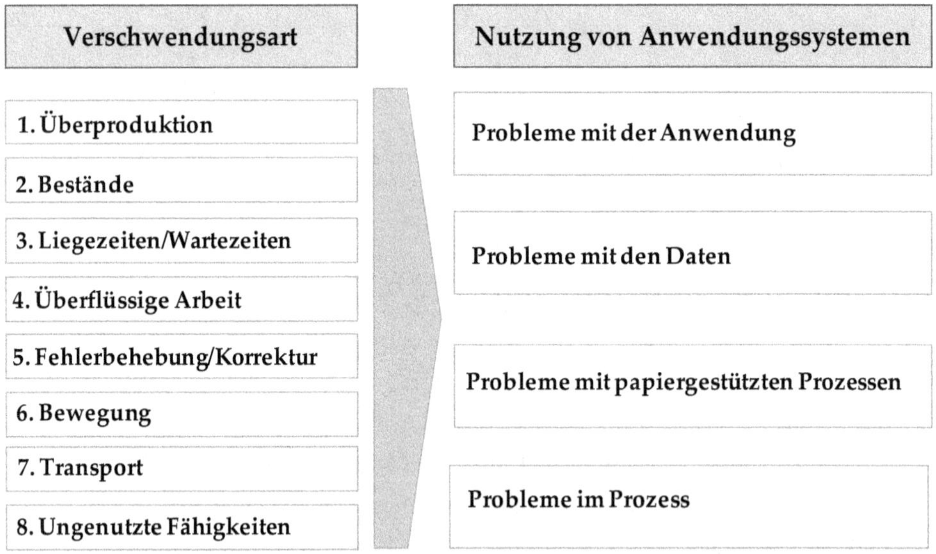

Verschwendungsart	Nutzung von Anwendungssystemen
1. Überproduktion	Probleme mit der Anwendung
2. Bestände	
3. Liegezeiten/Wartezeiten	Probleme mit den Daten
4. Überflüssige Arbeit	
5. Fehlerbehebung/Korrektur	Probleme mit papiergestützten Prozessen
6. Bewegung	
7. Transport	Probleme im Prozess
8. Ungenutzte Fähigkeiten	

Wie in der Abbildung 7.3 dargestellt, lassen sich bezogen auf die Nutzung von Anwendungssystemen die folgenden „Verschwendungskategorien" unterscheiden:

---

[109] Vgl. Liker, J.K. (Toyota 2004), S. 259ff.; Ohno, T. (Toyota 2009), S. 50ff.

- Probleme mit der Anwendung: Unnötige Felder auf den Eingabemasken oder zu viele Masken in der Bearbeitungsfolge können ebenso als Verschwendung interpretiert werden, wie die häufig auftretende Situation, dass mehrere Anwendungen parallel in einem Prozess verwendet werden. Schlechte Systemperformance, mangelnde Verfügbarkeit sowie Softwarefehler sind ebenfalls dieser Kategorie zuzuordnen.

- Probleme mit den Daten: Manuelle Übertragungen von Daten in andere Anwendungen stellen überflüssige Arbeiten dar. Gleiches gilt für Rückfragen oder Nacharbeit aufgrund fehlerhafter oder unklarer Daten sowie die zeitraubende Suche nach benötigten Informationen in unstrukturierten Datenablagen. Datendoubletten, die man durchaus als „Überproduktion" verstehen kann, sowie Wartezeit auf benötigte Inputdaten stellen ebenfalls Analogien zu den klassischen Verschwendungsarten in der industriellen Produktion dar.

- Probleme mit papiergestützten Prozessen: Papiergestützte Prozessschritte bieten eine ganze Reihe von Verschwendungspotenzialen. Zu nennen sind bspw. manuelle Ablage und Suchtätigkeiten, lange Wege zu Kopierern oder Druckern, unnötige Ausdrucke sowie redundante Aufbewahrung von an anderer Stelle bereits gespeicherten Daten.

- Probleme im Prozess: Neben den beschriebenen Problembereichen kann Verschwendung auch durch schlechtes Prozessdesign hervorgerufen werden. Überflüssiges Reporting, überflüssige Datenprüfungen, Ablaufstörungen durch Genehmigungsinstanzen oder räumliche Distanz zu Kollegen können als Beispiele dafür genannt werden.

Sinnvoll wäre es, wenn die Anwender solche Probleme unmittelbar nach der Erkennung artikulieren und weiterleiten. Voraussetzung dafür ist ein definierter Problemmeldungsprozess und die Gewissheit, dass die gemeldeten Probleme auch zeitnah behoben werden. Ziel sollte es sein, alle denkbaren Barrieren zur Kommunikation von Anwendungsproblemen abzubauen oder von vornherein zu vermeiden. Vordefinierte Templates zur spontanen Erfassung von wahrgenommenen Problemen direkt am Arbeitsplatz des Anwenders können dabei hilfreich sein. In einigen Unternehmen existieren dazu bereits etablierte Problemmeldungsprozesse unter Einsatz von Ticketsystemen.

3. Ursachenanalyse

Wenn die erhobenen Informationen eine Verschwendung in der Systemnutzung aufdecken, ist im nächsten Schritt eine Ursachenanalyse durchzuführen. Mit Hilfe von Ursachen-Wirkungs-Diagrammen (Fischgräten- oder Ishikawadiagramm) kann dies methodisch unterstützt werden, indem versucht wird, zu einem Problem (Wirkung) mögliche und bekannte Einflüsse (Ursachen) zu sammeln, in Haupt- und Nebenursachen zu unterteilen und graphisch darzustellen.[110] Die „klassischen" Kategorien (Mensch / Maschine / Material / Methode) können bei der Analyse von Anwendungssystemen aufgegriffen und, wie in Abbildung 7.4 dargestellt, übertragen werden.

---

[110] Vgl. Ishikawa, K. (Guide 1986)

Abbildung 7.4   Beispiel eines Ursachen-Wirkungs-Diagramms für Anwendungssysteme

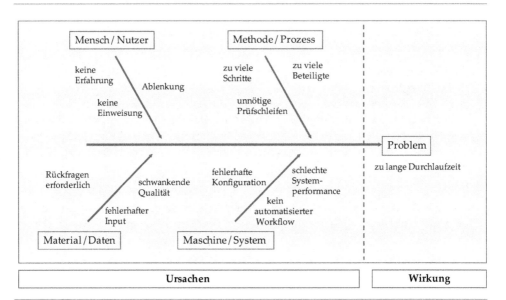

Einige Leitfragen je Dimension helfen, Ursachen für mögliche aufgetretene Probleme aufzudecken (vgl. Tabelle 7.1).

Tabelle 7.1   Beispiele für Leitfragen zur Ursachenanalyse

Dimension	Ausgewählte Fragen
Nutzer	– Ist der Anwender ausreichend geschult? – Akzeptiert der Anwender das System? – Ist der Anwender erfahren im Umgang mit IT? – Kennt der Anwender die Bedeutung der von ihm erfassten Daten? – Kennt und nutzt der Anwender die angebotenen Kommunikationsmöglichkeiten bei Systemproblemen?
System	– Ist das System benutzerspezifisch konfiguriert? – Ermöglichen die Benutzereinstellungen ein effizientes Arbeiten? – Erfüllt die Software die fachlichen Anforderungen? – Werden Systemverfügbarkeit und -performance überwacht? – Ist die Software ausgereift / ausreichend getestet?

Dimension	Ausgewählte Fragen
Daten	– Gibt es geeignete Vorlagen / Templates? – Ist die organisatorische Verantwortung für die Datenpflege klar geregelt? – Werden fehlerhafte Daten systematisch ermittelt und bereinigt?
Prozess	– Sind die Prozesse in der Software standardisiert? – Existieren zahlreiche Prozessvarianten? – Wird der Standard den Anforderungen gerecht? – Sind Schnittstellen zu vor-/nachgelagerten Prozessen klar definiert?

4. Lösungen finden und bewerten

Sind Probleme identifiziert und kommuniziert, muss ein Prozess zur Entwicklung von Lösungen angestoßen werden. Auch hier werden die Anwender systematisch mit einbezogen, um nicht Lösungen an den Bedürfnissen der IT-Kunden vorbei zu erarbeiten. Vorschläge können in regelmäßigen Treffen zwischen Anwendern und IT-Mitarbeitern entwickelt, priorisiert und zur Umsetzung gebracht werden. Die Etablierung eines IT-bezogenen betrieblichen Vorschlagswesens ist dabei genauso anzustreben wie ein transparenter und nachvollziehbarer Evaluationsprozess für die entwickelten Ideen und daraus abgeleiteten Maßnahmen.

In dem gesamten Prozess ist darauf zu achten, dass die verwendeten Werkzeuge, Templates und Auswertungen möglichst einfach und überschaubar gehalten werden. Das aus dem Lean Management bekannte "A3-Thinking" kann diesbezüglich als Gedankenmodell auf Lean IT übertragen werden.[111] „A3-Thinking" bedeutet einerseits, dass alle relevanten Fakten auf einem A3-Papier transparent und vollständig erfasst werden und andererseits, dass vorschnelle Entscheidungen vermieden werden. Die relevanten Fakten zu einem Problem werden zusammengestellt und der Nachweis geführt, dass aus dem Problem eine Anforderung an ein neue oder veränderte IT-Anwendung resultiert. Ein A3 enthält die Kundenerwartung, Fakten zum aktuellen Status (Problem), die Ursachenanalyse und die Nutzenbewertung einer Maßnahme.

7.3.3   Die Rolle der IT

Der IT-Bereich muss in dem beschriebenen Prozess eine aktive Rolle einnehmen. Zum einen ist selbstverständlich eine laufende Beteiligung an der Erarbeitung von Lösungen, Bereinigung von Softwarefehlern und Bereitstellung von neuen Funktionalitäten zu erwarten, zum anderen können IT-Mitarbeiter aber auch bei der Problemidentifikation wichtige

---

[111] Vgl. Bell, S. C./Orzen, M. A. (Lean IT 2011) S. 36, 63, 330

Impulse liefern. Gerade dieser Aspekt wird in der Praxis meist vernachlässigt. Vielmehr ist zu beobachten, dass nur auf Problemmeldungen seitens der Anwender reagiert wird, die gegebenen Möglichkeiten zur proaktiven Problemvermeidung und zur systematischen Verbesserung der durch IT-Anwendungen unterstützten Prozesse dagegen weitgehend ungenutzt bleiben.

In „Prozesszirkeln" im Rahmen von Prozessoptimierungen werden u.a. Wertschöpfungs-analysen, Zeitanalysen oder Schnittstellenanalysen eingesetzt. Eine Übertragung der Ideen dieser „klassischen" KVP-Methoden auf IT-Anwendungen ist grundsätzlich denkbar.

Bei einer Wertschöpfungsanalyse wird systematisch untersucht, ob einzelne Aktivitäten innerhalb eines Prozesses wertsteigernd sind oder nicht.[112] Nicht wertschöpfende Aktivitä-ten sind Ansatzpunkte für eine Optimierung, da sie möglicherweise verzichtbar sind. Übertragen auf eine IT-Anwendung lässt sich bspw. auswerten, welche Systemfunktionali-täten (Transaktionen) in welchem Maße genutzt werden. Dies kann zur Aufdeckung über-flüssiger Funktionalitäten führen, die gemäß dem „Seiri"- bzw. „Sort"-Prinzip zu eliminie-ren sind. Daneben könnte dies aber auch Hinweise darauf liefern, dass vorhandene Funk-tionalitäten aus Unkenntnis nicht genutzt werden und somit eine eigentlich sinnvolle IT-Unterstützung von den Anwendern nicht wahrgenommen wird.

Über eine Zeitanalyse werden im KVP systematisch Bearbeitungszeiten, Wertschöpfungs-zeiten, Wege- und Liegezeiten in betrieblichen Prozessen erfasst und ausgewertet.[113] Er-gebnis ist eine kennzahlenbasierte quantitative und qualitative Aussage über den Zeitbe-darf einzelner Arbeitsschritte und des gesamten analysierten Prozesses. Übertragen auf Anwendungssoftware sind z.B. Transaktionszeiten und Bearbeitungszeiten einzelner Auf-gaben messbar. Entsprechende Werkzeuge zum Performance-Measurement betrieblicher Anwendungen sind am Markt verfügbar und können gut in kontinuierliche Verbesse-rungsprozesse eingebunden werden. Auch unter Berücksichtigung arbeitsrechtlicher Rest-riktionen bezüglich der laufenden Überwachung der Arbeitsleistung einzelner Mitarbeiter lassen sich aus solchen Analysen interessante Erkenntnisse gewinnen. Wenn bspw. ein Niederlassungsvergleich ergibt, dass ein unternehmensweit standardisierter Prozess wie die Angebotskalkulation in einem Standort systematisch länger dauert als in anderen Standorten, lässt dies auch auf eine nicht korrekte Nutzung der bereitgestellten Software schließen.

Mit einer Schnittstellenanalyse werden organisatorische Brüche in Prozessabläufen iden-tifiziert. Über geeignete Darstellungstechniken, z.B. Prozessmodellierungen mit Swimlane-Diagrammen, werden wechselnde Verantwortlichkeiten in Prozessen verdeutlicht, um darauf aufbauend Optimierungsmaßnahmen einzuleiten. Dieser Grundgedanke lässt sich relativ einfach auf die Nutzung von Anwendungssystemen übertragen. Auch in diesem

---

[112] Vgl. Liker, J.K. (Toyota 2009), S. 275ff.; Liker, J. K./Meier, D. P. (Praxisbuch 2010), S. 69ff.; Womack, J. P./Jones, D. T. (Lean Thinking 2004), S. 50ff.

[113] Vgl. Schmelzer, H. J./ Sesselmann, W. (Geschäftsprozessmanagement 2008), S. 277ff.

Kontext kann es „Brüche" im Prozessablauf geben, indem Systemwechsel stattfinden, Daten in „Parallelsystemen" erfasst werden oder manuelle Aktivitäten angestoßen werden. Durch eine Visualisierung dieser Systembrüche oder Medienwechsel kann gezielt auf mögliche Verschwendungen hingewiesen werden, die durch eine durchgängige Prozessbearbeitung in einem einzigen System behoben werden könnten.

Die genannten Beispiele verdeutlichen, dass der IT-Bereich systematisch an der Suche nach bestehenden Problemen in der Nutzung von Anwendungssoftware in den Fachbereichen beteiligt werden sollte. Diese aktive Rolle lässt sich durch bestehende IT-Systeme sinnvoll unterstützen:

- Auswertung von Ticket-Systemen: Supportanfragen, Fehlermeldungen, Berechtigungsanfragen oder Change-Requests sind ständige Indikatoren für Verbesserungspotenziale.

- Datenbankanalysen in den Anwendungssystemen: Stammdatendoubletten, Mehrfacheingaben von Bewegungsdaten, Stornos oder Änderungstransaktionen können auf eine fehlerhafte Softwarenutzung in den Fachbereichen hinweisen und sollten daher regelmäßig erhoben und ausgewertet werden. Daneben können wie beschrieben die Häufigkeiten von Transaktionsaufrufen und Bearbeitungszeiten einzelner Prozesse gemessen werden.

- Systemmonitoring: Auswertungen der Systemverfügbarkeit, Systemperformance oder des Druckvolumens, die regelmäßig durchgeführt werden, können ebenfalls Ansatzpunkte für Verbesserungsprozesse liefern.

Daneben müssen organisatorische Maßnahmen ergriffen werden, an denen der IT-Bereich unmittelbar beteiligt ist. Zu nennen ist hier zunächst die (Nach-) Schulung der Anwender hinsichtlich der korrekten und zielgerichteten Nutzung eingeführter Software, da ein Großteil der Verschwendung auf Unkenntnis der Möglichkeiten der Systeme zurückzuführen ist. Unterstützt werden kann dies durch aktualisierte Prozess- und Anwenderdokumentationen, Templates und Vorlagen in den jeweiligen Systemen sowie Werkzeuge und Maßnahmen zur Selbsthilfe wie FAQ- und Hilfeseiten im Intranet des Unternehmens.

Erfolgversprechend erscheint auch ein regelmäßiges Treffen zwischen Key Usern und IT-Verantwortlichen, die analog der „Prozesszirkel" im industriellen KVP, systematisch gemeinsam nach Verbesserungspotenzialen und Lösungsansätzen für bekannte Probleme suchen. Das folgende Fallbeispiel verdeutlicht die Möglichkeiten und positiven Effekte eines solchen Vorgehens.

7.3.4   KVP bei der CRM-Einführung in der STULZ GmbH

Im Vertrieb für Komfortklimageräte der STULZ GmbH, einem international tätigen Hersteller von Klimasystemen, wurde ein neues Customer Relationship Management (CRM)-

System eingeführt. Das datenbankgestützte Anwendungssystem sollte die in der Vergangenheit entstandenen lokalen Office-Lösungen ersetzen und die individuellen Prozesse der Vertriebsmitarbeiter angleichen.[114]

Obwohl die betroffene Fachabteilung bereits während des Einführungsprojekts eingebunden war, wurden zur Projektlaufzeit nur wenige Anregungen und Ideen zur Ausschöpfung der Möglichkeiten des neuen Systems eingebracht. Vermutlich war dem Fachbereich nicht klar, dass und welches Potenzial in dem neuen Lösungsansatz steckte. Erfahrungen aus vergleichbaren Projekten führten zu der Annahme, dass Verbesserungsvorschläge erst geäußert werden, wenn die Software eingeführt ist und die Anwender ein konkretes Bild der Anwendung vor Augen haben. Zudem war zu erwarten, dass Vorschläge dann unregelmäßig, thematisch ungeordnet sowie mehrfach in unterschiedlichen Formulierungen eingehen und in der Ausformulierung und Abgrenzung optimiert werden müssen, damit eine einwandfreie Umsetzung möglich wird.

Vorgehen

Zur Vermeidung der genannten Probleme wurde unter Federführung des IT-Bereichs ein KVP-Programm initiiert, das im Anschluss an den Roll-Out des CRM-Tools als monatlich wiederkehrender Termin aufgesetzt wurde. Um schnell und ohne weiteren Wissenstransfer starten zu können, wurde der Teilnehmerkreis aus dem Projektteam heraus rekrutiert. Neben den Beteiligten der IT-Abteilung kam den Regionalleitern des Vertriebsbereiches eine zentrale Rolle im Prozess zu. Zum einen hatten sie die Aufgabe, Vorschläge ihrer Mitarbeiter hinsichtlich Systembedienung und Funktionalität zu sammeln, Doppel-Nennungen auszufiltern und Prioritäten hinsichtlich der Umsetzung zu vergeben. Zum anderen sollten sie weitere Anforderungen der Vertriebsleitung in Bezug auf Reporting-Möglichkeiten entgegennehmen und diese in den KVP-Prozess einbringen.

In den monatlich stattfindenden KVP-Meetings wurden durch das Projektteam die im jeweils vorangegangenen Intervall umgesetzten Änderungswünsche abgenommen, neu gesammelte Ideenansätze ausformuliert, der Zeit- und Kostenaufwand geschätzt und mit Umsetzungs-Terminen versehen. Die Ergebnisse wurden jeweils schriftlich zusammengefasst und den Regionalleitern zur Abnahme übermittelt. Kleinere Anforderungen mit einem überschaubaren Aufwand von maximal zwei Tagen konnten kurzfristig und in Eigenregie der IT-Abteilung umgesetzt werden. Komplexere Anforderungen sind im Paket alle drei bis sechs Monate durch einen externen Entwicklungspartner realisiert worden.

Nach einer etwas schleppenden Anlaufphase entwickelte sich eine wahre Vorschlags-Explosion. Zahlreiche Mitarbeiter brachten sich mit sinnvollen und weitreichenden Vorschlägen ein. Zeitweise entstand sogar eine Art „Wettbewerb" um die hilfreichste und effektivste Verbesserung als sichtbar wurde, dass die geäußerten Vorschläge akkurat und zeitnah umgesetzt wurden. Nach ca. 15 Monaten gingen der Gesamtumfang sowie die

---

[114] Zum Fallbeispiel vgl. Schröder, H./ Beth, H. (Lean 2010), S.82ff.; zum Unternehmen vgl. www.stulz.de

Zahl sinnvoll umsetzbarer Anforderungen stark zurück, was auf einen hohen Reifegrad der Anwendung schließen ließ. Das beschriebene systematische Vorgehen wurde daraufhin durch ein auf Einzelfälle ausgerichtetes Verfahren abgelöst. Die Notwendigkeit einer Vorselektion, Sammlung und Klassifizierung von Änderungen und Verbesserungsempfehlungen war aufgrund der geringen Menge nicht mehr notwendig. Vorschläge werden seit diesem Zeitpunkt wieder bei Bedarf eingereicht und im Change Management umgesetzt.

Ergebnis

Aus dem beschriebenen KVP-Ansatz resultierten zahlreiche sinnvolle Verbesserungsvorschläge, die aufgrund der Anforderungsbündelung in kurzen Zeiträumen und mit vergleichsweise geringen Kosten umgesetzt werden konnten. Die zeitnahe Umsetzung der Vorschläge hat zu einer hohen Akzeptanz der IT-Anwendung geführt, da diese von den Anwendern letztlich als „eigene" Lösung wahrgenommen wird. Die permanente Einbindung der Nutzer in die Weiterentwicklung der Software führte im Ergebnis zu einer Software mit hohem Reifegrad und Feature-Überlegenheit gegenüber der Ursprungslösung.

Die Idee eines kontinuierlichen Verbesserungsprozesses lässt sich gut auf die Nutzung von Anwendungssoftware übertragen, wobei dem IT-Bereich des Unternehmens eine zentrale Rolle zukommen sollte. Über technische und organisatorische Maßnahmen kann der Nutzen aus eingeführter Software kontinuierlich gesteigert werden. Die Bereitschaft der Anwender, sich in einen solchen Prozess einzubringen, wird maßgeblich durch die Geschwindigkeit der Umsetzung von Ideen und Verbesserungsvorschlägen beeinflusst. Das „Prinzip der kleinen Schritte", das die Grundlage des KVP-Ansatzes bildet, unterstützt dies in idealer Weise.

Eine interessante weiterführende Idee stellt die Integration von „Web 2.0"-Ansätzen wie „Crowdsourcing" oder „Tagging" in kontinuierliche Verbesserungsprozesse dar. Wenn erkennbare Verschwendungen und Probleme in der Nutzung von IT-Anwendungen in einer Anwendercommunity artikuliert und durch einen anschließenden Diskussionsprozess bewertet werden, könnte dies neben Hinweisen für die Priorisierung der Probleme auch bereits wertvolle Lösungsansätze und Verbesserungsvorschläge liefern.

7.4 Empfehlungen für kontinuierliche Verbesserungsprozesse

Zusammenfassend können folgende Forderungen zur Umsetzung kontinuierlicher Verbesserungsprozesse abgeleitet werden. Die Prüfung des Erfüllungsgrades dieser Forderungen zeigt auf, wie weit der Lean Reifegrad in diesem Bereich entwickelt ist.

Abbildung 7.5   Leitfragen zu kontinuierlichen Verbesserungsprozessen

Leitfragen je Prozess		Lean Prinzip	trifft nicht zu			trifft voll zu	
KVP			1	2	3	4	5
1	Es existieren verständliche und transparente Beschreibungen für die Prozesse in der IT und für die durch IT-Systeme unterstützen Prozesse	Arbeitsplatzgestaltung 5A/5S					
2	Allen Prozessbeteiligten sind die möglichen Verschwendungsarten (ungeplante Störungen, lange Ausfallzeiten, zu hoher manueller Aufwand….) bekannt	Verschwendung eliminieren					
3	Für die Anwender gibt es einfache und klar strukturierte Wege, alltägliche Probleme mit den Anwendungssystemen zu kommunizieren	Kundenorientierte Prozesse					
4	Verschwendung wird mit entsprechenden Kennzahlen (z.B. parallel bearbeitete Incidents, wieder geöffnete Tickets) gemessen	Visuelles Management					
5	Die Verschwendungsarten sind priorisiert. Die Priorisierung erfolgt durch das gesamte Team	Mitarbeiter und Team					
6	Innerhalb der Prozesse in der IT wird systematisch nach Verschwendung und Verbesserungspotenzialen gesucht	Verschwendung eliminieren					
7	Innerhalb der durch IT unterstützen Prozesse wird systematisch nach Verschwendung und Verbesserungspotenzialen gesucht	Verschwendung eliminieren					
8	Für alle Beteiligten im Prozess sind die Wege bekannt, Verbesserungsvorschläge zu artikulieren	Kundenorientierte Prozesse					
9	Die Möglichkeiten, Verbesserungsvorschläge zu artikulieren werden von Anwendern und Mitarbeitern in der IT regelmäßig wahrgenommen	Mitarbeiter und Team					
10	Probleme werden im Team erkannt und einem eingeübten Problemlösungsprozess abgestellt	Mitarbeiter und Team					
11	Ursachen von Prozessproblemen werden umgehend behoben	Null Fehler Ansatz					
12	Die Arbeitsplätze der Mitarbeiter sind so gestaltet und organisiert, dass Verschwendung systematisch vermieden wird	Arbeitsplatzgestaltung 5A/5S					
13	Die Mitarbeiter kennen und Beherrschen die Regeln zur Optimierung der persönlichen Arbeitsumgebung	Arbeitsplatzgestaltung 5A/5S					
14	Das Bottom-Up getriebene KVP wird vom Management aktiv gefördert	Mitarbeiter und Team					
15	Besprechungen und Besprechungsräume sind dem jeweilgen Zweck angepasst und optimal vorbereitet	Arbeitsplatzgestaltung 5A/5S					

8   Lean IT-Controlling

IT-Controlling hat sich als wesentliches Instrument zur Steuerung der IT in vielen Unternehmen etabliert. Angesichts der Methodenvielfalt, sehr aufwändiger Verfahren der Leistungsverrechnung und der zunehmenden Komplexität von Reporting-Werkzeugen stellt sich auch in diesem Bereich die Frage, inwieweit eine Übertragung von Lean Management-Ansätzen zu signifikanten Verbesserungen führen kann. Ferner stellen einige Unternehmen fest, dass sich die „Check-Phase" im IT-Controlling zum Selbstzweck entwickelt hat und aktive Maßnahmen („Act") nicht initiiert werden.

Problematisch ist die Zahlenflut, mit der viele IT-Verantwortliche konfrontiert werden. Performance-Kennzahlen aus dem laufenden IT-Betrieb, Benchmarking-Ergebnisse, Daten aus dem Projektcontrolling oder Kostendaten aus dem betriebswirtschaftlichen Reporting müssen analysiert und interpretiert werden und in geeignete Aktionen umgesetzt werden. Fraglich ist dabei, ob der Blick für das Wesentliche, für die entscheidenden Kennzahlen und Informationen gewahrt bleibt, oder ob die Vielzahl der zu verarbeitenden Informationen nicht gerade diese notwendige Fokussierung verhindert.

Darüber hinaus wird die für die Zusammenarbeit zwischen IT und deren Kunden wichtige Kalkulation und Abrechnung von Leistungen als kritisches Controlling-Thema identifiziert. Eine transparente, nachvollziehbare und verständliche IT-Kostenkalkulation und Abrechnung kann zu einer höheren Akzeptanz und Wertschätzung der Leistungen der IT führen. Allerdings muss der Aufwand für die Konzeption und Umsetzung einer internen Leistungsverrechnung im Rahmen bleiben und in einem angemessenen Verhältnis zum Umfang und zur Bedeutung der IT-Kosten im Unternehmen stehen. Wo aber liegt der „richtige" Detaillierungsgrad?

Für beide genannten Problembereiche werden nachfolgend Lösungsansätze skizziert, die auf schlanken Methoden aufbauen und versuchen, einen pragmatischen Weg im IT-Controlling aufzuzeigen.

8.1   Kennzahlen und visuelles Management für schlanke IT-Prozesse

8.1.1   Visuelles Management

Visualisierungstechniken kommen im Lean Management in unterschiedlichen Ausprägungen zum Einsatz. Zunächst ist der Aspekt der „Visuellen Kontrolle" zu nennen, der eng mit der Einhaltung der „5A/5S"-Prinzipien (vgl. Kapitel 7) verknüpft ist.

■   „Ist beim Durchgang durch die Büros bzw. Arbeitsplätze unmittelbar ersichtlich, ob die Prozessstandards eingehalten werden?"

Diese Frage sollte bejaht werden können. Mit Hilfe von Kommunikationsinstrumenten, die in der unmittelbaren Arbeitsumgebung verwendet werden, soll die schnelle und korrekte Ausführung von Prozessen sichergestellt werden.[115] Dies können optische Signale wie Ampeln oder Wegmarkierungen sein, aber auch Platzhalter für die Aufbewahrung von Werkzeugen, wie die sog. „Schattentafeln" im Rahmen von „5A/5S"-Programmen.

Visuelles Management bezieht sich aber auch auf die zielgerichtete Präsentation von Kennzahlen. Hier steht die folgende Frage im Fokus:

▪ „Kann der einzelne Mitarbeiter jederzeit erkennen, ob die Ziele der von ihm verantworteten Aufgaben erreicht sind?"

Es geht dabei also weniger um die korrekte und sichere Prozessdurchführung sondern mehr um die erwarteten und tatsächlich gelieferten Prozessergebnisse. Das herkömmliche Reporting von Kennzahlen wendet sich i.d.R. an die Managementebene. Die ausführenden Personen werden meist nur indirekt, d.h. über ihre jeweiligen Vorgesetzten, über Zielerreichungsgrade, Abweichungen oder Störungen informiert und fühlen sich weder für die IST-Situation und schon gar nicht für die Verbesserung verantwortlich. Visuelles Management versucht dagegen, alle Beteiligten unmittelbar mit den wesentlichen Informationen zu versorgen.

Mit Hilfe von komplexen IT-Werkzeugen wird im herkömmlichen Reporting versucht, die für Managemententscheidungen relevanten Informationen bereitzustellen und optisch aufzubereiten. Die Verwendung von IT-gestützten Auswertungstools verleitet dazu, zu viel an Informationen vorzuhalten. In Bezug auf das Toyota-Steuerungsinstrumentarium wird davon berichtet, dass Manager und Mitarbeiter dort konsequent gehalten sind, alle wichtigen Informationen auf einem einzigen Blatt als A3-Bericht darzustellen.[116] Diese bewusste Beschränkung zwingt dazu, Kernpunkte herauszuarbeiten und mit wenigen Kennzahlen bzw. geeigneter grafischer Aufbereitung auf den Punkt zu bringen. Erreicht wird damit ein durchstrukturierter und effizienter Entscheidungsprozess.

Zusammengefasst lassen sich die folgenden drei Kernpunkte des visuellen Managements herausstellen:

▪ Verwendung von standardisierten, i.d.R. optischen Signalen

▪ Informationsbereitstellung direkt am „Ort des Geschehens"

▪ Konzentration auf wenige ausgewählte Kennzahlen

8.1.2   Kennzahlen in der IT

Kennzahlen dienen in der IT wie in allen anderen Unternehmensbereichen auch zur Erfassung und Bewertung des betrieblichen Geschehens. Zusammengeführt in Kennzahlensystemen stellen sie ein Instrumentarium dar, mit dessen Hilfe die Performance des IT-

---

[115] Vgl. Liker, J.K. (Toyota 2004), S. 152ff.

[116] Vgl. Liker, J.K. (Toyota 2004), S. 244ff. Vgl. dazu auch die Ausführungen in Kapitel 7

Bereichs beurteilt werden kann. Zahlreiche Publikationen setzen sich in unterschiedlicher Ausprägung mit dem Aufbau und der Interpretation von Kennzahlensystemen in der IT auseinander.[117] Speziell im IT-Service Management haben sich dank ITIL kennzahlenorientierte Steuerungsmechanismen etabliert.[118]

Abbildung 8.1 Von Prozesszielen zu Kennzahlen[119]

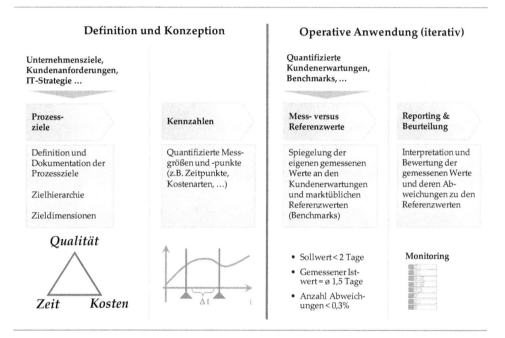

Verfolgt man einen prozessorientierten Ansatz, lassen sich Kennzahlen zur Beurteilung der Prozessdurchführung sowie zur Beurteilung des Prozessergebnisses unterscheiden. Im ersten Fall steht die Frage im Vordergrund, ob und inwieweit die Ausführung von Prozessen den Vorgaben entspricht. Bezogen auf die Prozesse in der IT könnte dies bspw. durch Kennzahlen wie die durchschnittliche Antwortzeit auf Supportanfragen oder die durchschnittliche Bearbeitungszeit von Change Requests dargestellt werden. Im zweiten Fall wird die Frage beantwortet, ob und in welcher Qualität der gewünschte Output eines Prozesses erreicht worden ist. Im IT-Bereich ließe sich dies bspw. mit Kennzahlen wie der Grad der Kundenzufriedenheit oder der Erstlösungsquote im Incident Management messen. Typischerweise stellen die durchführungsbezogenen Kennzahlen Indikatoren für die ergebnisbezogenen Werte dar.

---

[117] Vgl. exemplarisch Kütz, M. (IT-Steuerung 2006), Kütz, M. (Kennzahlen 2009)

[118] Vgl. Buchsein, R. et al. (ITIL V3 2007)

[119] In Anlehnung an Rodenhagen, J./Schröder, H. (Prozesscontrolling 2007)

Zu vermeiden ist in jedem Fall ein unkritischer Zugriff auf alle verfügbaren Zahlen mit dem Effekt, nur das zu steuern, was man misst. Anzustreben ist vielmehr eine Definition von geeigneten Kennzahlen im Hinblick auf das, was gesteuert werden muss.[120] Im Klartext bedeutet dies, dass ein klares Zielsystem bestehen muss, bevor man sich Gedanken über Kennzahlen und Kennzahlensysteme machen kann. Wie in Abbildung 8.1 dargestellt, leiten sich die Prozessziele aus übergeordneten Zielsystemen ab. Dies sind i.d.R. die Unternehmens- und Kundenziele, die in einer IT-Strategie ihren Niederschlag finden sollten.

Prozessziele wie „Verbesserung der Kundenzufriedenheit mit dem Help Desk" lassen sich in weitere Subziele unterteilen. Im genannten Beispiel könnten dies z.B. die „Verbesserung der Erreichbarkeit", „Erweiterung der Servicezeiten", „Verbesserung der Qualität der Auskünfte" oder „Freundlichkeit der Mitarbeiter" sein, die den klassischen Zieldimensionen „Zeit", „Qualität" und „Kosten" zugeordnet werden können (vgl. Abbildung 8.2).

Abbildung 8.2   Ziele und Zieldimensionen[121]

Kennzahlen oder Key-Performance-Indikatoren (KPI) dienen der weiteren Operationalisierung des Zielsystems. Dabei sind diverse Anforderungen zu erfüllen:[122]

■ Eine Kennzahl sollte den Erreichungsgrad genau eines IT-Ziels messen, ein IT-Ziel kann dagegen durch mehrere Kennzahlen beschrieben werden.

---

[120] Vgl. Kütz, M. (Kennzahlen 2009), S. 73ff.

[121] In Anlehnung an Rodenhagen, J./Schröder, H. (Prozesscontrolling 2007)

[122] Vgl. Eul, M./Hanssen, S./Herzwurm, G. (Leistungsbestimmung 2006), S. 27

■ Aus den für einzelne Kennzahlen gemessenen Werten müssen konkrete Maßnahmen abgeleitet werden können.

■ Kennzahlen sollten unmittelbar verständlich und innerhalb der Organisation standardisiert sein.

■ Die Werte für die definierten Kennzahlen müssen mit vertretbarem Aufwand gemessen werden können.

■ Für jedes Ziel sind klare Verantwortlichkeiten definiert. Der Verantwortliche muss die Werte der zugeordneten Kennzahlen beeinflussen können.

Abbildung 8.3   Mögliche Ausprägungen von Kennzahlen[123]

Subziel	Kennzahl	Anzahl	Rel. Anteil	Min.	Max.	∅	σ
Erreichbarkeit Hotline	Anzahl Anrufe bis zum Erreichen eines Service-Mitarb.	☑		☑	☑	☑	☑
	Dauer (Sek.) je Anruf bis zum Erreichen eines Mitarb.			☑	☑	☑	☑
	Anzahl verfügbarer Service-Mitarbeiter je Service-Nr.	☑		☑	☑	☑	
	Anzahl von Anrufen je Service-Nr. und Zeitintervall	☑		☑	☑	☑	☑
Servicezeiten Hotline	Dauer (Std.) der Hotline-Verfügbarkeit	☑					
Qualität der Auskünfte	Zweiter Anruf eines Kunden zum gleichen Thema	☑	☑			☑	☑
	Weiterleitungen an 2nd level support / Experten	☑	☑			☑	☑
Freundlichkeit der Mitarbeiter	Anzahl Beschwerden über Mitarbeiter	☑	☑			☑	
	Anzahl / Anteil neg. Testanrufe	☑	☑			☑	

Alle Kennzahlen sind zu dokumentieren. Sinnvollerweise enthält die Dokumentation in Form eines „Kennzahlensteckbriefs" die formale Spezifikation, Messpunkte und Messverfahren, Berechnungsverfahren, Verantwortlichkeiten, Angaben zum Zielbezug, Vorgabewerte und Hinweise zu Maßnahmen bei Abweichungen.[124] Abbildung 8.3 verdeutlicht die unterschiedlichen Ausprägungen, die eine Kennzahl wie bspw. die Anzahl Anrufe bis zum Erreichen eines Service-Mitarbeiters annehmen kann.

Die Referenzwerte bzw. Zielvorgaben für einzelne Kennzahlen können in unterschiedlicher Art und Weise entwickelt werden. Im Falle bestehender Service Level Agreements (SLA) liegt es nahe, die Zielvorgaben unmittelbar aus diesen vertraglichen Vereinbarun-

---

[123] Vgl. Rodenhagen, J./Schröder, H. (Prozesscontrolling 2007)

[124] Ein Beispiel findet sich bei Eul, M./Hanssen, S./Herzwurm, G. (Leistungsbestimmung 2006), S. 28

gen, die letztlich konkrete Kundenanforderungen repräsentieren, abzuleiten. Existieren solche Vereinbarungen nicht, stellt das Benchmarking eine gute Alternative dar, um Vorgabewerte zu ermitteln, da ein Vergleich mit „Best Practice"-Werten die Möglichkeit bietet, die eigene Performance zu verbessern.[125]

Entsprechend der Kennzahlendefinition sind während der Prozessdurchführung dann Messwerte zu erheben. Im IT-Bereich sind diverse Datenquellen denkbar. Zu nennen sind bspw. Ticket-Systeme, System-Monitoring, Kundenzufriedenheitsbefragungen, Projektcontrolling-Systeme oder Kosteninformationen aus ERP-Anwendungen.

Interessant ist neben der Erhebung der absoluten Werte von Kennzahlen auch die Ermittlung ihrer Streuung in Anlehnung an den Six-Sigma-Ansatz, der diverse Parallelen zu den Methoden des Lean Management aufweist.[126] Ein gut beherrschter Prozess wird hinsichtlich der Ausprägungen der Kennzahlenwerte eine geringere Streuung aufweisen als ein Prozess, der nicht oder nur unzureichend standardisiert ist bzw. von den Prozessbeteiligten nicht ausreichend beherrscht wird. Systematische Abweichungen von den Vorgabewerten bieten insbesondere dann Ansatzpunkte für Verbesserungsmaßnahmen, wenn Vergleichswerte bzw. Abhängigkeiten existieren. Im IT-Betrieb sind bspw. die folgenden Fragen denkbar:

- Variieren die Bearbeitungsdauern von Störungsmeldungen im Help Desk in Abhängigkeit von der Priorität des jeweiligen Vorfalls?

- Gibt es Variationen der Bearbeitungsdauer in Abhängigkeit des Zeitpunktes der Störungsmeldung (z.B. Arbeitstag vs. Feiertag)?

- Lassen sich unterschiedliche Streuungen von Messwerten in Abhängigkeit von der Supportorganisation beobachten?

Solche systematischen Variationen sind Ansatzpunkte für Ursachenanalysen und bieten die Chance für Prozessverbesserungen, wenn Auslöser für negative Abweichungen eliminiert bzw. Gründe für positive Abweichungen identifiziert und organisationsweit umgesetzt werden können.

Die Voraussetzungen für die regelmäßige Erhebung von Messwerten sind vielschichtig. Idealerweise sind die Messungen in die laufenden Prozesse integriert. Dies lässt sich am besten dann erreichen, wenn

- die IT-Prozesse systematisch nach einem standardisierten Referenzmodell strukturiert sind,

- nur wenige Prozessvarianten existieren,

- die Abläufe über einen längeren Zeitraum stabil bleiben,

- die Abläufe eine hohe Anzahl von Wiederholungen aufweisen, und schließlich

---

[125] Vgl. Eul, M./Hanssen, S./Herzwurm, G. (Leistungsbestimmung 2006), S. 28

[126] Vgl. Geisinger, D./Huerter, C./Mirow, F. (Lean Six Sigma 2008), S. 289ff.

◼ Kennzahlen wie oben beschrieben klar definiert, Zielwerte und Toleranzgrenzen festgelegt sind.

Betrachtet man Prozesse in IT-Organisationen dürften die genannten Voraussetzungen insbesondere im IT-Betrieb gegeben sein, der sich daher besonders gut für ein kennzahlenbasiertes Performance Management eignet.

Monitoring-Systeme stellen die regelmäßig erhoben Werte für die definierten Kennzahlen den Kennzahlen-Verantwortlichen sowie weiteren Entscheidungsebenen möglichst zeitnah zur Verfügung. Der Markt für Business Intelligence (BI) - Anwendungen bietet ein riesiges Potenzial, das auch im IT-Bereich genutzt wird. Flexible Selektionsmöglichkeiten, gezielte Recherche in unterschiedlichen Auswertungsdimensionen, Verdichtungs- und Drill-Down Möglichkeiten sowie weitergehende Analysetechniken wie Simulations- oder Prognosetools sind Vorteile, die IT-basierte Monitoring-Instrumente bieten und die auch für das Performance-Management von IT-Prozessen gut nutzbar sind.

Es stellt sich aber die Frage, ob die gewünschten Effekte eines kennzahlenbasierten Prozessmanagement nicht auch mit einfacheren Mitteln erreicht werden können. Wird in jedem Fall ein komplexes BI-System benötigt, oder ist es am Ende sinnvoller, mit einfachen Techniken die Kernaussagen der erhobenen Kennzahlen direkt vor Ort den an der Prozessausführung beteiligten Organisationseinheiten zu präsentieren, um auf Abweichungen von vorgegebenen Grenzwerten oder Toleranzbereichen unmittelbar reagieren zu können? Diese Fragestellung wird im folgenden Abschnitt diskutiert.

8.1.3   Einsatz von Visualisierungstechniken in IT-Prozessen

Positive Erfahrungen mit Visualisierungstechniken im IT-Bereich werden insbesondere bei der Entwicklung von Software mit agilen Methoden berichtet. Visuelle Arbeitsplätze, Teamräume mit der Präsentation aller wichtigen projektbezogenen Informationen wie Sprint-Ziele, Backlogs, oder Burndown-Charts sind unabdingbarer Bestandteil einer Methode wie Scrum.[127] Das Sichtbarmachen dieser Informationen schafft Transparenz und fördert das Verantwortungsbewusstsein der Beteiligten.

Auch im „klassischen" Projektmanagement können visuelle Methoden zur Projektsteuerung gut eingesetzt werden. Zu nennen ist hier bspw. der Ansatz der Termin-Trend-Diagramme in Meilensteintrendanalysen[128], der explizit darauf setzt, dass die Rückmeldungen von Verantwortlichen für einzelne Arbeitspakete über mögliche Terminverfehlungen zeitnah erfasst und über einfache Diagrammtechniken allen andern Projektbeteiligten gegenüber kommuniziert werden, um die Auswirkungen auf das gesamte Projekt möglichst frühzeitig zu erkennen und evtl. gegensteuern zu können.

---

[127] Vgl. Pichler, R. (Scrum 2008), S. 69ff.; ähnlich auch die Adaption von Kanban-Boards auf Wartungs- und Enwicklungsaufgaben in der IT, vgl. Anderson, D.J. (Kanban 2011), S. 71ff.; vgl. auch Kapitel 5

[128] Beschrieben bspw. bei Brugger, R. (IT-Projekte 2005), S. 491f.

Außerhalb des Projektmanagements werden Visualisierungstechniken in der IT bisher nur vereinzelt genutzt. In Analogie zu den Informationstafeln in Fertigungsbetrieben ist auch im IT-Betrieb der Einsatz von Informationsträgern sinnvoll, da ein wertvoller Beitrag zur Motivation, Kundenorientierung und Vermeidung von Verschwendung geleistet werden kann. Folgende Inhalte sollten auf diese Weise präsentiert werden (vgl. Abbildung 8.4):

■ Ziele und Zielerreichung: Die wesentlichen Ziele eines jeden Bereiches innerhalb der IT und die damit verknüpften Kennzahlen, Vorgaben und Zielerreichungsgrade lassen sich einfach auf Stellwänden oder in Schaukästen präsentieren. Dazu könnten Gruppenergebnisse wie Fehlzeiten, Produktivitätskennzahlen oder Qualitätsgrößen ergänzt werden. Für einen IT-Support wäre in diesem Zusammenhang bspw. die Fortschreibung der „Tage ohne SLA-Verletzung" oder die grafische Darstellung der Entwicklung der durchschnittlichen Bearbeitungszeiten für Incidents im Zeitablauf vorstellbar. Es macht wenig Sinn, wenn Werte für Kennzahlen wie im vorangegangenen Abschnitt beschrieben gemessen werden, dies aber nur im kleinen Kreis der Entscheidungsträger wirklich bekannt ist. Eine plakative Präsentation der KPIs für einen Arbeitsplatz bzw. eine Organisationseinheit in der IT sorgt dafür, dass die aktuellen Werte zur Performance dort bekannt gemacht werden, wo sie entstanden sind. Nur dort können letztlich auch die ggf. notwendigen Verhaltensänderungen veranlasst werden.

■ Mitarbeiterbeteiligung: Verbesserungsvorschläge einzelner Kollegen oder Arbeitsgruppen zur Weiterentwicklung von Prozessen in der IT oder Eliminierung von Verschwendung könnten offengelegt und zur Diskussion gestellt werden. Gegenüber dem üblichen Weg, solche Vorschläge an eine übergeordnete Instanz zur Prüfung weiterzuleiten, hätte eine offene Kommunikation und Präsentation am „Ort des Geschehens" den Vorteil, dass die am Prozess beteiligten und von einer Prozessverbesserung betroffenen Mitarbeiter unmittelbar informiert werden, Kommentare und Weiterentwicklungsideen abgegeben werden können und auf diese Weise ein Prozess angestoßen wird, der den Grundgedanken kontinuierlicher Verbesserungsprozesse folgt, auf die in Kapitel 7 bereits eingegangen wurde.

■ Ordnungsmäßigkeit: In Produktionsbetrieben findet man häufig direkt an den Arbeitsplätzen Hinweise auf einzuhaltende Standards oder Sicherheitsvorschriften. Übertragen auf die IT könnte man z.B. Prozessbeschreibungen für die anfallenden Routineaufgaben oder Vorgaben für Qualitätsstandards (z. B. Softwaretests) visualisieren.

■ Mitarbeiterinformation: Üblicherweise werden Informationen über Neuigkeiten im Unternehmen, Maßnahmenpläne, geänderte Zuständigkeiten etc. auf elektronischem Wege über Newsletter oder E-Mails verteilt. Angesichts der E-Mail-Flut, der sich viele Mitarbeiter ausgesetzt sehen, lässt sich eine nachhaltigere Informationsweitergabe möglicherweise dadurch erreichen, die für einen Arbeitsbereich wichtigsten Neuigkeiten in traditioneller Form, d.h. per Aushang zu kommunizieren. Über eine zentrale Informationstafel, an der jeder Mitarbeiter mehrmals täglich vorbeigehen muss, die evtl. in der Kaffeeküche oder beim Abteilungsdrucker platziert ist, lässt sich die Wahrnehmung und Verinnerlichung von wichtigen Informationen gut unterstützen.

Abbildung 8.4   Visualisierung von Kennzahlen an einer Stellwand (Beispiel)

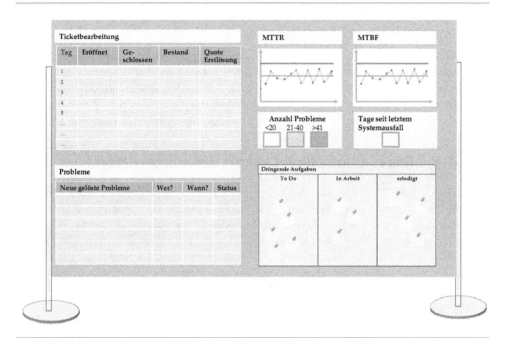

Erfahrungen aus Produktionsbetrieben zeigen, dass auf diese Weise die Gruppenzusammengehörigkeit einer Organisationseinheit gesteigert werden kann. Das „Einschwören" der Mannschaft auf gemeinsame Ziele wird gefördert, die Transparenz über Ziele, Prozesse und Leistungen stärkt die Identifikation der Mitarbeiter mit dem Unternehmen und dem jeweiligen Arbeitsbereich. Eine Visualisierung von positiven Trends dürfte darüber hinaus in den meisten Fällen motivationssteigernd wirken.

Die Auswahl weniger, entscheidender Kennzahlen sorgt für eine konzentrierte und fokussierte Information und kann für Mitarbeiter und Teams eine wertvolle Orientierungshilfe darstellen. Bildliche Darstellungen von Informationen werden im Regelfall erheblich leichter aufgenommen und interpretiert als Texte oder einfache Zahlenkolonnen. Nicht zuletzt bietet die Transparenz der KPIs die Möglichkeit eines ständigen Vergleichs mit anderen Teams und fördert somit einen positiven Wettbewerb innerhalb der IT-Organisation.

Zu beachten ist allerdings, dass die Visualisierung von Performance-Kennzahlen auch kontraproduktiv wirken kann. Wird einem Mitarbeiter oder einem Team fortlaufend vor Augen geführt, dass man dem Rest der Mannschaft hinterherhängt, kann dies schnell zu Frustration führen. Möglicherweise wird eine Informationstafel mit vergleichsweise schlechten Werten nicht als Ansporn zur Verbesserung sondern vielmehr als „Pranger" oder Ausdruck eines unnötigen Überwachungssystems im Unternehmen missverstanden. Um dies zu vermeiden, müssen die betroffenen Mitarbeiter bei der Konzeption und Entwicklung solcher Maßnahmen von Beginn an eingebunden werden. Wichtig ist auch von vornherein deutlich zu kommunizieren, dass schlechte Kennzahlenwerte nicht auf „schlechte Mitarbeiter" sondern vielmehr auf Prozessprobleme hinweisen, die gemeinsam gelöst werden müssen.

Letztlich muss ein solches Verfahren auch in die Kultur des Unternehmens passen. Erwartungsgemäß dürften Produktionsbetriebe, die Visualisierungstechniken in ihren Leistungsbereichen bereits erfolgreich einsetzen und dort als Selbstverständlichkeit ansehen, deutlich weniger Probleme bei einer Übertragung dieser Ansätze in den IT-Betrieb haben als Unternehmen, die bisher in allen Bereichen auf derartige Methoden verzichtet haben.

8.1.4   Das IT-Controlling-Cockpit bei Kühne + Nagel

Bei Kühne + Nagel[129] steigen die Anforderungen an das IT-Management auf Grund des starken Wachstums und der Integration externer Partner in die IT gestützten Geschäftsprozesse. In diesem Umfeld wird eine agile IT benötigt, die sich schnell wechselnden Anforderungen anpassen kann und dennoch mit knappen Ressourcen auskommt. Die IT stellt einen strategisch wichtigen Bereich der Organisation von Kühne + Nagel dar. Die Performance der IT muss angesichts ihrer hohen Bedeutung permanent gemessen werden. Neben der laufenden technischen Überwachung wichtiger Kennzahlen wurde daher ein ergänzendes Management-Cockpit für die IT aufgebaut.

Dieses wurde auf Basis der bereits formulierten strategischen Ziele der IT aufgesetzt. Das Projekt wurde innerhalb der IT Central Europe umgesetzt. Die Strategie orientierte sich an 13 Elementen (People, Organisation, Partner, vgl. Abbildung 8.5). Die Aufgabe bestand darin, diese allgemeingültigen, verbal formulierten Ziele mit den konkreten Handlungsfeldern innerhalb der IT zu verzahnen und in messbare Kennzahlen zu überführen. Dabei stand die finale visuelle Umsetzung auf nicht mehr als einer DIN-A4-Seite im Vordergrund. Zur Umsetzung wurde ein mehrstufiges Vorgehen gewählt. Folgende Elemente wurden durchlaufen:

1. Formulierung der IT-Vision und -Mission in einzelnen Dimensionen („Vision/Mission")

2. Zuordnung der Elemente aus der Vision auf die Perspektiven der IT-Scorecard („Perspective")

3. Ableitung der strategischen Ziele („Goal")

4. Festlegung der konkreten Handlungsvorgabe je Ziel („Objective")

5. Definition der Kenngrößen zur quantitativen Bewertung jeder Handlungsvorgabe („Measurement/KPI")

---

[129] Zum Unternehmen vgl. http://www.kn-portal.com

Während die Inhalte der ersten Stufe durch die IT-Strategie bereits vorlagen, galt es nun, diese Vorgaben in operative Ziele zu überführen und mit konkreten Handlungsfeldern zu versehen. Die folgende Abbildung veranschaulicht den gewählten Projektrahmen zur Erarbeitung der IT-Scorecard:

Abbildung 8.5   Framework zur Erarbeitung der IT-Scorecard bei Kühne + Nagel

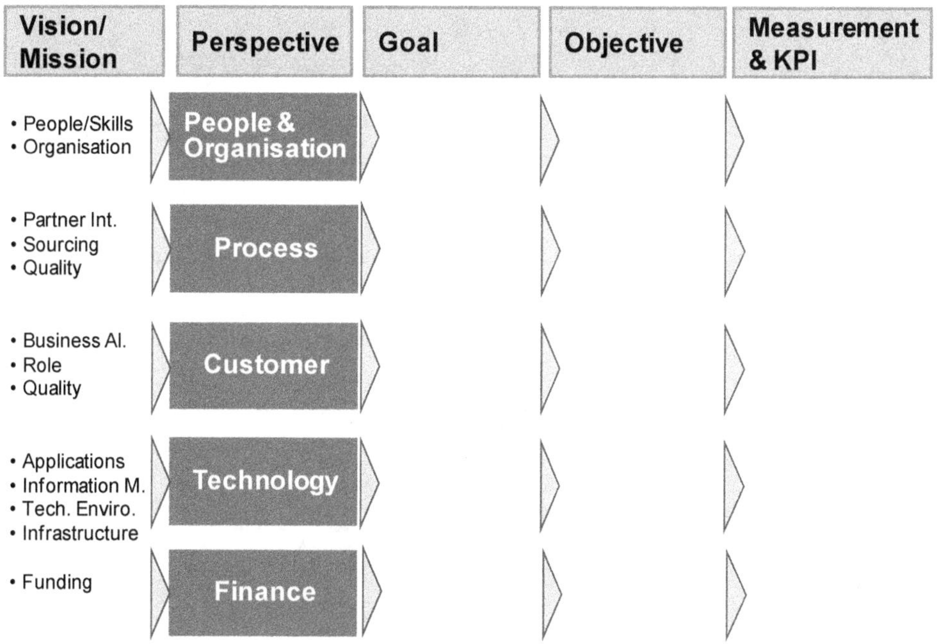

Vision/ Mission	Perspective	Goal	Objective	Measurement & KPI
• People/Skills • Organisation	People & Organisation			
• Partner Int. • Sourcing • Quality	Process			
• Business Al. • Role • Quality	Customer			
• Applications • Information M. • Tech. Enviro. • Infrastructure	Technology			
• Funding	Finance			

Für jede Perspektive wurden die Zielsetzungen und Handlungsfelder mit den verantwortlichen Mitarbeitern der IT erarbeitet. Dabei war es entscheidend, konkrete Ziele („Goal") zu ermitteln, die auf das Geschäft von Kühne + Nagel bezogen waren, und diese mit pragmatischen Handlungsfeldern („Objective") innerhalb der IT zu versehen. Denn Ziele und Handlungsfelder müssen von allen beteiligten Mitarbeitern und Führungskräften verstanden werden. Mehrseitige Formulierungen für jedes Ziel und Handlungsfeld sollten vermieden werden. Die leichte Lesbarkeit und Verständlichkeit stand im Vordergrund. Im Laufe des Arbeitsprozesses wurden daher mehrere Ideen und Definitionen für Ziele und Handlungsfelder ermittelt. Da möglichst wenige Kennzahlen ermittelt werden sollten, wurden mehrere Ansätze verworfen, verfeinert und überarbeitet. Es entstand ein mehrstufiger Ziel- und Kennzahlenbaum. Für jede Perspektive wurden zwei bis drei Ziele ermittelt und für jedes Ziel wiederum zwei bis drei mögliche Handlungsfelder vorgegeben. Schließlich wurden für jedes Handlungsfeld ein bis zwei mögliche Kennzahlen zur Messung vorgeschlagen. So entstand ein umfangreiches Werk mit zahlreichen Ansätzen für die Ausprägung der Scorecard.

Nachdem die wesentlichen Elemente abgeleitet worden waren, musste eine Fokussierung auf die Kennzahlen erfolgen, die einfach verständlich, messbar und visualisierbar sind. Dabei wurde nicht das Ziel verfolgt, mathematisch möglichst exakte Messgrößen zu identifizieren, sondern es wurde darauf geachtet, dass die ermittelten Messgrößen zur Selbststeuerung innerhalb der IT beitragen. Was bringen die besten Kennzahlen, wenn keiner die Daten zu deuten und seine Handlungen entsprechend ausrichten kann? Gar nichts!

Die Abbildung 8.6 veranschaulicht das Ergebnis der Projektarbeit für die Perspektive „Process".

Abbildung 8.6   Mögliche Ausprägung der Scorecard-Perspektive „Process"

Strategic Goal	Service Delivery Excellence					
Objective	fulfillment service-level / high-quality IT service process	ITIL-orientation	software development excellence	first-class demand- and project-management (agile IT: action instead of reaction)	competitive IT	high quality
Measure-ment	time for problem solving / within 24 h solved incidents operational availability rate per system no. of cross-system defined critical customer end-to-end processes (to prepare the requirements of measuring and reviewing complete E2E-process processing time)	rate of ITIL process compliance	code quality / no. of code reviews software documentation	clearly specified demand-process (%) time to identify market shifts and to derive consequences for K&N (IT-)business (duration from appearance of external changes to internal definition of priorities) no. of projects in-time and in-cost / ratio of projects in-plan vs. out of plan	result of external audits and benchmarks	incidents and problems with external partner ("failure rate due to external causes")

Für jede Perspektive lag nun ein Rahmen für die möglichen Inhalte der IT-Scorecard vor. Die Zusammenfassung aller Messgrößen sollte auf einer DIN-A4-Seite dargestellt werden können. In einem nächsten Schritt wurden daher die möglichen Messwerte auf einige wenige Kennzahlen reduziert. Wie am Beispiel „Process" veranschaulicht, standen für die Messung des Ziels „Service Delivery Excellence" 11 mögliche Kennzahlen unterhalb der Handlungsfelder zur Auswahl.

Für alle Perspektiven erfolgte abschließend eine Reduktion auf die Kennzahlen, die

■ leicht ermittelbar,

■ leicht verständlich und

■ leicht in Handlungen überführbar

waren. Die Abbildung 8.7 zeigt das Ergebnis dieser auf Basis der SMART-Kriterien ermittelten finalen Ausprägung der IT-Scorecard.

Abbildung 8.7   IT-Scorecard bei Kühne + Nagel

Perspective	Goal	Objective	Measurement
People & Organisation	high potentials (internal)	design & process expertise inhouse	1. strategic job coverage ratio: Effective ratio of successful filled jobs
		business knowledge in IT (talent management)	2. spend days on training programm / paticipation rate
	motivated staff	high employee satisfaction	3. accumulated leave information
			4. annual index – questionaire
Process	service delivery excellence	fullfillment service-level	5. time for problem solving, within 24h solved problems
			6. operational availability rate per system
		first class demand & project management	7. no. of projects in time
Customer	extend relationships with customers (ext.)	standardized and quick customer connection	8. keep timeframe for customer implementation (standard, ind., special)
Technology	expert partner for business units	maintain information across the group / decsion making	9. CSI - Internal survey of business departments
	global consolidation of computing assests	reduction of technical plattforms	10. review/scan ability of systems infrastructure to be standarized
Finance	effectivness	spend money for the right things	11. sum of (net) present value per project cum. p.a.
	efficiency	get the maximum out of budget	12. % IT cost / gross profit
			13. IT cost per seat
			14. in budget

Es lässt sich erkennen, dass in der Perspektive „Process" aus den ursprünglich sechs Handlungsfeldern und 11 möglichen Messgrößen nun abschließend zwei Handlungsfelder mit drei Messwerten (Nr. 5 - 7) ausgewählt wurden. Ebenfalls wird deutlich, dass die gesamte Scorecard nun auf 14 konkrete Kennzahlen beschränkt wurde. Damit bleibt der gesamte Rahmen überschaubar und für Mitarbeiter und Führungskräfte interpretierbar.

Um dem Lean Gedanken zu folgen und das Ziel einer visuellen Steuerungstafel zu erreichen, wurden nun für jede dieser 14 Kennzahlen konkrete Ausprägungen definiert. Je Kennzahl galt es, die Form der Berechnung, die Festlegung der visuellen Darstellungen und Wertebereiche für eine Farbcodierung (rot, gelb, grün), die Datenquellen und die späteren Zuständigkeiten zur Ermittlung der Werte festzulegen.

Die Zuordnung von verantwortlichen Mitarbeitern spielte dabei eine wichtige Rolle. Häufig ist es nicht möglich, die Daten automatisiert aus dem System abzuleiten. Gerade für die Messung von Prozessen bedarf es der manuellen Datenermittlung. Bei der Festlegung wurde darauf geachtet, dass der Aufwand zur Ermittlung für die Verantwortlichen möglichst gering gehalten wird. Hierdurch wurde auch die Zuständigkeit in der IT-Organisation gestreut, so dass nicht ein zentraler Verantwortlicher ständig für alle Kennzahlen die Daten beschaffen muss. Der Gesamtaufwand wurde so auf mehrere Köpfe verteilt. In der Regel erfolgt die Aktualisierung einer Kennzahl monatlich.

Abbildung 8.8   Visuelle IT-Scorecard bei Kühne + Nagel

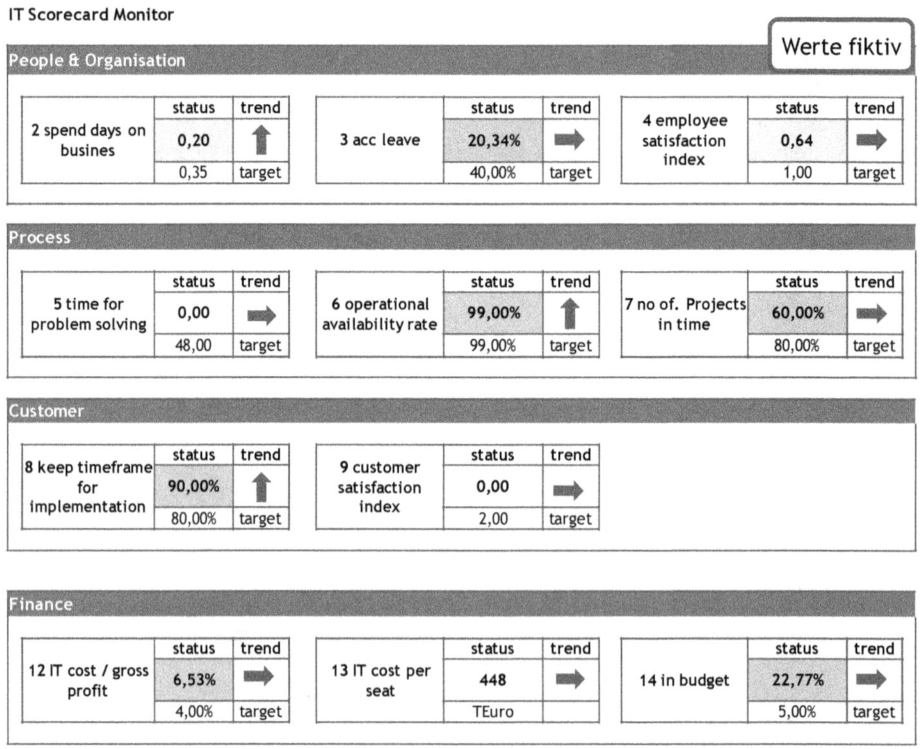

IT Scorecard Monitor

People & Organisation   Werte fiktiv

2 spend days on busines	status	trend		3 acc leave	status	trend		4 employee satisfaction index	status	trend
	0,20	⬆			20,34%	➡			0,64	➡
	0,35	target			40,00%	target			1,00	target

Process

5 time for problem solving	status	trend		6 operational availability rate	status	trend		7 no of. Projects in time	status	trend
	0,00	➡			99,00%	⬆			60,00%	➡
	48,00	target			99,00%	target			80,00%	target

Customer

8 keep timeframe for implementation	status	trend		9 customer satisfaction index	status	trend
	90,00%	⬆			0,00	➡
	80,00%	target			2,00	target

Finance

12 IT cost / gross profit	status	trend		13 IT cost per seat	status	trend		14 in budget	status	trend
	6,53%	➡			448	➡			22,77%	➡
	4,00%	target			TEuro				5,00%	target

Für die Überführung in ein visuelles Cockpit sollte die Umsetzung mit einfachen Werkzeugen möglich sein. Daher stand nicht die Auswahl komplexer Scorecard-Tools im Vordergrund. Im Gegenteil – Darstellung und Umsetzung sollten mit einfachen, bereits vorliegenden Werkzeugen erfolgen. Aus diesem Grund wurde eine einfache Struktur in Excel erstellt. In dieser Struktur werden nun die monatlichen Daten erfasst und die Formeln zur Ermittlung der visuellen Werte wurden einmalig hinterlegt. Als Ergebnis liefert dieses schlanke Tool abschließend eine Darstellung aller Kennzahlen auf einer Seite. Die Abbildung 8.8 verdeutlicht, dass für jede Kennzahl zahlreiche Informationen visuell aufbereitet wurden. Die aktuelle Situation ist über eine Farbcodierung je Messgröße für jeden leicht erkennbar. Des Weiteren ist der zeitliche Verlauf über einen Trendpfeil erkennbar. Zusätzlich wird der Zielwert mit angezeigt.

Diese am Ende nun einfache Darstellung basiert auf den ursprünglichen, strategischen Zielen der IT. Für jeden Mitarbeiter wird es somit möglich, auf Basis der aktuellen Situation in den definierten Handlungsfeldern seine Aktivitäten auszurichten und im Rahmen der Selbststeuerung zur Verbesserung der Messwerte beizutragen.

8.2 „Schlanke" IT-Produktkalkulation und Leistungsabrechnung

8.2.1 Vermeidung von Verschwendung durch Kostentransparenz

Für eine Ermittlung und Verrechnung der Kosten, die für die Erstellung von IT-Produkten (IT-Services) angefallen sind, kann es unterschiedliche Zielsetzungen geben:[130]

- Eine verursachungsnahe Kostenverteilung ist anzustreben, da die IT meist als klassische Hilfskostenstelle fungiert und die dort angefallenen Kosten über die Hauptkostenstellen in die Kostenträgerrechnung einfließen.

- Kostentransparenz und -vergleichbarkeit sind für die Empfänger von IT-Leistungen unabdingbar, um die Kosten für die IT-Nutzung einschätzen und gegenüber externen Dienstleistern und in internen Benchmarks einordnen zu können.

- Die Kostenverrechnung führt zu einer Steigerung des Kostenbewusstseins bei den Leistungsempfängern, und fördert so den maßvollen Umgang mit den IT-Ressourcen und trägt zur Vermeidung von Verschwendung **auf Kundenseite** bei.

- Eine Weiterbelastung von IT-Kosten fördert bei unternehmensinternen Leistungsbeziehungen ein internes Kunden-Lieferanten-Verhältnis und führt so zu einer Verbesserung der Kundenorientierung, nicht zuletzt da an fakturierte Leistungen i.d.R. sowohl vom Leistungsempfänger aber auch vom Leistungserbringer höhere Qualitätsmaßstäbe angelegt werden als an „kostenlose" Leistungen.

- Die Feststellung, dass das interne Kostenniveau merkbar höher ist als die Preise externer Anbieter für vergleichbare Leistungen, führt zur Einleitung von kostensenkenden Maßnahmen. Auf diesem Wege wird eine **Vermeidung von Verschwendung auf IT-Seite** erreicht.

Insbesondere die letztgenannten Punkte zeigen einen deutlichen Bezug zu den Grundsätzen des Lean Management: Vermeidung von Verschwendung und Kundenorientierung stellen wie in Kapitel 1 erläutert zwei grundlegende Lean Prinzipien dar. Zu klären ist letztlich die Frage, wie ein Kalkulations- und Leistungsabrechnungsverfahren ausgestaltet

---

[130] Vgl. Kesten, R./Müller, A./Schröder, H. (IT-Controlling 2007), S. 194f.

sein muss, damit es diese Zielsetzungen bestmöglich adressiert. Dabei muss berücksichtigt werden, dass das Verfahren selbst auch „schlank" bleibt, d.h., dass die Komplexität so gering wie möglich gehalten werden muss, um die Anwendbarkeit und Akzeptanz zu gewährleisten. Schaut man sich die Verfahren zur Kostenstellenrechnung und innerbetrieblicher Leistungsverrechnung in gängigen ERP-Systemen an, stellt man schnell fest, dass diese meist eine derart hohe Komplexität aufweisen, dass sie außerhalb der angestammten Controlling-Bereiche kaum durchschaubar sind. Aber auch das andere Extrem, pauschale Kostenumlagen über einfache Schlüsselgrößen mit dem einzigen Ziel, Gemeinkosten von einer Kostenstelle auf die nächste zu schieben, können nicht die Lösung sein, da sich auf diese Weise die zuvor angesprochenen differenzierten Zielsetzungen einer internen Leistungsbeziehung nicht erreichen lassen.

Abbildung 8.9   Verfahren der Leistungsverrechnung[131]

	Verursacher-gerechtigkeit	Kosten-transparenz	„Lean" Ziele		
			Vermeidung v. Verschwendung beim Kunden	Vermeidung v. Verschwendung in der IT	Verbesserung der Kundenorientierung
Direkte Leistungsverrechnung	+	+	O	O	O
Produktorientierte Leistungsverrechnung	O	+	O	+	+
Umlageverfahren	–	–	O	–	–

(rechts neben der Tabelle: Pfeil nach oben mit Beschriftung „Implementierungsaufwand")

Eine produktorientierte Leistungsverrechnung entspricht den oben genannten Zielen am ehesten (vgl. Abbildung 8.9). Gemeint ist damit ein Verfahren, in dem unterschiedliche IT-Leistungen wie Netzwerkressourcen, Speicherplatz oder Supportdienste zu vordefinierten Produkten gebündelt werden und zu festgelegten oder verhandelten Preisen über Produktkataloge den IT-Kunden angeboten werden. Während bei einer „direkten Leistungsverrechnung" der Versuch unternommen wird, jede Teilleistung exakt abzurechnen und somit ein Höchstmaß an Verursachergerechtigkeit zu bieten, geht es hier darum, eine möglichst kundenorientierte Produktdefinition vorzunehmen (vgl. Kapitel 3) und damit die Akzeptanz der Kunden und das Verständnis für die abgerechneten Leistungen zu fördern. Das Verursacherprinzip wird auf diese Weise zugunsten der Pauschalabrechnung be-

---

[131] In Anlehnung an Kesten, R./Müller, A./Schröder, H. (IT-Controlling 2007), S. 200

stimmter Leistungen, wie bspw. die Bereitstellung einer technischen Infrastruktur, teilweise verletzt. Dies scheint aber vertretbar, da eine exakte Leistungsmessung und -verrechnung meist weder mit vertretbarem Aufwand durchführbar noch vom Kunden wirklich gewünscht ist.

Schlüsselfaktoren für die erfolgreiche Umsetzung eines produktorientierten Abrechnungsverfahrens sind zum einen die „richtige" Produktdefinition, zum anderen die Festlegung von Preisen für die Produkte, die geeignet sind, die Leistungserbringung und Leistungsabnahme entsprechend der genannten Zielsetzungen zu steuern.

Werden die Produkte marktgerecht definiert, haben die Kunden der IT die Möglichkeit, externe Vergleiche anzustellen und ggf. Druck auf die eigene IT auszuüben. Wenn die internen IT-Produkte mit marktgerechten Preisen versehen werden müssen, ist der IT-Bereich gezwungen, effiziente Leistungserstellungsprozesse zu etablieren. Werden die Preise dagegen aus den internen Kosten des IT-Bereichs kalkuliert, wird bei den Leistungsempfängern schnell deutlich, wenn diese merkbar über den gängigen Marktpreisen liegen. Auch wenn die Vergleichbarkeit des Leistungsspektrums einer internen IT mit dem eines externen Providers nicht in jedem Fall gegeben ist und ein etwas höheres internes Preisniveau meist begründbar ist, dürfte eine dauerhafte deutliche Überschreitung der Marktpreise den internen Kunden nur schwer vermittelbar sein. Über diesen Hebel lässt sich das angesprochene Ziel „Vermeidung von Verschwendung in der IT" unmittelbar adressieren. Die „Vermeidung von Verschwendung auf Kundenseite" kann letztlich nur durch die richtige Produktbildung gesteuert werden, indem der Kunde über die Abnahme oder Nichtabnahme von Produkten entscheiden kann und auf diese Weise seine IT-Kosten beeinflusst. Wenn für in Anspruch genommene Leistungen „bezahlt" werden muss und die Abrechnung aufgrund verständlicher und akzeptierter Produkte nachvollziehbar ist, besteht ein großer Anreiz auch nur die Produkte in Anspruch zu nehmen, die für die Erfüllung der jeweiligen Aufgaben benötigt werden und auf diese Weise verantwortlich mit den knappen IT-Ressourcen umzugehen.

Zusammengefasst lassen sich die folgenden Punkte festhalten, die bei der Konzeption einer schlanken Produktkalkulation und Leistungsabrechnung in der IT zu berücksichtigen sind:

■ Verständliche, mit dem Kunden entwickelte Produkte sorgen für Kostentransparenz und sind die Voraussetzung für Akzeptanz und Wirksamkeit des Verfahrens.

■ Das Kostenbewusstsein in den Fachabteilungen kann durch die Berechnung der IT-Leistungen gefördert werden.

■ Eine markt- oder kostenorientierte Preisbildung fördert ein kostenbewusstes Verhalten in der IT, wenn externe Vergleiche möglich sind.

■ Eine verbesserte Kundenorientierung bei Erhöhung der Qualität und Produktivität in der IT kann durch Aufbau einer Kunden-Lieferantenbeziehung und durch Aufbau einer Konkurrenzsituation mit externen Anbietern erreicht werden.

■ Das Kalkulations- und Abrechnungsverfahren selbst sollte einfach umsetzbar sein und im Idealfall auf komplexe Tools verzichten können.

8.2.2   Konzeption einer schlanken Produktkalkulation und Leistungsabrechnung

Nachfolgend wird ein mehrstufiges Verfahren zur prozess- und produktorientierten Verrechnung vorgestellt, das ausgehend von Kosteninformationen der IT-Kostenstellen über eine Erfassung der relevanten IT-Prozesse für die Leistungserstellung zu Produkten und deren Preisen überleitet (vgl. Abbildung 8.10). Der Ansatz orientiert sich an der in Kapitel 3 entwickelten Systematik zur Produktdefinition und berücksichtigt auch die dort angesprochene „Line of Visibility", über die das Informationsbedürfnis des Kunden von den meist wesentlich detaillierter vorliegenden IT-internen Informationen abgegrenzt wird.

Abbildung 8.10   Ablaufschema einer schlanken Leistungsabrechnung

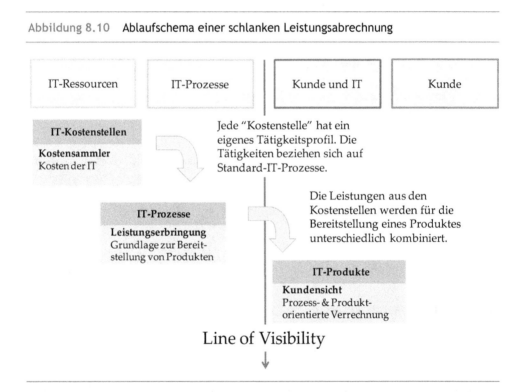

Eine Implementierung ist sowohl auf Basis einfacher Tabellenkalkulationswerkzeuge als auch in komplexeren Werkzeugen wie ERP- oder Kostenrechnungssystemen möglich. Das Verfahren kann in der Planungsphase zur Produktkalkulation sowie in einer Ist-Betrachtung zur Leistungsabrechnung angewendet werden.

Grundvoraussetzung ist zunächst die Planung bzw. Erfassung der in der IT anfallenden Kosten, die IT-internen Kostenstellen wie Server-Betrieb, Desktop Services oder Anwender-Support zugeordnet werden. Im Regelfall existiert eine solche Kostenstellenstruktur, die die organisatorischen Gegebenheiten des IT-Bereichs widerspiegelt.[132]

Eine direkte Überführung der Kostenstellenkosten in eine produktorientierte Kalkulation ist meist nicht möglich, da die für den Kunden „sichtbaren" Produkte aus anteiligen Leistungen unterschiedlicher IT-Kostenstellen gebildet werden. Ein „Standard IT-Arbeitsplatz" als Beispiel wird u.a. Leistungen aus den Bereichen Netzwerk, Lizenzen, Desktop Services oder Anwendersupport beinhalten. Andererseits dürfte eine Kostenstelle wie bspw. der Anwendersupport Leistungen für unterschiedliche IT-Produkte erbringen, so dass eine weitere Unterteilung der Kostenstellenkosten erforderlich ist.

Tabelle 8.1   IT-Prozesse und Kostentreiber (Auswahl)

IT-Prozess	Beispiele für Kostentreiber
Beschaffung von IT-Ressourcen	Anzahl Bestellungen
Installation	Anzahl Installationen
Serverbetrieb	Anzahl Server
Backup/ Recovery	Speicherplatz
Anwenderbetreuung	Anzahl Calls
Entwicklung	Anzahl Stunden

Als zweckmäßig hat sich dafür die Durchführung von Prozessanalysen in den einzelnen IT-Kostenstellen erwiesen: Unabhängig von später zu definierenden Produkten bzw. an Kunden abzurechnende Leistungen muss dabei untersucht werden, welche Aufgaben innerhalb einer Kostenstelle regelmäßig anfallen und durch welche Prozesse diese adressiert werden. Hierzu wird eine kostenstellenübergreifende Prozesslandkarte entwickelt, die alle Teilprozesse innerhalb des IT-Bereichs enthält und gleichzeitig auch Hinweise auf die Kostentreiber, also die wesentlichen Einflussfaktoren auf die Höhe der Prozesskosten, vorsieht (vgl. Tabelle 8.1).

---

[132] Entsprechende Beispiele finden sich u.a. bei Kesten, R./Müller, A./Schröder, H. (IT-Controlling 2007), S. 201ff.; Gadatsch, A./Mayer, E. (IT-Controlling 2010), S. 212ff.

Die Gesamtkosten der Kostenstelle können darauf aufbauend über ein einfaches Schlüsselverfahren auf diese IT-Teilprozesse verteilt werden, wobei eine einfache prozentuale Aufteilung meist ausreichend ist (vgl. Abbildung 8.11). Dies führt keineswegs zu exakten „verursachergerechten" Werten, sondern soll vielmehr einen möglichst realitätsnahen Eindruck von der Kostenstruktur im IT-Bereich vermitteln. Ein großer Vorteil ist darin zu sehen, dass die Werte i.d.R. über einfache Befragungen der Mitarbeiter ermittelbar sind. Die Frage, welcher Anteil der Arbeitszeit im Schnitt auf Installationstätigkeiten, Beratungstätigkeiten etc. verwendet wird, sollte von jedem Mitarbeiter zumindest als qualifizierter Schätzwert beantwortet werden können. Als interessanter „Nebeneffekt" stellt sich die Möglichkeit dar, auch die Kosten je Teilprozess über alle Kostenstellen hinweg auszuweisen, um auf diese Weise Prozesskostensätze bspw. für Installations-, Support- oder Entwicklungsaufgaben zu ermitteln.

Abbildung 8.11   Kostenstellen und Prozesse (Beispiel)

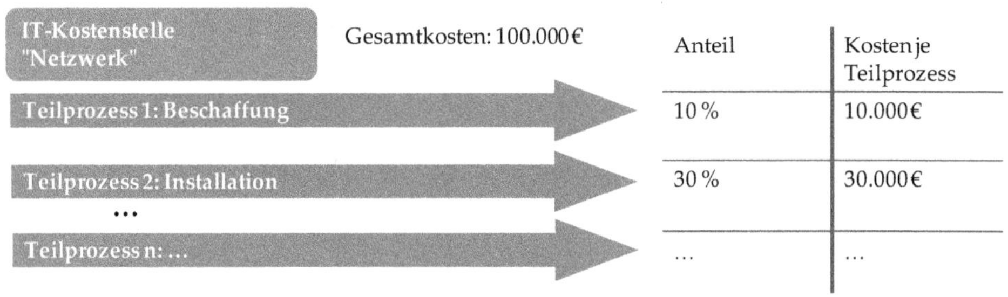

Das auf diese Weise gebildete „Prozessprofil" einer IT-Kostenstelle ist die Voraussetzung für eine Kostenverteilung auf Produkte und die Kalkulation kostenorientierter Preise. Ein IT-Produkt (z.B. ein Standard PC-Arbeitsplatz) wird aus den Leistungen unterschiedlicher Prozesse innerhalb der IT (z.B. Beschaffung, Installation, Anwenderbetreuung, Schulungen etc) gebildet (vgl. Abbildung 8.12). Analog der Umschlüsselung der Kostenstellenkosten auf Prozesse wird hierfür eine einfache prozentuale Aufteilung empfohlen, um die Komplexität zu begrenzen und das Werkzeug möglichst „schlank" zu halten.

Abbildung 8.12　IT-Prozesse und Produkte[133]

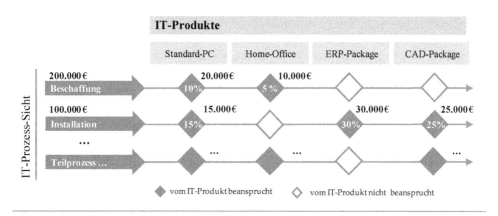

Die so vorgenommene Verteilung bringt zum Ausdruck, zu welchem Anteil die Leistungen eines Teilprozesses in einzelne IT-Produkte eingehen. Multipliziert man diese Verteilung mit den zuvor ermittelten Prozesskosten, ergeben sich über alle Kostenstellen hinweg die Gesamtkosten, die für die Bereitstellung der Produkte einer Kategorie geplant bzw. angefallen sind. Bezogen auf die Gesamtzahl der geplanten oder ausgelieferten Einheiten ergibt sich dann durch einfache Division der kalkulierte bzw. abzurechnende Stückpreis, der dann die Grundlage für die Kundenabrechnung nach Inanspruchnahme der Leistungen darstellt (vgl. Tabelle 8.2).

Tabelle 8.2　　　Preiskalkulation (Beispiel)

Produkt	Standard-PC	Home-Office	ERP-Package
Einheit	Anzahl Arbeitsplätze	Anzahl Arbeitsplätze	Anzahl User
Mengen	300	300	200
Gesamtkosten	180.000€	198.000 €	186.000 €
Preis/Einheit	600 €	660€	930 €

[133] in Anlehnung an Kesten, R./Müller, A./Schröder, H. (IT-Controlling 2007), S. 205

Dafür sind je Kunde die geplanten Abnahmemengen bzw. tatsächlich abgenommenen Einheiten in der Betrachtungsperiode zu erfassen. Für jeden Kunden kann so eine Planung oder nachträgliche Abrechnung erstellt werden, die die von ihm bezogenen Produkte mit Mengeneinheiten und Preisen enthält. Abbildung 8.13 zeigt exemplarisch eine solche Auflistung, die auf Basis einer einfachen Tabellenkalkulationsanwendung erstellt wurde. Bei Bedarf können dort aufgeführten Produkte wie „Standard-PC", „Home-Office" oder „ERP-Package" in der Abrechnung weiter detailliert und durch die beteiligten Teilprozesse und deren kalkulierte Kosten ergänzt werden.

Abbildung 8.13   Beispiel einer Kundenabrechnung

Kunde:	Kunde 1					
Produkt-Nr.	Bezeichnung	Maßgröße	Anzahl (Verteilung)	Preis pro Einheit	Kosten	
				Summen:	283.850,00 €	
1	Standard PC-Arbeitsplatz	Anzahl Arbeitsplätze	20,00	600,00	12.000,00 €	
2	Home-Office- Arbeitsplatz	Anzahl Arbeitsplätze	30,00	660,00	19.800,00 €	
3	Dokumenten-Management	Anzahl User	10,00	1470,00	14.700,00 €	
4	Web-Contentmanagement	Anzahl User		2066,67		
5	Prozessmanagement	Anzahl User	10,00	5750,00	57.500,00 €	
6	Arbeitsplatzdrucker	Anzahl Drucker	15,00	833,33	12.500,00 €	
7	Mobility Package	Anzahl User	15,00	1250,00	18.750,00 €	
8	Hochverfügbarkeitspaket	Anzahl User	10,00	6500,00	65.000,00 €	
9	Hochsicherheitspaket	Anzahl User	10,00	6500,00	65.000,00 €	
10	ERP Package	Anzahl User	20,00	930,00	18.600,00 €	
11	Marketing-Package	Anzahl User		7100,00		
12	CAD-Package	Anzahl User		1775,00		
13	Personal-Package	Anzahl User		3350,00		
14	Reporting /BI	Anzahl User		3550,00		

In dem beschriebenen Ansatz werden für die Umschlüsselung der Stellenkosten auf Prozesse sowie von den Prozessen auf Produkte jeweils prozentuale Verteilungen verwendet. An anderer Stelle werden für diesen Zweck differenzierte Schlüsselgrößen je Kostenstelle vorgeschlagen, die im Idealfall einen direkten Bezug zur Höhe der verursachten Kosten aufweisen.[134] Letztlich muss die Frage beantwortet werden, wie exakt das Abrechnungsverfahren definiert werden muss, um die o.g. Zielsetzungen zu erreichen. Erfahrungsgemäß sind eine einfache Umsetzung und gute Nachvollziehbarkeit des Modells die entscheidenden Faktoren für dessen wirksamen Einsatz in der Praxis. Für den Kunden ist durch die Abrechnung klar ersichtlich, welche IT-Leistungen er zu welchem Preis beziehen kann bzw. bezogen hat, für die Verantwortlichen in der IT wird die Möglichkeit geboten,

---

[134] Vgl. Kesten, R./Müller, A./Schröder, H. (IT-Controlling 2007), S. 202ff.; Mauch, C. (Potenziale 2008) S. 111f.

mit einem überschaubaren Aufwand eine nachvollziehbare Preiskalkulation durchzuführen. Gerade in kleineren und mittleren IT-Organisationen sollten diese Vorteile den Verzicht auf hohe Genauigkeit und Verursachergerechtigkeit rechtfertigen.

Das Verfahren kann um eine interne Sicht, die auf die Kostentreiber in den einzelnen IT-Prozessen fokussiert, ergänzt werden. Während für den Kunden die abgenommenen (oder abzunehmenden) Mengeneinheiten der Produkte (z.B. Anzahl Standard-Arbeitsplätze) relevant sind, müssen für den IT-Verantwortlichen weitere Kennzahlen berücksichtigt werden, die Hinweise für die Planung und Dimensionierung der IT-Ressourcen liefern. Wie oben beschrieben sind je Prozess die wesentlichen Einflussfaktoren zu identifizieren, die für die Höhe der je Prozess anfallenden Kosten maßgeblich sind. Für den Prozess Anwendersupport wären das bspw. die Anzahl oder die Komplexität der Calls, für die Datensicherung das zu sichernde Datenvolumen, für Beschaffungsprozesse die Anzahl der Einkaufsvorgänge.

Da die Kostenstellenkosten zunächst auf Teilprozesse verteilt werden, lassen sich in Bezug auf die wesentlichen Kostentreiber durch einfache Division durch die geplanten oder tatsächlich angefallenen Mengen (Plan-) Prozesskostensätze ermitteln (vgl. Abbildung 8.14).

Abbildung 8.14   Prozesskosten und Kostentreiber[135]

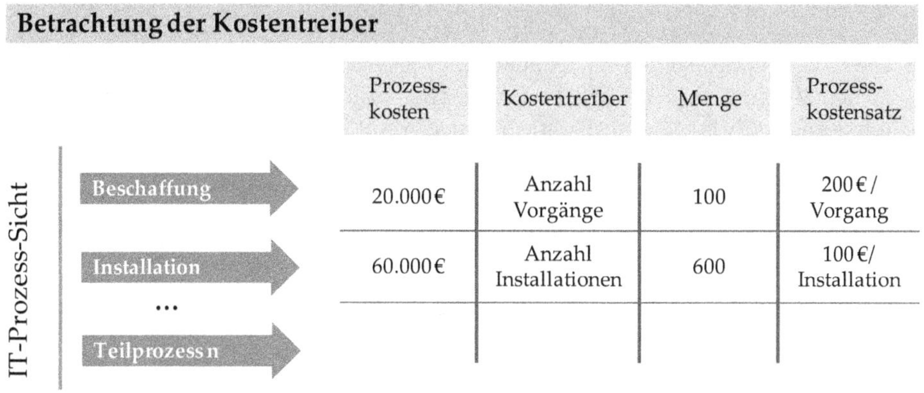

Betrachtung der Kostentreiber

IT-Prozess-Sicht		Prozess-kosten	Kostentreiber	Menge	Prozess-kostensatz
	Beschaffung	20.000 €	Anzahl Vorgänge	100	200 € / Vorgang
	Installation	60.000 €	Anzahl Installationen	600	100 €/ Installation
	...				
	Teilprozess n				

Die Information, was ein einzelner Call im Anwendersupport kostet oder welche Datensicherungskosten je Mbyte Speicherplatz anfallen, sind für den Kunden der IT i.d.R. nicht von Bedeutung, lassen sich aber im IT-Bereich selbst für weitere Planungen nutzen. Denkbar ist eine Verwendung der so gewonnenen Informationen für Kapazitätsplanungen und zur Identifikation von „Leerkosten", wenn die tatsächlich errechneten Prozesskostensätze

---

[135] In Anlehnung an Kesten, R./Müller, A./Schröder, H. (IT-Controlling 2007), S. 208

merkbar über den geplanten Sätzen liegen.[136] Dies ist ein deutlicher Hinweis auf „Verschwendung", da offensichtlich Kapazitäten vorgehalten werden, die nicht in dem geplanten Maße abgerufen werden.

Eine Analyse der Kostentreiber kann auch dazu genutzt werden, das Design der Produkte zu überdenken und offensichtlich kostenintensivere Teilleistungen nicht in Pauschalpakete zu integrieren sondern als separate Leistungen anzubieten und zu fakturieren.

8.2.3   IT-Produktkostenmodell der Sennheiser electronic GmbH & Co. KG

Für die IT bei Sennheiser[137] galt es, ein nachvollziehbares, transparentes und verursachungsgerechtes Modell zur Ermittlung der IT-Kosten für die Fachbereiche und Gesellschaften aufzubauen. Bisher wurden die IT-Kosten – wie in Unternehmen häufig der Fall - in unterschiedlichen Kostenstellen gesammelt und am Jahresende über pauschalierte Schlüssel an die Fachbereiche in einem Umlageverfahren verteilt.

In diesem Modell konnten die IT-Nutzer aber weder aktiv die IT-Kosten beeinflussen und somit im Sinne einer Kostensenkung mitwirken, noch war es verursachungsgerecht und nachvollziehbar. Das Ziel bestand somit in der Wandlung dieses pauschalen Umlagemodells in ein transparentes, produktorientiertes IT-Kostenmodell auf Basis der realen Nutzung durch die einzelnen Bereiche und umfasste die folgenden drei wichtigen Eckpunkte:

▪ Die Produktkosten sollten den aktuellen Ist-Kosten entsprechen. Die Kosten sollten nicht fiktiv auf Basis von Marktwerten oder Bottom-Up kalkulierten Produkten ermittelt werden, da die Leistungen derzeit ja bereits erbracht wurden. Es galt also, die internen Kosten der Leistungen zu ermitteln. Ziel war es nicht, ein „Profit-Center" aufzubauen, sondern die Kosten transparent zu machen. Über diese neue Transparenz können dann alle IT-Kosten verursachungsgerecht verrechnet anstatt pauschal umgelegt werden.

▪ Das zweite Element bestand in der einfachen Verständlichkeit der IT-Produkte. Nicht die Genauigkeit in der technischen Definition, sondern das Verständnis für die Kunden (d.h. die einzelnen Gesellschaften) stand im Vordergrund. Denn dieses Modell sollte eine verbrauchsorientierte Diskussion über die Nutzung und den Bedarf von IT-Produkten anregen.

▪ Das dritte Element bestand in der einfachen Anwendung und Umsetzung der Methodik. Sie musste einerseits hinreichend genau, aber andererseits einfach zu ermitteln und verstehen sein.

---

[136] Vgl. Kesten, R. (Operatives IT-Controlling 2007), S. 253f.

[137] Zum Unternehmen vgl. http://www.sennheiser.de

Unter diesen Prämissen kam das in Kapitel 8.2.2 vorgestellte Verfahren zur Anwendung. Die Ausprägung bei Sennheiser wird in der Abbildung 8.15 zusammengefasst.

Abbildung 8.15   IT-Produktkostenmodell bei Sennheiser

1. IT-Kostenstellen	2. IT-Prozesse	3. IT-Produkte
Kostensammler Ist-Kosten der IT	**Leistungserbringung** Grundlage zur Bereitstellung von Produkten	**Basisleistungen** Kundensicht

Zentral (Kostenstellen)
▪Leitung
▪Infrastruktur & Betrieb
▪Desktop-Services &
Support
▪Projektmanagement &
ERP-Support
 	
Dezentrale IT-Kosten
▪Hardware
▪Client-Systeme
▪Server
▪Software
▪Wartung
 	
▪externe Beratung
	▪Beschaffung
	▪Installation
	▪Betrieb
	  – Server
	  – Dienste
	  – Applikationen
	  – Updates
	  – Wartung
	  – Backup/Recovery
	▪Support & Anwender-
	betreuung
	▪Entwicklung
	▪Projektmanagement
	▪Change-Management
	  – Anforderungen FB
	  – Prozesse & Verständnis
	▪Beratung / Dienstleistungen
	▪Schulungen / Qualifikation FB
		▪**ERP – Basisfunktionen**
		  (kaufm. IT-Funktionen)
		▪**Reporting-Basisfunktionen**
		  – Data-Warehouse
		▪**Kommunikationsleistungen**
		  – eMail/Kalender
		  – Portal (intern)
		  – Internet-Nutzung
		  – Telefon
		▪**Arbeitsplatzrechner**
		  – Standard HW/SW
		  – Netzwerkzugang
		  – Dienstleistungen Betrieb
		▪**Mobile Lösungen**
		  – Anbindung + Integration
		  – Dienstleistungen
		▪**Printing**
		▪**Telefonie**
		▪**Div. Fachanwendungen**

Im ersten Schritt sind die IT-Produkte aus Anwendersicht definiert worden. Der Produktkatalog enthält aus Sicht der Kundennutzung verständliche Produkte, die nicht „technisch" gebildet wurden. Da die Nutzerzahlen bekannt und für das Business transparent sind, ist eine verbrauchsorientierte Abrechnung möglich. Da sich jedes dieser Produkte aus mehreren Leistungen innerhalb der IT zusammensetzt, wurde die Ermittlung auf Basis der Ist-Kosten und Prozesse vorgenommen. Zuerst sind die IT-Kosten der aktuellen Kostenstellen konsolidiert und zusammengetragen worden (vgl. „1. Kostenstellen"). Gemeinsam mit dem Controlling wurden die Ist-Daten aus allen verfügbaren Kostenstellen gesammelt und sichergestellt, dass alle tatsächlichen Kosten in das Modell eingehen.

Im zweiten Schritt wurde ein standardisiertes Prozessmodell (vgl. „2. Prozesse") aufgestellt, das aufgrund seiner generischen Struktur für jede Kostenstelle zur Anwendung gebracht wurde. Die Summe der Kosten einer Kostenstelle konnte in Absprache mit den Kostenstellenverantwortlichen auf diese Prozesse prozentual verteilt werden. Jeder Verantwortliche, z.B. der Leiter des Infrastruktur-Bereichs, kennt den Anteil der Tätigkeiten sehr gut, der auf die Prozesse wie Beschaffung, Support oder Entwicklung entfällt, und kann somit die prozentuale Verteilung der Tätigkeiten auf seine Kostenstelle durchführen.

Die Gesamtkosten der Kostenstelle wurden mit dem prozentualen Anteil des Prozesses multipliziert, um die jeweiligen Prozesskosten zu ermitteln. Hierdurch wurde es nun möglich, die realen Tätigkeiten der IT mit Kosten zu versehen. Das starre Model der Kostenstellen wurde somit in ein prozessorientiertes Modell transformiert, das sich an den Tätigkeiten orientiert.

Nun musste ein weiterer wichtiger Schritt erfolgen. Es musste ein Zusammenhang zwischen den IT-Produkten und den Tätigkeitsprofilen der Kostenstellen erstellt werden. Hierzu ist gemeinsam mit den Führungskräften der IT je Produkt definiert worden, welcher Anteil aus welchen Prozessen der Kostenstellen zur Erbringung erforderlich ist. Es erfolgte also erneut lediglich eine prozentuale Zuordnung aus den Prozessen auf die Produkte. Das folgende Beispiel verdeutlicht die Zusammensetzung eines Produktes auf Basis der anteiligen Leistungen der Prozesse aus den Kostenstellen:

Abbildung 8.16 IT-Produkt: "Arbeitsplatz Desktop" – Zuordnung der anteiligen Tätigkeiten aus den Prozessen (Auszug)

Kostenstelle 2
Central Systems and Admin

Hinweis: Werte fiktiv

Nr.	Teilprozesse	
1	Beschaffung	
2	Installation	3,00%
3	Betrieb Server HW/SW	3,00%
4	Betrieb Applikationen	3,00%
5	Wartung	3,00%
6	Backup/Recovery	3,00%
7	Support/Anwenderbetreuung	3,00%
8	Entwicklung	3,00%
9	Projektmanagement	5,00%
10	Change-Management	8,00%
11	Beratung / Dienstleistungen	1,00%
12	Schulung	5,00%
13	Führung & Admin	4,00%

Kostenstelle 3
Client and Support

Nr.	Teilprozesse	
	Bezeichnung	
1	Beschaffung	10,00%
2	Installation	30,00%
3	Wartung	35,00%
4	Backup/Recovery	40,00%
5	Support/Anwenderbetreuung	40,00%

Da jede Kostenstelle zuvor vollständig (d. h. zu 100%) auf die Prozesse verteilt und die Prozesse wiederum vollständig über alle IT-Produkte aufgeteilt wurden, konnten nun die Kosten für jedes Produkt ermittelt werden. Damit wurden zum ersten Mal aus „anonymen" Kostensammlern aus den Kostenstellen transparente IT-Produktkosten.

Die Führungskräfte der einzelnen Unternehmensbereiche ermittelten nun die Nutzerzahlen je Produkt. Die Stückkosten konnten über die Summe aller Nutzer ermittelt werden. Auch diese Datenerhebung war durch den Zugriff auf die Softwareverteilung und die Berechtigungskonzepte schnell abgewickelt.

Anhand dieses Mengengerüstes wurden nun die Kosten pro Produkt ermittelt. Auf diesem Wege konnten erstmalig die tatsächlichen Kosten für einen Arbeitsplatzrechner herausgestellt werden, die alle Kosten der Leistungserbringung enthielten.

Dieses Modell bildet die Basis für eine verursachungsgerechte Aufstellung der IT-Leistungen für die einzelnen Unternehmensbereiche. Anstatt die IT-Kosten über mehrstufige und intransparente Umlageverfahren zu verteilen, erhält jeder Bereich nun eine transparente und verursachungsgerechte IT- Produktkostenauflistung.

Zu beobachten ist, dass diese Form der Darstellung auch zu einer veränderten Diskussion über die IT-Nutzung und deren Kosten führt. Exemplarisch soll dies an dem Produkt „Reporting" erläutert werden. Das Produkt basiert auf einer modernen Business Intelligence (BI)-Infrastruktur. Seit durch das Produktmodell die nutzerbezogenen, tatsächlichen Kosten transparent sind, hat sich eine kritische Diskussion zum Einsatz und zur Finanzierung dieser Lösung etabliert. Denn der Gesamtnutzen einer zentralen Controlling-Lösung entsteht nicht vollständig beim Endnutzer – wie z.B. einer Tochtergesellschaft. Der Nutzen entsteht vor allem auch durch die standardisierte, zentrale Steuerung des Unternehmens über eine BI-Lösung. Daher muss für derartige Produkte auch eine Mischform der „Finanzierung" im Unternehmen gefunden werden. Die Kosten dürfen nicht vollständig auf die endgültigen Nutzer im Rahmen der Produktverrechnung übertragen werden. Die auf den ersten Blick augenscheinlich hohen Einzelkosten müssen somit auch durch die indirekten Nutzer getragen werden. Durch diese Diskussion der Kostentransparenz wurde schließlich ein tragbarer Kompromiss aus strategischer Ausrichtung zur Unternehmessteuerung und der nutzerbasierten Abrechnung für die Produktkosten der BI-Technologie gefunden.

Es wird also deutlich, dass das Verhalten der Nutzer durch ein schlankes und nachvollziehbares Kostenmodell der IT-Produkte gesteuert werden kann. Das Ziel, die Verantwortung im Sinne des Lean Gedankens auf den Nutzer selbst zu übertragen, wurde also erreicht. Die aktuelle Diskussion über IT-Kosten und die Nutzung von IT-Produkten hat durch diese Veränderung der Kostentransparenz erheblich an Qualität gewonnen. Denn es kann nun immer über IT-Produkte und das Kosten/Nutzen Verhältnis aus Sicht des Kunden gesprochen werden. Die Kunden sind über die Nutzerzahlen und das Kostenmodell in der Lage, den Verbrauch und damit auch die entstehenden IT-Kosten zu steuern.

8.3   Empfehlungen für das IT-Controlling

Zusammenfassend können folgende Forderungen zur Umsetzung eines Lean IT-Controlling abgeleitet werden. Die Prüfung des Erfüllungsgrades dieser Forderungen zeigt auf, wie weit der Lean Reifegrad in diesem Bereich entwickelt ist.

Abbildung 8.17   Leitfragen zum IT-Controlling

Leitfragen je Prozess	Lean Prinzip	Bewertung				
Lean IT-Controlling		trifft nicht zu				trifft voll zu
		1	2	3	4	5
1 Die Performance der IT-Prozesse wird aktuell mit Hilfe von zielbezogenen Kennzahlen gemessen und ist für jeden Prozessbeteiligten jederzeit transparent	Visuelles Management					
2 Den Prozesskennzahlen sind klare Verantwortlichkeiten zugewiesen	Mitarbeiter und Team					
3 Die für jeden IT-Prozess wesentlichen Kennzahlen werden an fest definierten Orten für jeden Beteiligten zugänglich visualisiert	Visuelles Management					
4 Mitarbeiter kennen und akzeptieren die jeweiligen Prozessziele	Mitarbeiter und Team					
5 Für jede Prozesskennzahl existiert ein „Kennzahlensteckbrief" mit den wichtigsten Informationen zu Verantwortlichkeiten, Vorgabewerten, Berechnungs- und Messverfahren	Null Fehler Ansatz					
6 Für die innerbetriebliche Abrechnung der IT-Leistungen sind klare Zielsetzungen definiert	Verschwendung eliminieren					
7 IT-Leistungen sind zu kundenorientierten „Produkten" gebündelt	Kundenorientierte Prozesse					
8 Die Weiterverrechnung der IT-Kosten an die Kunden wird zur Identifikation von Verschwendung genutzt	Verschwendung eliminieren					
9 Es ist bekannt und dokumentiert, an welchen IT-Prozessen die einzelnen Organisationseinheiten (Kostenstellen) der IT beteiligt sind	Kundenorientierte Prozesse					
10 Es ist bekannt und dokumentiert, welche IT-Prozesse zu welchen Produkten beitragen	Kundenorientierte Prozesse					
11 Für den Kunden ist durch die Leistungsabrechnung klar ersichtlich, welche IT-Leistungen er zu welchem Preis beziehen kann bzw. bezogen hat	Kundenorientierte Prozesse					
12 Lean Controlling zeigt die Ursachen und Kostenwirkungen von Verschwendung auf	Verschwendung eliminieren					
13 Das Controlling stellt die Kennzahlen primär den direkt Handelnden und sekundär dem Management zur Verfügung	Verschwendung eliminieren					
14 Kennzahlen der IT sind auf Stellwänden, Anzeigetafeln etc. für jeden sichtbar und werden täglich aktualisiert	Visuelles Management					

9 Analyse des „Lean Reifegrades" im IT-Management

Bei der Analyse einer IT-Organisation wird sich in der Regel zeigen, dass einige der vorgestellten Lean Prinzipien und Methoden bereits angewendet werden. Dies geschieht häufig intuitiv und eher zufällig. In wenigen Fällen wird ein ganzheitliches „Lean Konzept" zu Grunde gelegt, meist finden sich nur punktuelle Ansätze. Lean Methoden haben in vielen Unternehmen im Bereich der Softwareentwicklung bereits erfolgreich Einzug gehalten. In den vorangegangenen Kapiteln wurden Wege aufgezeigt wie auch in anderen IT-Prozessen, in denen häufig noch nach klassischen Mustern verfahren wird, Ideen des Lean Management zur Effektivitäts- und Effizienzsteigerung genutzt werden können.

Grundlage für eine schrittweise Einführung von Lean IT-Management ist eine ehrliche Bestandsaufnahme der Ist-Situation im IT-Bereich. Es ist kritisch zu hinterfragen, inwieweit die aktuell implementierten und gelebten Prozesse den Anforderungen an eine moderne und kundenorientierte IT-Organisation genügen. Nur wenn Schwachpunkte, Problembereiche und Verbesserungspotenziale erkannt und akzeptiert werden, ist es möglich, Verbesserungsmaßnahmen einzuleiten. Zum Aufzeigen solcher Handlungsfelder ist es hilfreich, den aktuellen Umsetzungsgrad von Lean Prinzipien in der IT-Organisation zu ermitteln.

Mit Hilfe von Reifegradmodellen kann festgestellt werden inwieweit Organisationen oder Prozesse in der Lage sind, bestimmte an sie gestellte Anforderungen zu erfüllen. CMMI, SPICE oder COBIT sind Beispiele für umfangreiche Frameworks, die entsprechende Ansätze im Kontext des Projektmanagement bzw. der IT-Governance bieten. Die klassischen Reifegradmodelle führen mit zunehmender Regulierung und Kontrolle von Prozessen zu „besseren" Bewertungen. Die Prämisse ist demnach, dass nur streng geregelte und mit Kennzahlen kontrollierte Prozesse „gute" Prozesse sind. Im Lean Ansatz ist dies jedoch keine hinreichende Bedingung für „Business Excellence". Hier sind „Standardisierung von Prozessen" und „visuelle Kontrolle" nur zwei der Prinzipien. Die Messung des Lean Reifegrades geht somit über die klassischen Ansätze hinaus.

Grundlage der Reifegradmessung sind im Regelfall komplexe Fragenkataloge, die mit Hilfe von Interviews, Beobachtungen durch externe Auditoren oder durch Selbsteinschätzung abgearbeitet werden müssen, um am Ende eine Aussage über die „Reife" des untersuchten Bereichs bzw. Prozesses ableiten zu können. Da eine hohe Komplexität des Rahmenwerks nicht zwingend zu besseren Aussagen führt und aufgrund des hohen Aufwands zur Abarbeitung nicht immer die erforderliche Akzeptanz bei den beteiligten Personen erwartet werden kann, haben sich „Quick Checks" als geeigneter Ansatz etabliert.[138]

---

[138] Als Beispiel dafür kann der COBIT Quickstart angeführt werden. Vgl. dazu im Überblick Gaulke (Praxiswissen 2010), S. 211ff., im Detail IT Governance Institute (Quickstart 2007)

Dabei werden die umfangreichen Frameworks auf ihre wesentlichen Aspekte reduziert und man erhält die Möglichkeit, mit vertretbarem Aufwand eine erste Einschätzung zur Positionierung zu bekommen.

Für die Ermittlung eines „Lean Reifegrades" wird im Folgenden ein solch pragmatischer Ansatz vorgestellt. Hierbei geht es darum, eine schnelle und für alle Beteiligten nachvollziehbare Einschätzung des Umsetzungsgrades von Lean Prinzipien zu erhalten. Der Umfang der Fragenkataloge und die Komplexität des Bewertungsrasters sind auf ein Minimum reduziert, um die kritisierte „Methodenkomplexität" zu vermeiden. Der Ansatz soll helfen, eine Selbsteinschätzung vorzunehmen, Potenziale zu erkennen, Anregungen für eine Weiterentwicklung aufzunehmen und den Status des IT-Management zu analysieren.

9.1   Vorgehen zur Reifegradermittlung

Die Gliederungsstruktur des Reifegradmodells orientiert sich an den in Kapitel 1 dargestellten Lean Prinzipien und dem Prozessmodell des IT-Management. Im „Lean IT-House" wurden die Prinzipien des Toyota Produktionssystems im Hinblick auf die Umsetzung in IT-Organisationen systematisiert. Im Einzelnen sind dies:

- Kundenorientiertes Denken
- Visuelles Management
- Gestaltung der Arbeitsplätze mit Hilfe der 5A-/5S-Prinizipien
- Kundenorientierte Prozesse
- Null-Fehler-Ansatz
- Mitarbeiter- und Teamorientierung
- Vermeidung von Verschwendung

Zudem wurde ein generisches Prozessmodell in Form eines End-to-End-Prozesses für das IT-Management verwendet, das zusammengefasst die folgenden Prozesse beinhaltet:

- Demand Management
- Lean Products
- Portfolio-Management
- Lean Projects
- Total Productive IT-Operations
- Continuous Application Improvement
- Lean IT-Controlling

Stellt man diese beiden Dimensionen gegenüber, bietet sich die Möglichkeit einer Bewertung in Form eines „Lean Reifegrades" (vgl. Abbildung 9.1), die die Antwort auf die folgenden Fragen liefern soll:

1. In welchen IT-Management-Prozessen besteht Handlungsbedarf?

2. Welche Lean Prinzipien lassen sich in den IT-Management-Prozessen umsetzen bzw. weiter ausbauen?

Abbildung 9.1   Ermittlung des Lean Reifegrades im Überblick

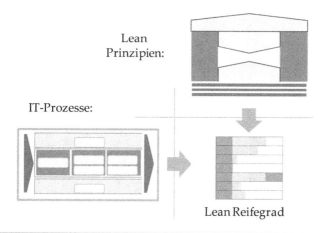

Es ist offensichtlich, dass nicht jeder Prozess im IT-Management alle Lean Prinzipien beinhalten muss, sondern dass es prozessbezogene Schwerpunkte gibt. Das in Abbildung 9.2 dargestellte Mapping zeigt die Zuordnung von Prinzipien zu Prozessen, die sich aus den Ausführungen der vorangegangenen Kapitel ergibt.

An der Darstellung wird deutlich, dass einige Prinzipien nur teilweise zum Einsatz kommen. Die Arbeitsplatzgestaltung nach den 5A/5S-Prinzipien macht nur dort wirklich Sinn, wo standardisierte operative Aufgaben zu erledigen sind. Bezogen auf das Prozessmodell trifft dies auf die Delivery-Prozesse zu. Der IT-Betrieb (Total Productive IT-Operations) sowie die kontinuierliche Verbesserung von Anwendungssystemen (Continuous Application Improvement) sind folgerichtig die Prozesse, in denen das Prinzip zum Tragen kommt. Andererseits gibt es Prinzipien, die in nahezu allen Prozessen bedeutsam sind. Die Fokussierung auf durchgängige, nach dem Pull-Verfahren gesteuerte kundenorientierte Prozesse zieht sich durch alle Prozesse des IT-Management und kann daher als zentrales Lean Prinzip interpretiert werden. Gleiches gilt für die Techniken des visuellen Management, die auf der strategischen Ebene, in den operativen Prozessen und selbstverständlich auch im IT-Controlling Verwendung finden. Die Forderung nach multifunktionalen Teams, die aus breit aufgestellten IT-Fachkräften und Mitarbeitern der Kundenorganisation zusammengesetzt sind, betrifft ebenfalls alle Prozesse des IT-Management.

Abbildung 9.2 Mapping von IT-Management-Prozessen und Lean Prinzipien

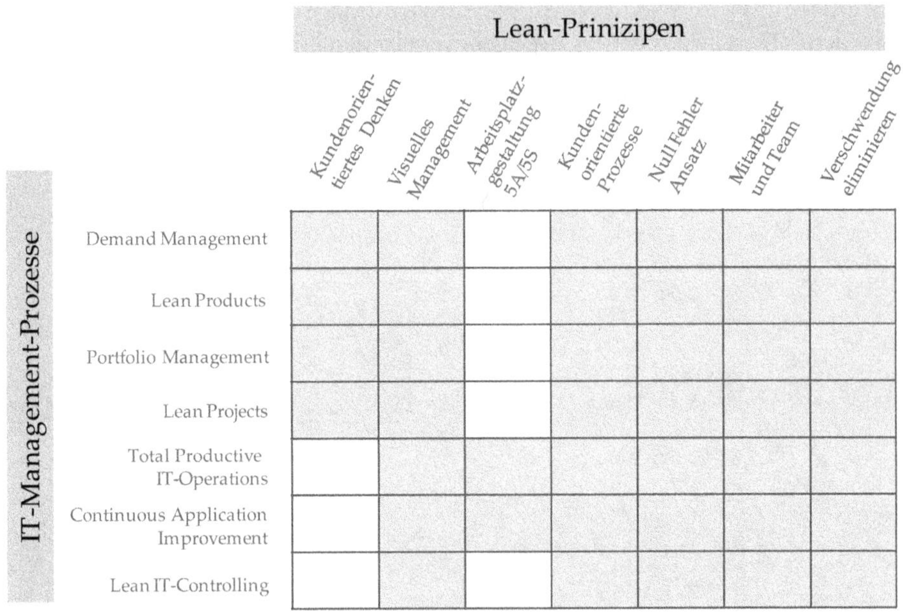

	Lean-Prinizipen							
	Kundenorientiertes Denken	Visuelles Management	Arbeitsplatzgestaltung 5A/5S	Kundenorientierte Prozesse	Null Fehler Ansatz	Mitarbeiter und Team	Verschwendung eliminieren	
Demand Management								
Lean Products								
Portfolio Management								
Lean Projects								
Total Productive IT-Operations								
Continuous Application Improvement								
Lean IT-Controlling								

IT-Management-Prozesse

In den vorangegangenen Kapiteln wurde für jeden Hauptprozess im IT-Management dargelegt, inwieweit Prinzipien des Lean Management umsetzbar sind und welche Veränderungsmaßnahmen dafür in die Wege geleitet werden müssen. Am Ende jedes Abschnittes wurden Leitfragen formuliert, mit deren Hilfe geprüft werden kann, in welchem Umfang die Methoden und Denkansätze in den bestehenden Organisationen bzw. Prozessen genutzt werden. Diese Leitfragen und deren Bewertung werden zur Reifegradermittlung genutzt.

Die Bewertung erfolgt über ein einfaches Punktbewertungsverfahren. In den Fragebögen ist durchgängig eine Skala von 1 („…trifft nicht zu") bis 5 („…trifft voll zu") vorgesehen. Dies erscheint für die oben beschriebene Nutzung des Reifegradmodells als Hilfsmittel zur Selbsteinschätzung zielführender zu sein, als exakt formulierte Bewertungsmaßstäbe, die i.d.R ebenfalls subjektiven Einflüssen unterliegen und meist nur eine Scheingenauigkeit vorgeben. Die in klassischen Reifegradmodellen häufig verwendete Ausprägung der Maturity Level nach einem einheitlichen Raster („1-initial", „2-managed", „3-defined", „4-quantitatively managed", „5-optimized") kann hier nicht verwendet werden. Die zu überprüfenden Prinzipien lassen sich nicht mit einem einheitlichen Bewertungsmaßstab messen und vergleichen.

Werden alle Fragenkataloge systematisch abgearbeitet, ergeben sich ohne weitere Gewichtung Gesamtwerte für die „Reife" der einzelnen Prozesse sowie für den Umsetzungsgrad der in jedem Prozess relevanten Lean Prinzipien. Abbildung 9.3 zeigt exemplarisch die Auswertung eines so ermittelten Reifegrades für den Prozess des Anforderungsmanagement. Die Länge des dargestellten Balkens bringt dabei zum Ausdruck, inwieweit der untersuchte IT-Bereich die für den Prozess als relevant erachteten Lean Prinzipien bereits umgesetzt hat. Ein komplett leerer Balken verdeutlicht, dass ein bestimmtes Prinzip (im dargestellten Beispiel die Arbeitsplatzgestaltung nach 5S/5A) in dem Prozess keine Relevanz besitzt und daher auch nicht durch entsprechende Leitfragen angesprochen wird.

Die in der Abbildung dargestellte Gesamtbewertung ergibt sich als einfache Mittelwertberechnung der Bewertungen. Die Gewichtung von Fragen müsste aus der spezifischen Sicht der untersuchten IT-Organisation erfolgen und brächte keinen signifikanten Erkenntnisgewinn. Deshalb wird an dieser Stelle darauf verzichtet.

Abbildung 9.3   Reifegradermittlung je Prozess und Prinzip (Beispiel)

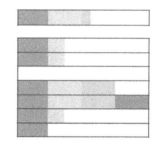

Die Auswertung lässt sich auch aus der Perspektive heraus durchführen, in welchen Prozessen ein bestimmtes Lean Prinzip welche Ausprägungen besitzt (vgl. Abbildung 9.4).

Abbildung 9.4   Reifegradermittlung je Prinzip und Prozess (Beispiel)

Diese detaillierten Auswertungen tragen dazu bei, gezielt nach Lean Potenzialen in der IT-Organisation zu suchen und Handlungsbedarf zu ermitteln. Auch wenn gefordert wird, Lean IT-Management als ganzheitliches und prozessübergreifendes Konzept umzusetzen, ist es sinnvoll, zunächst in kleinen Schritten zu beginnen und die Prozesse zu verändern, in denen das größte Optimierungspotenzial zu vermuten ist.

Abbildung 9.5   Reifegradausprägung für alle Prozesse (Bsp.)

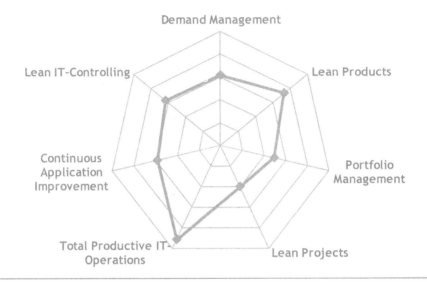

Neben der vorgestellten Detailauswertung kann bei Abarbeitung aller Fragen auch eine verdichtete Darstellung herangezogen werden, die eine Einschätzung des Lean Reifegrades für die gesamte IT-Organisation erlaubt. Auf dieser aggregierten Ebene lassen sich die Ausprägungen der Lean Prinzipien über alle Prozesse hinweg sowie ein Reifegradvergleich aller Prozesse darstellen (vgl. Abbildung 9.5 und Abbildung 9.6).

Die Beantwortung der einzelnen Fragen sollte möglichst in Teamarbeit erfolgen. Zu beteiligen sind dabei sowohl IT-Verantwortliche als auch Entscheidungsträger und Mitarbeiter der wichtigsten IT-Kunden, um ein möglichst umfassendes Meinungsbild zu erhalten.[139] Bei einer unabhängigen Beantwortung der Fragen durch unterschiedliche Personen wird es regelmäßig zu abweichenden Einschätzungen kommen. Eine Mittelwertbildung der einzelnen Bewertungsergebnisse ist abzulehnen, da dies zum einen zu einer Nivellierung der Bewertungen führt, zum anderen auch nicht dem Ziel des Verfahrens - einer realistischen Einschätzung der Situation im IT-Bereich –gerecht wird. Wesentlich zielführender ist es, die unterschiedlichen Sichtweisen darzulegen und zur Diskussion zu stellen. Warum

---

[139] Vgl. Kesten, R./Müller, A./Schröder, H. (IT-Controlling 2007), S. 16

bewertet ein Kunde das „Kundenorientierte Denken" in der IT anders als ein IT-Mitarbeiter? Diese Fragen sind gemeinsam zu beantworten – nur so lässt sich der Weg zum Lean IT-Management konsequent beschreiten.

Abbildung 9.6   Reifegradausprägung für alle Prinzipien (Bsp.)

9.2   Interpretation des Lean Reifegrades

Das Ergebnis einer im vorangegangenen Abschnitt skizzierten Reifegradermittlung ist eine absolute Positionierung je Prozess oder in aggregierter Form für den gesamten IT-Bereich, die zunächst noch keine qualifizierte Interpretation zulässt. Ist eine Bewertung von „5" in jedem Fall anzustreben? Muss in jedem Prozess zwingend jedes Lean Prinzip umgesetzt sein? Typischerweise werden diese Fragen mit „Nein" zu beantworten sein. Auch bei den klassischen Reifegradmodellen muss bezweifelt werden, ob in jedem Fall ein Maturity-Level 4 oder 5 anzustreben ist. Letztlich könnte dies auch bedeuten, dass der untersuchte Prozess gemessen an den Anforderungen überreguliert ist bzw. eine Veränderung des Prozesses zur Erreichung eines höheren Maturity-Levels eine reine Ressourcenverschwendung darstellt.

Wie „reif" soll es denn sein? Diese Frage muss geklärt werden, wenn es darum geht, eine Einschätzung des Handlungsbedarfs für einzelne Prozesse vorzunehmen. Entscheidend sind dafür die konkreten Rahmenbedingungen, unter denen eine IT-Organisation agiert. Es dürfte offensichtlich sein, dass in einem kleinen IT-Bereich eines mittelständischen Unternehmens mit einer überschaubaren Anzahl an IT-Kunden der Bedarf an standardisierten und geregelten Prozessen bspw. für das Portfolio-Management nicht so stark ausgeprägt sein wird wie bei einem international agierenden Großunternehmen mit IT-Kunden in unterschiedlichen Ländergesellschaften und Fachbereichen, die alle ihre Anforderungen an die IT artikulieren und nach möglichst schneller Umsetzung verlangen. Interessanterweise sind bei IT-Organisationen der ersten Kategorie einige Lean Prinzipien wie die Forderung nach multifunktionalen, generalistisch ausgerichteten Teams oder die kundenorientierte Denkweise meist stärker ausgeprägt als bei großen und komplexen Organisationen.

Zur Ermittlung der Anforderungen, die letztlich das Erfolgspotenzial von Lean Methoden bestimmen, empfiehlt es sich - ähnlich wie bei der Ermittlung der Reifegrade - einige schlüssige Kriterien heranzuziehen. Zunächst ist in diesem Zusammenhang die **organisatorische Komplexität** des IT-Bereichs zu nennen (vgl. Abbildung 9.7). Dabei wird davon ausgegangen, dass die Anzahl der Mitarbeiter im IT-Bereich eine kritische Größe darstellt. Je mehr Personal involviert ist, desto komplexer und schwieriger werden Planungs- und Steuerungsaufgaben und umso eher können Lean Methoden hier wirksam eingesetzt werden. Gleiches gilt für den Grad der Dezentralisierung: Verteilte Organisationen lassen sich i.d.R. schwerer steuern und können in besonderem Maße von einer höheren Entscheidungsverantwortung auf operativer Ebene, wie sie das Lean Management vorsieht, profitieren.

Die Anzahl der User sowie der Grad der Internationalität beschreibt die Komplexität auf Kundenseite, die naturgemäß die Anforderungen an die Prozesse im IT-Management bestimmt. Die in den vorangegangenen Kapiteln aufgezeigten Potenziale im Demand Management, Portfolio-Management, bei der Gestaltung von Projekten oder Produkten sind umso größer, je heterogener die Kundensituation einzuschätzen ist. Als weiterer Aspekt ist der Umfang der extern bezogenen IT-Leistungen mit in die Betrachtung einzubeziehen. Je mehr Partner in den Leistungserstellungsprozess involviert sind, desto stärker stellt sich die Forderung nach klar geregelten und beherrschten Prozessen.

Abbildung 9.7   Ermittlung der organisatorischen Komplexität

1. Organisatorische Komplexität		Wert	niedrig				hoch
			1	2	3	4	5
1.1	Anzahl IT-Mitarbeiter	0					
1.2	Grad der Dezentralisierung	0					
1.3	Einbindung Externer Dienstleister	0					
1.4	Grad der Internationalität	0					
1.5	Anzahl User / Lizenzen	0					
Ergebnis Organisation		**0**					

Die zweite Dimension zur Ermittlung des Lean Potenzials stellt die **Bedeutung der IT** für das Unternehmen dar (vgl. Abbildung 9.8). Ein hoher Bezug der IT-Leistungen zu den Produkten des Unternehmens und damit zu den Endkunden, eine hohe Bedeutung für das Kerngeschäft mit verbundenen Verfügbarkeitsanforderungen sowie ein hohes Risiko für das Unternehmen bei Versagen der IT sind wichtige Indikatoren dafür, dass an die Effektivität und Effizienz der IT hohe Anforderung gestellt werden. Die Wechselwirkungen zu anderen Bereichen sind ebenfalls in die Betrachtungen einzubeziehen. Diese Fragestellung ist insbesondere dann wichtig, wenn die Analyse für einzelne Bereiche einer zentralen IT oder einer lokalen IT-Organisation in einem Unternehmensverbund angestellt wird.

Abbildung 9.8   Ermittlung der Bedeutung für das Unternehmen

2. Bedeutung für das Unternehmen		Wert	niedrig 1	2	3	4	hoch 5
2.1	Bedeutung für die Endprodukte	0					
2.2	Verfügbarkeitsanforderung	0					
2.3	Bezug zum Kerngeschäft	0					
2.4	Risiko für das Unternehmen	0					
2.5	Auswirkung auf andere Leistungen	0					
Ergebnis Bedeutung		**0**					

Die genannten Aspekte stellen auf dieser Ebene zunächst nur Anhaltspunkte dar und können in einer konkreten Unternehmenssituation individuell erweitert werden. Wichtig ist letztlich die Ableitung einer Einschätzung der generellen Anforderungen an die IT des Unternehmens und des daraus abgeleiteten Lean Potenzials.

Abbildung 9.9 zeigt abschließend ein Modell, das die beiden Sichtweisen – Lean Potenzial und Lean Reifegrad - zusammenführt. Wenn, wie in der Abbildung exemplarisch dargestellt, deutlich wird, dass die gemessenen Anforderungen an den IT-Bereich vergleichsweise hoch ausfallen, sollte dies durch einen entsprechenden Lean Reifegrad beantwortet werden. Liegen die Potenziale im unteren Bereich der Skala muss kein hoher Reifegrad nachgewiesen werden. Die diagonale Linie zeigt in etwa die Zielrichtung an.

Liegt der ermittelte Reifegrad deutlich höher als dies durch die Potenziale gerechtfertigt scheint, im Modell also rechts unten, ergibt sich kein zwingender Handlungsbedarf. In diesen Fällen ist keineswegs, wie bei anderen Maturity-Modellen, eine Überdimensionierung bzw. Überregulierung der IT-Prozesse anzunehmen, da die Anwendung von Lean Prinzipien zu Effektivitäts- und Effizienzsteigerungen beiträgt, die auch bei vergleichsweise geringen Anforderungen an die IT wirksam werden können. Erfolgt die Ist-Positionierung im oberen Segment der Abbildung, ist dies als Hinweis für erhebliche Verbesserungspotenziale anzusehen. Auch eine Einordnung im mittleren Bereich sollte zu einer detaillierteren Betrachtung einzelner Prozesse führen, da die Reifegradeinstufung zunächst auf aggregierten Werten basiert und davon auszugehen ist, dass punktueller Handlungsbedarf besteht.

Abbildung 9.9   Interpretation des Lean Reifegrades

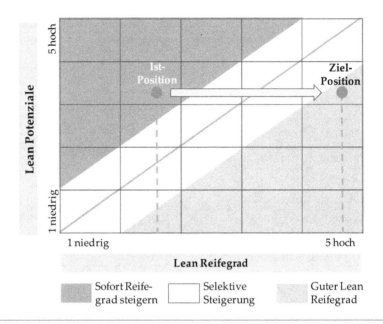

Die Vorgehensweise zur Ermittlung des Lean Reifegrades und Potenzials eignet sich als Instrument zum Start des Dialoges zu Lean Prinzipien innerhalb der IT. Die Frage „Ist unsere IT Lean?" soll differenziert und nicht pauschal geführt werden. Dadurch wird die gedankliche Mobilisierung der IT in Richtung der Lean Prinzipien und Prozesse unterstützt. Das Verständnis über den Nutzen und das individuelle Potenzial der Lean IT wird so deutlich.

Der Abstand der Ist-Position zu dem „grünen Bereich" (Guter Lean Reifegrad) ist ein Indikator für den Handlungsbedarf im IT-Management. Die Erfahrungen aus der Produktion und die ersten Ergebnisse im Lean IT-Management zeigen, dass Unternehmen, die die Lean Prinzipien und Methoden erfolgreich umgesetzt haben, einen deutlich höheren Beitrag der IT zum Unternehmenswert leisten und zudem effizienter und kostengünstiger arbeiten. Die Detailanalyse nach Prozessen und Prinzipien zeigt zudem die Stärken und Schwächen der IT-Organisation auf und verdeutlicht, wo der Einstieg in das Lean IT-Management gewählt werden sollte.

Literatur

ADLER, P. S. (Bureaucracies 1999): Building Better Bureaucracies, in: Academy of Management Executive, Nr. 13 1999 S. 36-49

AKAO, Y. (QFD 1990): Quality Function Deployment – Integrating Customer Requirements into Product Design, New York 1990

AL-RADHI, M./HEUER J. (TPM 1995): Total Productive Maintenance – Konzept, Umsetzung, Erfahrung, München Wien 1995

ANDERSON, D. J. (Kanban 2011): Kanban - Evolutionäres Change Management für IT-Organisationen, Deutsche Ausgabe der 1. Amerikanischen Auflage, Heidelberg 2011

BECK, K. U.A. (Agile 2001): Manifesto for Agile Software Development, www.agilemanifesto.org

BECK, K./ANDRES, C. (Extreme 2004): Extreme Programming Explained: Embrace Change, 2nd ed. 2004

BEIMS, M. (IT-Service 2010): IT-Service Management in der Praxis mit ITIL V3 - Zielfindung, Methoden, Realisierung, München 2. Auflage 2010

BELL, S.C./ORZEN, M.A. (Lean IT 2011): Lean IT – Enabling and Sustaining Your Lean Transformation, New York 2011

BICHENO, J./HOLWEG, M. (Toolbox 2009): The Lean Toolbox: The Essential Guide to Lean Transforma-tion, 4th Edition, Buckingham 2009

BLACK, J. (Lean 2008): Lean Production – Implementing a world class system, New York 2008

BON, J. V. (Frameworks 2007): Frameworks für das IT Management, Zaltbommel 2007

BON, J. V. (Service Strategy 2008): Service Strategy based on ITIL V3 - Ein Management Guide. Zaltbommel 2008

BRUGGER, R. (IT-Projekte 2005): IT-Projekte strukturiert realisieren, 2. Auflage Wiesbaden 2005

BRUNNER, F.J. (Erfolgskonzepte 2008): Japanische Erfolgskonzepte, München Wien 2008

BUCHSEIN, R./VICTOR, F./GÜNTHER, H./MACHMEIER, V. (ITIL V3 2007): IT-Management mit ITIL V3, Wiesbaden 2007

BULLINGER, H. J./SCHEER, A. W. (Service Engineering 2003): Service Engineering – Entwicklung und Gestaltung innovativer Dienstleistungen, 1. Auflage, Berlin u.a.O. 2003

CARR, N. G. (IT 2003): IT Doesn`t Matter, Harvard Business Review, 81. Jg. (2003) 5, S. 41-49

COOPER, R. G. (Product Leadership 1998): Product Leadership – creating and launching superior new products, Cambridge 1998

DEMING, W. E. (Crisis 1986): Out of the Crisis, Cambridge / Mass. 1986

DURST, M. (IT-Architekturen 2007): Wertorientiertes Management von IT-Architekturen, Diss. Wiesbaden 2007

ELLINGER T. (Wechselproduktion 1971): Industrielle Wechselproduktion, in: RKW – Produktivität und Rationalisierung, Frankfurt Hamburg 1971 S. 197-214

EUL, M./HANSSEN, S./HERZWURM, G. (Leistungsbestimmung 2006): Systematische Leistungsbestimmung der IT - Steuerung durch IT-Performance-Management, Controlling, 18. Jg. (2006) 1, S.25-30

FABRIZIO, T. A./TAPPING, D. (5S 2006): 5S for the Office - Organizing the Workplace to Eliminate Waste, New York 2006

FITZSIMMONS, J. A. (Service 2004): Service Management – Operations, Strategy, Information Technology, 4. Auflage, Boston u.a.O. 2004

GADATSCH, A./MAYER, E. (IT-Controlling 2010): Masterkurs IT-Controlling, 4. Auflage, Wiesbaden 2010

GAULKE, M. (Praxiswissen 2010): Praxiswissen COBIT, Val IT, Risk IT, Heidelberg 2010

GEISINGER, D./HUERTER, C./MIROW, F. (Lean Six Sigma 2008): Lean Six Sigma: Revolution oder Vernunftehe?, in Gundlach. C./Jochem, R. (Hrsg): Praxishandbuch Six Sigma - Fehler vermeiden, Prozesse verbessern, Kosten senken, Düsseldorf 2008, S. 289-307

GOLDRATT, E. (Ziel 2002): Das Ziel - Ein Roman über Prozessoptimierung, 3. Auflage, München 2002

GÖTZE, U. (Investitionsrechnung 2008): Investitionsrechnung: Modelle und Analysen zur Beurteilung von Investitionsvorhaben, 6. Auflage, Berlin, Heidelberg 2008

HANSCHKE, I. (IT-Landschaft 2009): Strategisches Management der IT-Landschaft - Ein praktischer Leitfaden für das Enterprise Architecture Management, München 2009

HARTMANN, E. H. (TPM 2007): TPM – Effiziente Instandhaltung und Maschinenmanagement, 3. Auflage, München 2007

HEDEMAN, B./SEEGERS R. (Prince2 2010): PRINCE2(TM) 2009 Edition, Zaltbommel 2010

HERZWURM G./PIETSCH W. (IT-Produkte 2009): Management von IT-Produkten, Heidelberg 2009

IMAI, M. (Kaizen 1993): Kaizen – Der Schlüssel zum Erfolg der Japaner im Wettbewerb. 3. Auflage, Frankfurt / Main 1993

ISHIKAWA, K. (Guide 1986): Guide to Quality Control, 2. rev. ed, Tokyo 1986

ISKE, F. (30 JAHRE 2009): 30 Jahre Entwicklung der Instandhaltung von der ausfallorientierten Instandhaltung zu gemeinsamen TPM und RCM; in: Reichel, J./Müller, G./Mandelartz, J. (Hrsg.); Betriebliche Instandhaltung, Berlin Heidelberg 2009, S. 51-75

IT GOVERNANCE INSTITUTE (Quickstart 2007): COBIT Quickstart, 2nd Edition 2007

JOHNSTON, R. (Service 2005): Service Operations Management - Improving Service Delivery, 3. Auflage, Edinburgh 2008

KANO, N. (Quality 1984): Attractive Quality and Must-be Quality, in: Journal of the Japanese Society for Quality Control, H. 4, 1984, S. 39-48

KESTEN, R. (Operatives IT-Controlling 2007): Operatives IT-Controlling, Controller Magazin, 32. Jg. (2007) 3, S. 249-255

KESTEN, R./MÜLLER, A./SCHRÖDER, H. (IT-Controlling 2007): IT-Controlling - Messung und Steuerung des Wertbeitrags der IT, München 2007

KESTEN, R./SCHRÖDER, H (Wirtschaftlichkeitsanalyse 2007): Toolgestützte Wirtschaftlichkeitsanalyse von IT-Investitionen, Controller Magazin (CM), 32. Jg. (2007) 1, S. 13-22

KESTEN, R./SCHRÖDER, H. (Wirtschaftlichkeitsprognose 2009): Wirtschaftlichkeitsprognose und -kontrolle von IT-Investitionen: Abschlussbericht und Fallbeispiel, Arbeitspapiere der Nordakademie Nr. 2009-03, Elmshorn 2009

KÖHLER, P. T. (ITIL 2007): ITIL Das IT-Servicemanagement Framework, 2. Auflage, Berlin Heidelberg 2007

KOSTKA, C./KOSTKA, S. (Verbesserungsprozess 2008): Der kontinuierliche Verbesserungsprozess: Methoden des KVP, 4. Auflage, München 2008

KÜTZ, M. (IT-Steuerung 2006): IT-Steuerung mit Kennzahlensystemen, Heidelberg 2006

KÜTZ, M. (Kennzahlen 2009): Kennzahlen in der IT - Werkzeuge für Controlling und Management, 3. Auflage, Heidelberg 2009

LASSHOFF, B. (Dienstleistungen 2007): Produktivität von Dienstleistungen, Wiesbaden 2007

LEY, W./ HOFER, A. P. (Produktplattformen 1999): Produktplattformen - Ein strategischer Ansatz zur Beherrschung der Variantenvielfalt, in: io Management, 68. Jg. (1999), Nr. 7/8, S. 56-60

LIKER, J.K. (Toyota 2004): The Toyota Way – 14 Management Principals from the world's greatest manufacturer, New York 2004

LIKER, J. K./MEIER, D. P. (Praxisbuch 2010): Praxisbuch - Der Toyota Weg – Für jedes Unternehmen, 4. Auflage, München 2010

LOMNITZ, G. (Multiprojektmanagement 2008): Multiprojektmanagement: Projekte erfolgreich planen, vernetzen und steuern, 3. Auflage Frankfurt/M. 2008

MAICHER, M./SCHWARZE, L. (IT-Governance 2003): IT-Governance – Grundlagen und Erfolgsfaktoren in: Bernhard, M.G./Blomer, J./Bonn J. (Hrsg.); Strategisches IT-Management, Band 1, Organisation, Prozesse, Referenzmodelle, Düsseldorf 2003, S. 41-80

MALIK, F. (Komplexe Systeme 2008): Strategie des Managements komplexer Systeme, 10. Auflage, Stuttgart 2008

MAUCH, C. (Potenziale 2008): Ungenutzte Potenziale in der IT-Leistungsverrechnung, HMD Praxis der Wirtschaftsinformatik, 45. Jg. (2008) 264, S. 104-114

MEFFERT, H./BRUHN, M. (Dienstleistungsmarketing 2008): Dienstleistungsmarketing - Grundlagen, Konzepte, Methoden, 6. Auflage, Wiesbaden 2008

MORGAN, J. M./LIKER, J. K. (Development 2006): The Toyota Product Development System, New York 2006

MÜLLER, A./SCHRÖDER, H./VON THIENEN. L. (Lean IT-Management 2010): Lean IT-Management – Was kann die IT aus Produktionssystemen lernen? Wirtschaftsinformatik und Management, 2. Jg. (2010) 3, S. 74-80

NAKAJIMA, S. (TPM 1988): Introduction to TPM - Total Productive Maintenance, Cambridge 1988

OGC HRSG. (Service Design 2007): Office of Government Commerce, Service Design, London 2007

OGC Hrsg. (Service Strategy 2007): Office of Government Commerce, Service Strategy London 2007

OHNO, T. (Toyota 2009): Das Toyota-Produktionssystem, Neuauflage, Frankfurt/Main 2009

PICHLER, R. (Scrum 2008): Scrum: Agiles Projektmanagement erfolgreich einsetzen, Heidelberg 2008

POPPENDIECK, M./POPPENDIECK T. (Leading 2010): Leading Lean Software Development – Results are the Point, Boston 2010

POPPENDIECK, M./POPPENDIECK T. (Lean 2003): Lean Software Development – An Agile Toolkit, Boston et al. 2003

REGBER H./ZIMMERMANN, K. (Change 2007): Change Management in der Produktion – Prozesse effizient verbessern im Team, 2. Auflage, Landsberg 2007

RODENHAGEN, J./SCHRÖDER, H. (Prozesscontrolling 2007): Prozesscontrolling Indikatoren, Verantwortlichkeiten und Systeme, Präsentation im Arbeitskreis Business Process Management, Elmshorn 2001

ROTHER, M./SHOOK J. (Sehen lernen 2004): Sehen lernen – mit Wertstromdesign die Wertschöpfung erhöhen und Verschwendung beseitigen. Workbook, hrsg. vom Lean Management Institut, Aachen, 2004

SCHENK M. (Instandhaltung 2010): Instandhaltung technischer Systeme – Methoden und Werkzeuge zur Gewährleistung eines sicheren und wirtschaftlichen Anlagenbetriebs, Heidelberg u.a.O. 2010

SCHMELZER, H. J./ SESSELMANN, W. (Geschäftsprozessmanagement 2008): Geschäftsprozessmanagement in der Praxis, 6. Auflage, München 2008

SCHMIDT, H. (Entwurf 2001): Entwurf von Service Level Agreements auf der Basis von Dienstprozessen, Diss. 2. Auflage, München 2001

SCHRÖDER, H./ BETH, H. (Lean 2010): „Lean IT-Management" – Kontinuierliche Verbesserungsprozesse bei der Nutzung von Anwendungssystemen, in: Schröder, H./ Zimmermann, F.: Tagungsband zum zweiten Elmshorner Wirtschaftsinformatiktag 2010, S. 71-85

SCHRÖDER, H./ LÜDER, C./ WALLAUER, M. (Wirkungsketten 2009): Modellierung von Wirkungsketten zur Wirtschaftlichkeitsanalyse von IT-Projekten, in: Schröder, H./ Zimmermann, F. (Hrsg.): Tagungsband zum ersten Elmshorner Wirtschaftsinformatiktag 2009, S. 37-53

SCHUH, G. (Produktkomplexität 2005): Produktkomplexität managen – Strategien, Methoden, Tools, München 2005

SCHWABER, K. (Agile 2004): Agile Project Management with Scrum, Redmond 2004

SHOSTACK, G. L. (Designing 1984): Designing Services that deliver, in: Harvard Business Review 1/1984, S. 132-139

SOFTWARE ENGINEERING INSTITUTE (CMMI o.J.): CMMI Overview, http://www.sei.cmu.edu/cmmi/

TÖPFER, A./GÜNTHER, S. (Design 2009): Design for Six Sigma – Schlanke Produktentwicklung mit dem Ziel der Null-Fehler-Qualität, in: Töpfer, A. (Hrsg.): Lean Six Sigma, Berlin Heidelberg 2009, S. 69-98

WEILL, P./ROSS J. W. (IT Savvy 2009): IT Savvy – What top executives must know to go from pain to gain, Boston 2009

WEILL, P./ROSS J. W./ROBERTSON D. (Architecture 2006): Enterprise Architecture as a Strategy, Boston 2006

WILDEMANN, H. (Logistik 2009): Logistik – Prozessmanagement, 4. Auflage, München 2009

WILMOTT, P./MCCARTHY D. (TPM 2001): TPM. A Route to World Class Performance, Oxford 2001

WITT, J./WITT, T. (Verbesserungsprozess 2010): Der Kontinuierliche Verbesserungsprozess (KVP), 4. Auflage, Hamburg 2010

WOMACK, J. P./JONES, D.T./ROOS, D. (Revolution 1992): Die zweite Revolution in der Autoindustrie, 4. Aufl., Frankfurt a. M. 1992

WOMACK, J.P./JONES, D.T. (Lean Thinking 2004): Lean Thinking: Ballast abwerfen, Unternehmensgewinne steigern, Frankfurt, New York 2004

ZARNEKOW, R./ BRENNER, W./PILGRAM, U. (Informationsmanagement 2005): Integriertes Informationsmanagement, Berlin Heidelberg 2005.

ZEITLER, N. (Schmeißt Joe raus! 2010): in, CIO Magazin, Mai 2010, http://www.cio.de/strategien/methoden/2232069/index.html

Index

GPSR Compliance
The European Union's (EU) General Product Safety Regulation (GPSR) is a set
of rules that requires consumer products to be safe and our obligations to
ensure this.

If you have any concerns about our products, you can contact us on

ProductSafety@springernature.com

In case Publisher is established outside the EU, the EU authorized
representative is:

Springer Nature Customer Service Center GmbH
Europaplatz 3
69115 Heidelberg, Germany